新时代
小学生英汉词典

（袖珍本）

编者　霍庆文
审订　陈国华　Wendy Fillipich（英）
绘画　刘向伟　刘　倩　刘燕红等

商務印書館
THE COMMERCIAL PRESS
2007年·北京

图书在版编目(CIP)数据

新时代小学生英汉词典：袖珍本 / 霍庆文编．—北京：商务印书馆，2005

ISBN 7-100-04375-1

I. 新… II. 霍… III. 英语－小学－词典 IV. G624.313

中国版本图书馆 CIP 数据核字（2004）第 140059 号

XĪNSHÍDÀI XIǍOXUÉSHĒNG YĪNGHÀN CÍDIǍN (XIÙ ZHĒN BĚN)

新时代小学生英汉词典(袖珍本)

霍 庆 文 编

商 务 印 书 馆 出 版

（北京王府井大街36号　邮政编码100710）

商 务 印 书 馆 发 行

北 京 新 华 印 刷 厂 印 刷

ISBN 7－100－04375－1/H・1099

2005 年 3 月第 1 版　　开本 850×1260 1/64

2007 年 5 月北京第 2 次印刷　　印张 4 ½

印数 8 000 册

定价：15.00 元

To Teachers and Parents 致老师和家长

兴趣是学习的原动力，是开启智慧的钥匙。伟大的科学家爱因斯坦有句至理名言：“兴趣是最好的老师。”只有感兴趣的东西，才会想方设法了解它，掌握它。因此，对小学生而言，学习英语的关键在于兴趣。

本词典从激发小学生学习英语的兴趣入手，以教育部对小学阶段英语教学的要求为依据，以国外出版的多种学生英语词典为参考，立足简明、规范、科学、实用，旨在为小学生提供一部内容新颖、准确可靠、生动有趣、易查易记的典范之作。

本词典具有以下六个特色：

一、收词适中，科学实用。本词典共收单词及短语近3 000条，既包括小学生使用教材应掌握的基本词汇，也包括小学生课外阅读经常接触到的其他词汇，可以充分满足小学阶段学习英语的需要。

二、发音准确，注音规范。本词典以权威的《朗文英语发音词典》(2000) 为依据，采用最新标准国际音标，标注英美两种不同发音，并以英美使用频率最高的发音为标准，不仅体现了当代英美发音的特点，更体现了当代英美注音的最新标准。如 box /bɒks；美 bɑːks/，glass /glɑːs；美 glæs/，radio /ˈreɪdiəʊ；美 -oʊ/ 等。

三、释义准确，权威可靠。本词典所提供的每一条释义都经过反复推敲和论证，力求准确、清晰、贴切。比如，本词典把sister解释为“姐；妹”，而非“姐妹”，因为“姐妹”指“姐姐和妹妹”，只有在sister作复数时才有“姐妹”之意。在释义中，本词典使用了大量限制性说明，用圆括号括起，作为释义的一部分，如 borrow “(向别人)借，借用”，这种限制性说明使词义更加明确，便于小学生掌握意义和用法。

四、例证典型，突出语境。本词典提供了大量例证，几乎所有例证都采用句子形式。例句简明地道，典型精当，突出口语，便于在语境中掌握用法。如 here you are “给你”，例句为：“Can I borrow your pen?” “Yes, here you are.”（“我可以借用一下你的钢笔吗？” “可以，给你。”）此外，不少例句体现了词语的搭配用法，如 hope “希望”，例句分别为：I hope that you feel better soon.（希望你早日痊愈。）◇ I hope to see you tomorrow.（我希望明天能见到你。）◇ “Is Henry coming to the party?” “I hope so."（"亨利来参加聚会吗？" "希望他能来。"）◇"Are we going to be late?" "I hope not."（"我们要迟到了吗？" "希望不会。"）

五、注重用法，强调规范。研究表明，外国学生学习英语的难点在于词的用法，主要表现在语法、搭配、语用等几个方面。语法是个正确使用英语的问题，语用是个得体使用英语的问题。针对我国小学生学习英语的难点，本词典提供了适当语法知识和语用准则，如 deer "鹿"，语法知识为"复数 deer"，表示 deer 单复数相同；如 sorry[2] "抱歉，对不起"，第一个义项的语用准则为"用于道歉"；如 teacher "教师，老师"，用法说明为：teacher 指教师职业，不能用于称呼。例如，不能说"Good morning, teacher." 或 "Teacher Smith"。可以说"Good morning, sir."（"老师，早上好。"）（对男老师称呼）或"Good morning, Miss."（"老师，早上好。"）（对女老师称呼）；可以说"Mr Smith"（对男老师史密斯称呼），"Mrs Smith"（对已婚女老师史密斯夫人称呼）或"Miss Smith"（对未婚女老师史密斯称呼）。

六、卡通插图，生动有趣。本词典配有大量精美卡通插图。插图新颖别致，时尚精确，生动有趣，给予词义充分的形象展示，使小学生一看插图便知其义，如 above "在…上面"、under "在…下面" 等词的插图中这样的作用就十分明显。更具特色的是，本词典对存在文化差异的词，提供了双幅插图，以便对照比较，如 dragon "龙"，一幅为西方龙，一幅为中国龙。本词典还塑造了亨利(Henry)、彼得(Peter)、保罗(Paul)、艾丽斯(Alice)、海伦(Helen)等可爱的小朋友形象，人物活灵活现，贯穿词典始终，使小学生查词典就像翻阅一本有趣的故事书，寓学于乐，有助于理解和形象记忆，增强学习英语的兴趣。本词典还根据词义类别，设计了十余幅大幅插图，如动物类、水果类、食物类等，有助于联想记忆，扩展词汇量。

词典是知识的宝库，是小学生必不可少的工具，希望这本词典能真正有助于小学生英语学习兴趣的培养和自主学习能力的提高，真正成为小学生的良师益友和小学英语教师的得力助手。

霍庆文

2004 年 6 月于北京

Contents 目录

How to Use the Dictionary 词典使用说明

● **词目**

词目按字母顺序排列，可以是基本词、复合词、派生词及同形异性词。

● **音标**

以权威的《朗文英语发音词典》(**2000**) 为依据，采用最新标准国际音标 (**IPA**)，标注英美两种不同发音，以英美使用频率最高的发音为标准，英美发音相同者则只标注一种发音。

● **释义**

释义即汉语对应词或对应词加限制性说明。限制性说明作为释义的一部分，目的在于使词义更加清晰明确。

ache[1] /eɪk/ [名词] 疼痛 *I have an ache in my back.* 我背痛。☞ 参见 **pain** ‘疼痛’。

ache[2] /eɪk/ [动词] (持续地)痛，疼痛 *I'm aching all over.* 我浑身疼痛。

alarm clock /ə'lɑːm klɒk; 美 ə'lɑːrm klɑːk/ [又作**alarm**] [名词] 闹钟 *I've set the alarm clock for six.* 我把闹钟拨到了6点。

carefully /'keəfəli; 美 'ker-/ [副词] 小心地；仔细地 *Drive carefully.* 开车要小心。◇ *Please listen carefully.* 请仔细听。

ballet /'bæleɪ; 美 bæ'leɪ/ [名词] [无复数] 芭蕾舞 *Alice is learning ballet.* 艾丽斯在学芭蕾舞。

asleep /ə'sliːp/ [形容词] [不用于名词前] 睡着的 *Dad was asleep in his chair.* 爸爸在椅子上睡着了。☞ [反] **awake** 醒着的

borrow /'bɒrəʊ; 美 'bɔːroʊ/ [动词] (向别人)借，借用 *Can I borrow your pen? I left mine at home.* 我可以借用一下你的钢笔吗？我把我的忘在家里了。☞ 参见 **lend** ‘借出，借给’。

Henry is lending a pen to Paul. 亨利正在把钢笔借给保罗。

Paul is borrowing a pen from Henry. 保罗正在向亨利借钢笔。

Christmas /'krɪsməs/ [又作 **Christmas Day**] [名词] 圣诞节 *Christmas is on 25 December.* 圣诞节是在12月25日。◇ *Happy Christmas!* 圣诞快乐！◇ *Merry Christmas!* 圣诞快乐！

• 例句

每个词条或义项给出至少一个例句，有的给出多个例句，例句与例句之间用空心菱形块隔开。英文例句用等线斜体，例句译文用楷体。

eat /iːt/ [动词] [过去式 **ate** /et; 美 eɪt/，过去分词 **eaten** /'iːtn/] 吃 *Do you want something to eat?* 你想吃东西吗？◇ *I don't eat meat.* 我不吃肉。

• 语法信息

本词典提供了适当语法信息，如词性以及动词、名词、形容词的不规则变化形式和用法，旨在提高学生准确运用英语的能力。

favourite /'feɪvrət/ [形容词] [只用于名词前] 最喜爱的 *What's your favourite subject?* 你最喜欢什么科目？ ☞ 美国英语拼写为 **favorite**。

excuse² /ɪk'skjuːz/ [动词] 原谅 *Please excuse me for being so late.* 请原谅我这么晚才到。

excuse me [用于引起别人的注意、打断别人谈话等] 劳驾，对不起 *Excuse me, can you tell me the way to the station?* 劳驾，请问去车站的路怎么走？

• 语用信息

本词典提供了适当语用信息，旨在培养学生得体使用英语的能力。

care¹ /keə; 美 ker/ [名词] 小心，谨慎，注意 *Cross the road with care.* 过马路时要小心。

take care 小心，注意；[分别时或信末用语] 保重 *When you are crossing the road, take care!* 你过马路时要小心！

take care of 照顾 *Take care of your brother while I am away.* 我不在时要照顾你弟弟。

• 短语

短语置于关键词词条之中。

care² /keə; 美 ker/ [动词] 关心，在乎 *I really don't care if he comes or not.* 我真的不在乎他来还是不来。

care for 看护，照顾 *Who cared for her while she was ill?* 她生病时是谁照顾她的？

• 短语动词

短语动词置于该动词义项之后，按字母顺序排列。

• 语体

用于正式英语或非正式英语的词标出“正式”或“非正式”。

dad /dæd/ [名词] [非正式] 爸爸，爹爹 *Is that your dad?* 那是你爸爸吗? ◇ *Come on, dad!* 快点，爸!

afraid /ə'freɪd/ [形容词] [不用于名词前] 害怕的 *'Are you afraid of dogs?' 'No, I'm not.'* ‘你怕狗吗?’‘不，我不怕。’

• 口语

主要用于口语的词或短语标出“口语”。

I'm affraid [口语] 恐怕 [用于表示歉意的礼貌说法] *I'm affraid I can't come on Sunday.* 恐怕我星期天不能来。

between /bɪ'twiːn/ [介词] 在…之间 *'Where's Peter?' 'He's standing between Henry and Paul.'* ‘彼得在哪里?’‘他正站在亨利和保罗中间。’

☞ **between** 表示两者之间，**among** 表示三者或更多者之间。

• 用法说明

讲解词语之间的区别及用法，兼备英美用法及拼法之别。

cinema /'sɪnəmə/ [名词] 电影院 *What's on at the cinema?* 电影院在上映什么影片? ◇ *Let's go to the cinema tonight.* 咱们今晚去看电影吧。

☞ 英国英语用 **cinema**，美国英语用 **movies**。

• ☞

指用法说明、同义词、反义词及参见另一个相关的词。

big /bɪg/ [形容词] 大的 [比较级 **bigger**，最高级 **biggest**] *These shoes are too big for me.* 这双鞋对我来说太大了。☞ ① [同] **large** 大的 ② [反] **small** 小的

• 卡通插图

卡通插图给予词义充分的形象展示，便于理解和记忆。

English Pronunciation Table 英语发音表

Vowels 元音

IPA 国际音标	Example 示例	IPA 国际音标	Example 示例
iː	**see** /siː/	ʌ	**cup** /kʌp/
i	**happy** /ˈhæpi/	ɜː	**bird** /bɜːd; 美 bɜːrd/
ɪ	**sit** /sɪt/	ə	**about** /əˈbaʊt/
e	**bed** /bed/	eɪ	**make** /meɪk/
æ	**cat** /kæt/	əʊ	**nose** /nəʊz; 美 noʊz/
ɑː	**car** /kɑː; 美 kɑːr/	aɪ	**bike** /baɪk/
ɒ	**dog** /dɒg; 美 dɔːg/	ɔɪ	**boy** /bɔɪ/
ɔː	**horse** /hɔːs; 美 hɔːrs/	aʊ	**house** /haʊs/
ʊ	**foot** /fʊt/	ɪə	**here** /hɪə; 美 hɪr/
u	**influence** /ˈɪnfluəns/	eə	**hair** /heə; 美 her/
uː	**too** /tuː/	ʊə	**pure** /pjʊə; 美 pjʊr/

Consonants 辅音

IPA 国际音标	Example 示例	IPA 国际音标	Example 示例
p	**pen** /pen/	s	**sister** /ˈsɪstə; 美 -ər/
b	**bad** /bæd/	z	**zoo** /zuː/
t	**tea** /tiː/	ʃ	**ship** /ʃɪp/
d	**day** /deɪ/	ʒ	**measure** /ˈmeʒə; 美 -ər/
k	**key** /kiː/	h	**hot** /hɒt; 美 hɑːt/
g	**glass** /glɑːs; 美 glæs/	m	**man** /mæn/
tʃ	**church** /tʃɜːtʃ; 美 tʃɜːrtʃ/	n	**nice** /naɪs/
dʒ	**jam** /dʒæm/	ŋ	**ring** /rɪŋ/
f	**face** /feɪs/	l	**light** /laɪt/
v	**very** /ˈveri/	r	**red** /red/
θ	**thing** /θɪŋ/	j	**yes** /jes/
ð	**this** /ðɪs/	w	**wet** /wet/

说明：

1. /ˈ/ 表示主重音，如 about /əˈbaʊt/。
2. /ˌ/ 表示次重音，如 afternoon /ˌɑːftəˈnuːn; 美 ˌæftər-/。

3. 英式发音与美式发音不同者，美式发音前有“美”的标示语，如sister /'sɪstə; 美 -ər/。
4. 连字符 /-/ 表示不变的读音部分。
5. /r/ 表示在英式发音中后接元音开头的词，如 far away；在美式发音中所有的 /r/ 音都应读出。
6. /i/既可以读成/iː/，也可以读成/ɪ/，也可以读成两者之间的音，如happy /'hæpi/。
7. /ɒ/ 是英式发音，美式发音用 /ɑː/ 或 /ɔː/，如 box /bɒks; 美 bɑːks/，dog /dɒg; 美 dɔːg/。
8. /ɪə eə ʊə/ 是英式发音，美式发音用 /ɪr er ʊr/，如 here /hɪə; 美 hɪr/，hair /heə; 美 her/，pure /pjʊə; 美 pjʊr/。

Characters 卡通人物

Peter
彼得

Henry
亨利

Alice
艾丽斯

Paul
保罗

Helen
海伦

A a

A /eɪ/ [名词] (学业成绩的) 甲，优 *She got an A in maths.* 她数学得了个优。

a /强 eɪ; 弱 ə/ [不定冠词] **1** 一(个) *There's a concert on Sunday night.* 星期日晚上有一场音乐会。**2** 每，每一 *Brush your teeth three times a day.* 每天要刷三次牙。**3** (一类事物中的) 任何一个 *An owl has very big eyes.* 猫头鹰的眼睛很大。☞ **a** 用于以辅音音素开始的词前，**an** 用于以元音音素开始的词前。

ability /əˈbɪləti/ [名词] [复数 **abilities**] 能力 *Henry has the ability to pass his examinations.* 亨利有能力及格。

able /ˈeɪbl/ [形容词] **be able to** [用作情态动词] 能，会 *Henry is able to ride a bicycle.* 亨利会骑自行车。☞ 表示'能，会'，也可以用 **can**。

about[1] /əˈbaʊt/ [介词] 关于 *I'm reading a book about space travel.* 我正在读一本关于太空旅行的书。☞ [同] **on**[2] 关于

about[2] /əˈbaʊt/ [副词] 大约；差不多 *It's about three o'clock.* 现在大约3点钟。

above /əˈbʌv/ [介词] 在…上面 *The plane was flying above the clouds.* 飞机正在云层上面飞。☞ [反] **below** 在…下面

abroad /əˈbrɔːd/ [副词] 到国外；在国外 *He wants to go abroad.* 他想出国。◇ *My brother is studying abroad.* 我哥哥正在国外学习。

absent /ˈæbsənt/ [形容词] 不在的，缺席的 *Two students are absent from class today.* 今天两名学生缺课。☞ [反] **present**[1] 在场的，出席的

accept /əkˈsept/ [动词] 接受 *I accept your invitation.* 我接受你的邀请。

accident /ˈæksɪdənt/ [名词] 事故，意外 *Henry has had an accident — he has been hit by a car.* 亨利出事了，他被车撞了。

ache[1] /eɪk/ [名词] 疼痛 *I have an ache in my back.* 我背痛。 ☞ 参见 **pain** ‘疼痛’。

ache[2] /eɪk/ [动词] (持续地)痛，疼痛 *I'm aching all over.* 我浑身疼痛。

across /ə'krɒs; 美 ə'krɔːs/ [介词] 横过，穿过 *Peter walked across the road.* 彼得步行穿过马路。

act /ækt/ [动词] **1** 行动 *Think carefully before you act.* 你行动前必须仔细想一想。**2** 表演，演戏 *He acts very well.* 他很会演戏。

activity /æk'tɪvəti/ [名词] [复数 **activities**] 活动 *Swimming is my favourite activity.* 游泳是我最喜爱的活动。

actor /'æktə; 美 -ər/ [名词] 演员 *He's a successful film actor.* 他是一位成功的电影演员。☞ **actor** 多指男演员。

actress /'æktrəs/ [名词] [复数 **actresses**] (女)演员 *She's a famous actress.* 她是一位著名演员。

add /æd/ [动词] **1** 加，添加 *Do you want to add your name to the list?* 你想在名单上加上你的名字吗? **2** 把…加起来 *If you add 2 and 3, you get 5.* 2加3等于5。

address /ə'dres; 美 'ædres/ [名词] [复数 **addresses**] 地址 *What's your address?* 你的地址是什么?

admire /əd'maɪə; 美 -'maɪr/ [动词] 钦佩，赞赏，羡慕 *We admire your courage.* 我们钦佩你的勇气。

admit /əd'mɪt/ [动词] [现在分词 **admitting**，过去式和过去分词 **admitted**] 承认 *You should admit your mistake.* 你应该承认错误。

adopt /ə'dɒpt; 美 ə'dɑːpt/ [动词] 收养 *They're hoping to adopt a child.* 他们希望收养一个孩子。

adult /'ædʌlt; 美 ə'dʌlt/ [名词] 成人 *The tickets are £3 for adults and £1.5 for children.* 成人票价是 3 英镑，儿童票价是 1.5 英镑。

adventure /əd'ventʃə; 美 -ər/ [名词] 冒险活动（经历） *Our teacher told us about her adventures in Africa.* 老师给我们讲述了她在非洲的冒险经历。

aeroplane /'eərəpleɪn; 美 'er-/ [又作**plane**] [名词] 飞机 *We watched the aeroplane take off.* 我们看着飞机起飞。☞ 英国英语用**aeroplane**，美国英语用 **airplane**。

afford /ə'fɔːd; 美 ə'fɔːrd/ [动词] [通常与 **can**，**could** 或 **be able to** 连用] 买得起 *We can't afford a new car.* 我们买不起新车。

afraid /ə'freɪd/ [形容词] [不用于名词前] 害怕的 *'Are you afraid of dogs?' 'No, I'm not.'* '你怕狗吗？''不，我不怕。'

I'm affraid [口语] 恐怕 [用于表示歉意的礼貌说法] *I'm affraid I can't come on Sunday.* 恐怕我星期天不能来。

Africa /'æfrɪkə/ [名词] 非洲 *There are more than 50 countries in Africa.* 非洲有 50 多个国家。

African[1] /'æfrɪkən/ [形容词] 非洲（人）的 *There were several African students in the class.* 班里有几个非洲学生。

African[2] /'æfrɪkən/ [名词] 非洲人 *There were three Africans in the team.* 队里有 3 个非洲人。

after[1] /'ɑːftə; 美 'æftər/ [介词] 在…以后 *We went for a walk after supper.* 晚饭后，我们去散步。☞ [反] **before**[1] 在…以前

after[2] /'ɑːftə; 美 'æftər/ [连词] 在…以后 *After we had lunch, we all went into the garden.* 吃过午饭后，我们都进了花园。☞ [反] **before**[2] 在…以前

afternoon /ˌɑːftə'nuːn; 美 ˌæftər-/ [名词] 下午 *I'll see you tomorrow afternoon.* 我们明天下午见。

good afternoon 下午好 *'Good afternoon, Mr Brown.' 'Afternoon, Henry.'* '下午好，布朗先生。''下午好，亨利。' ☞ 在非正式场合说'下午好'，也可以只用 **Afternoon**。

again /'əgen/ [副词] 再 *Can you say that again? I didn't hear you.* 你能再说一遍吗？我没听见你说的话。

against /ə'genst/ [介词] **1** 反对 *Are you for or against the plan?* 你是赞成还是反对这个计划？ **2** 倚着，靠着 *Henry leaned his bicycle against the* wall. 亨利把自行车倚在墙上。

age /eɪdʒ/ [名词] 年龄, 年岁, 年纪 *He's six years of age.* 他6岁。◇ *What age is he?* 他多大年纪?

ago /ə'gəʊ; 美 ə'goʊ/ [副词] 以前 *He died two years ago.* 他两年前去世了。

agree /ə'griː/ [动词] 同意 *I thought it was a good idea, but she didn't agree.* 我觉得这是个好主意, 可她不同意。

ahead /ə'hed/ [副词] 在前面, 往前面 *Paul ran ahead.* 保罗跑在前面。◇ *Look straight ahead and don't turn around!* 一直往前看, 别转身!

air /eə; 美er/ [名词] [无复数] 空气 *Open the window — I need some fresh air.* 打开窗户, 我需要呼吸新鲜空气。

aircraft /'eəkrɑːft; 美 'erkræft/ [名词] [复数 **aircraft**] 飞行器 *Jets, planes and helicopters are all aircraft.* 喷气式飞机、飞机和直升机都是飞行器。

aircraft 飞行器

airplane /'eəpleɪn; 美 'er-/ [名词] [美国英语] = **aeroplane**

airport /'eəpɔːt; 美 'erpɔːrt/ [名词] 机场 *Is the airport far from the town centre?* 机场离市中心远吗?

alarm clock /ə'lɑːm klɒk; 美 ə'lɑːrm klɑːk/ [又作**alarm**] [名词] 闹钟 *I've set the alarm clock for six.* 我把闹钟拨到了6点。

album /'ælbəm/ [名词] 粘贴簿(指相册、集邮簿等) *Alice has two photo albums.* 艾丽斯有两本相册。

alike /ə'laɪk/ [形容词] [不用于名词前] 相同的, 相似的 *John and Jim are very alike.* 约翰和吉姆很相像。

alive /ə'laɪv/ [形容词] [不用于名词前]

活着的 *Is your grandfather still alive?* 你祖父还活着吗？

all /ɔːl/ [形容词] 全部的，所有的 *All horses are animals, but not all animals are horses.* 所有的马都是动物，但并非所有的动物都是马。

allow /əˈlaʊ/ [动词] 允许，准许 *No ball playing is allowed here.* 这里不准玩球。◇ *She only allows the children to watch television at the weekends.* 她只允许孩子们周末看电视。

all right[1] /ɔːl ˈraɪt/ [形容词] 1 令人满意的，可以的 *Is the coffee all right?* 咖啡好喝吗？ 2 安全的，健康的 *Do you feel all right?* 你觉得还好吧？

all right[2] /ɔːl ˈraɪt/ [感叹词] 好，行 *'Shall we go to town?' 'All right. Let's go now.'* '我们去城里好吗？''好，咱们现在走吧。'

almost /ˈɔːlməʊst; 美 -moʊst/ [副词] 几乎，差不多 *There's almost nothing left.* 几乎什么东西也没剩下。◇ *It's almost nine o'clock.* 差不多9点了。

alone[1] /əˈləʊn; 美 əˈloʊn/ [形容词] [不用于名词前] 单独的；独自的 *Are you alone? Can I speak to you for a moment?* 你独自一个人吗？我能同你说会儿话吗？

alone[2] /əˈləʊn; 美 əˈloʊn/ [副词] 单独地；独自地 *I don't like going out alone at night.* 我不喜欢晚上独自外出。

along[1] /əˈlɒŋ; 美 əˈlɔːŋ/ [副词] 一起 *Can I come along?* 我可以一起来吗？

along[2] /əˈlɒŋ; 美əˈlɔːŋ/ [介词] 沿着，顺着 *They walked along the road.* 他们沿着马路散步。

aloud /əˈlaʊd/ [副词] 出声地，大声地 *Alice is reading a poem aloud.* 艾丽斯正在朗读一首诗。

alphabet /ˈælfəbet/ [名词] 字母表 *There are 26 letters in the English alphabet.* 英语字母表中有26个字母。

already /ɔːlˈredi/ [副词] 已经 *'Would you like some lunch?' 'No, I've already eaten, thanks.'* '你吃点儿午饭好吗？''不用了，我已经吃过了，谢谢。'

also /ˈɔːlsəʊ; 美 ˈɔːlsoʊ/ [副词] 也，还 *I enjoy football, and I also like tennis.* 我喜欢足球，也喜欢网球。☞ 参见 **too** '也'。

altogether /ˌɔːltəˈgeðə; 美 -ər/ [副词] 总共 *There were twenty people there altogether.* 那里总共有20人。

always /ˈɔːlweɪz/ [副词] 1 总是 *I always get up at 6:30.* 我总是在6:30起床。2 永远 *You'll always be my friend.* 你将永远是我的朋友。

am /强 æm; 弱 əm/ *'How old are you?' 'I am six.'* '你几岁？''我6岁。' ☞ 参见 **be**[1]。

amazing /əˈmeɪzɪŋ/ [形容词] 令人惊奇的 *Henry told me an amazing*

A

story. 亨利给我讲了一个令人惊奇的故事。

ambulance /'æmbjələns/ [名词] 救护车 *I asked a neighbour to call an ambulance.* 我请邻居叫了一辆救护车。

America /ə'merɪkə/ [名词] **1** 美国 *Have you been to America?* 你去过美国吗？ ☞ 参见**the United States** (**of America**)'美利坚合众国，美国'。

2 美洲 *Who discovered America?* 美洲是谁发现的？

American[1] /ə'merɪkən/ [形容词] **1** 美国(人)的 *Henry enjoyed watching American films.* 亨利喜欢看美国电影。**2** 美洲(人)的 *Canada is a North American country.* 加拿大是一个北美洲国家。

American[2] /ə'merɪkən/ [名词] **1** 美国人 *The prize was won by two Americans.* 这个奖被两个美国人获得了。**2** 美洲人 *Canadians are North Americans.* 加拿大人是北美洲人。

among /ə'mʌŋ/ [介词] 在…中间 *'Where's Peter?' 'He's standing among his friends.'* '彼得在哪里？''他正站在朋友们中间。' ☞ **among**表示三者或更多者之间；**between** 表示两者之间。

amount /ə'maʊnt/ [名词] 量，数量 *There is only a small amount of food left.* 只剩下少量的食物。

an /强æn; 弱 ən/ [不定冠词] ☞ 参见 **a**。

anchor /'æŋkə; 美 -ər/ [名词] 锚 *In the morning they raised the anchor and sailed on.* 清晨他们起锚继续航行。

and /强 ænd; 弱 ənd; ən/ [连词] **1** 和，及，并 *Henry and I are good friends.* 我和亨利是好朋友。**2** [用来连接数词] 加 *Six and four is ten.* 6 加 4 等于 10。

angry /'æŋgri/ [形容词] [比较级

angrier, 最高级 **angriest**] 生气的 *My parents will be angry if I get home late.* 如果我回家晚了，我父母会生气的。

animal /'ænɪml/ [名词] 动物 *Horses, fish, birds and insects are all animals.* 马、鱼、鸟和昆虫都是动物。

ankle /'æŋkl/ [名词] 脚踝 *Peter twisted his ankle when he was running.* 彼得跑

animals 动物

A

horse
马

lion
狮子

lizard
蜥蜴

monkey
猴子

mosquito
蚊子

moth
蛾

octopus
章鱼

owl
猫头鹰

rhinoceros
犀牛

seagull
海鸥

shark
鲨鱼

snail
蜗牛

snake
蛇

spider
蜘蛛

squirrel
松鼠

swan
天鹅

tiger
老虎

tortoise
乌龟

turkey
火鸡

wasp
黄蜂

whale
鲸鱼

wolf
狼

zebra
斑马

步时扭伤了脚踝。

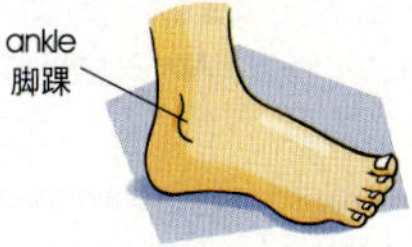

annoy /ə'nɔɪ/ [动词] 使生气 *Henry was really annoying me.* 亨利真的使我很生气。

another /ə'nʌðə; 美 -ər/ [形容词] 又一个的，再一个的 *'Would you like another drink?' 'No, thanks.'* '再喝杯饮料好吗？' '不，谢谢。'

answer[1] /'ɑːnsə; 美 'ænsər/ [动词] 回答 *I've asked you a question, now please answer me.* 我问了你一个问题，现在请回答我。

answer[2] /'ɑːnsə; 美 'ænsər/ [名词] 答案 *Do you know the answer?* 你知道答案吗？

ant /ænt/ [名词] 蚂蚁 *An ant is an insect.* 蚂蚁是昆虫。

any /'eni/ [形容词] **1** [通常用于疑问句或否定句] 一些 *Is there any coffee?* 有咖啡吗？ ◇ *He doesn't have any money.* 他没有钱。**2** 任何一个的 *Take any book you like.* 你喜欢哪本书就拿哪本吧。 ☞ 参见 **some[1]** '一些'。

anybody /'enibɒdi; 美 -bɑːdi/ [代词] = **anyone**

anyone /'eniwʌn/ [又作 **anybody**] [代词] **1** [通常用于疑问句或否定句] 任何人，有人 *Is there anyone at home?* 家里有人吗？ ◇ *I don't want to see anyone right now.* 我现在不想见任何人。**2** [用于肯定句] 任何人 *Anyone can learn to swim.* 任何人都能学会游泳。

anything /'eniθɪŋ/ [代词] **1** [通常用于疑问句或否定句] 任何东西，一些(事物) *Can you see anything?* 你能看见什么吗？ ◇ *There isn't anything in that box.* 那个盒子里没有任何东西。**2** [用于肯定句] 无论什么东西，随便什么事情 *I'm so hungry—I'll eat anything.* 我很饿，吃什么都可以。

anywhere /'eniweə; 美 -wer/ [副词] **1** [通常用于疑问句或否定句] 任何地方，什么地方 *'Where did you go?' 'I didn't go anywhere.'* '你去哪里啦？' '我哪里也没去。' **2** 任何地方，无论何处 *You can sit anywhere you like.* 你喜欢坐哪儿，就可以坐哪儿。

apart /ə'pɑːt; 美 -ɑːrt/ [副词] 分开，相距 *Stand with your feet apart.* 两脚分开站立。

take sth apart 把某物拆开 *Henry is taking his bicycle apart.* 亨利在拆自行车。

apartment /ə'pɑːtmənt; 美 -ɑːr-/ [名词] [美国英语] = **flat**[2]

ape /eɪp/ [名词] 猿 *Chimpanzees and gorillas are apes.* 黑猩猩和大猩猩都属于猿类。

apologize /ə'pɒlədʒaɪz; 美 ə'pɑː-/ [动词] 道歉 *Peter apologized for breaking the chair.* 彼得为弄坏椅子而道歉。

appear /ə'pɪə; 美 ə'pɪr/ [动词] 出现 *He suddenly appeared from round the corner.* 他突然从拐角附近冒了出来。 ☞ [反] **disappear** 不见，失踪；消失

apple /'æpl/ [名词] 苹果 *An apple a day keeps the doctor away.* 每天吃一个苹果，医生远离我。

apricot /'eɪprɪkɒt; 美 -kɑːt/ [名词] 杏 *Do you like apricot juice?* 你喜欢喝杏汁吗?

April /'eɪprəl/ [名词] 四月 *Her birthday is in April.* 她的生日是在4月。 ☞ ① 参见 **August** 的示例。② **Apr** 是 **April** 的缩写。

apron /'eɪprən/ [名词] 围裙 *He always wears an apron when he's cooking.* 他做饭时总是系着围裙。

aquarium /ə'kweəriəm; 美 ə'kwer-/ [名词] [复数 **aquariums** 或 **aquaria** /ə'kweəriə; 美 ə'kwer-/] 水族箱，养鱼缸 *Dad keeps some fish in an aquarium.* 爸爸在养鱼缸里养了几条鱼。

are /强 ɑː; 美 ɑːr; 弱 ə; 美 ər/ *Why are you late?* 你为什么迟到？ ☞ 参见 **be**[1]。

area /'eəriə; 美 'er-/ [名词] 地区 *Do you live in this area?* 你住在这一地区吗?

aren't /ɑːnt; 美 ɑːrnt/ **are not** 的缩写

These strawberries aren't ripe yet. 这些草莓还没熟。

argue /'ɑːgjuː; 美 'ɑːr-/ [动词] 争论，争辩 *Don't argue with your mother.* 不要跟你母亲争论。

arm /ɑːm; 美 ɑːrm/ [名词] 手臂，胳膊 *Henry fell and broke his arm.* 亨利跌了一跤，摔断了胳膊。

armchair /'ɑːmtʃeə; 美 'ɑːrmtʃer/ [名词] 扶手椅，单人沙发 *Dad is sitting in an armchair.* 爸爸正坐在单人沙发上。

army /'ɑːmi；美 'ɑːr-/ [名词] [复数 **armies**] 军队 *My brother joined the army last year.* 我哥哥去年参军了。

around /ə'raʊnd/ [介词] **1** 在…周围；环绕 *There was a fence around the house.* 房子周围围着一道篱笆。◇ *The earth moves around the sun.* 地球绕着太阳转。

2 在…附近 *Is there a bank around here?* 这儿附近有银行吗？

arrange /ə'reɪndʒ/ [动词] **1** 安排，准备 *Mum is arranging a party for Peter's birthday.* 妈妈正在为彼得的生日准备一个聚会。**2** 整理，排列 *The books are arranged in alphabetical order.* 这些书是按字母顺序排列的。

arrive /ə'raɪv/ [动词] 到达 *The bus has just arrived.* 公共汽车刚到。◇ *We've just arrived at the park.* 我们刚到公园。☞ [同] **get**, **reach** 到达

arrow /'ærəʊ; 美 -oʊ/ [名词] **1** 箭 *Henry is learning to shoot an arrow.* 亨利正在学射箭。**2** (指示方向的)箭头 *Let's follow the arrows.* 我们跟着箭头走吧。

art /ɑːt; 美 ɑːrt/ [名词] [无复数] 艺术；美术 *Helen is good at art.* 海伦擅长美术。

artist /'ɑːtɪst; 美 -əst/ [名词] 艺术家；美术家（尤指画家） *Helen wants to be an artist when she grows up.* 海伦长大后想当画家。

A

A

as /强 æz; 弱 əz/ [连词] **1** 正当…的时候 *The phone rang just as I was leaving the house.* 就在我要离开家的时候，电话响了。**2** **as...as** [表示比较] 和…一样 *He's as tall as his father.* 他现在和他父亲一样高。

Asia /'eɪʒə/ [名词] 亚洲 *Asia is the largest continent in the world.* 亚洲是世界上最大的洲。

Asian[1] /'eɪʒən/ [形容词] 亚洲(人)的 *China is an Asian country.* 中国是一个亚洲国家。

Asian[2] /'eɪʒən/ [名词] 亚洲人 *Two Asians were killed in the plane crash.* 两名亚洲人在飞机失事中遇难。

ask /ɑːsk; 美 æsk/ [动词] **1** 问 *Can I ask a question?* 我能问个问题吗? **2** 要求，请求 *He asked me to go to the cinema with him.* 他请我同他一起去看电影。

asleep /ə'sliːp/ [形容词] [不用于名词前] 睡着的 *Dad was asleep in his chair.* 爸爸在椅子上睡着了。☞ [反] **awake** 醒着的

assembly /ə'sembli/ [名词] [复数 **assemblies**] （学校师生的）集会 *Assembly begins at 9: 30.* 集会9:30开始。

astonish /ə'stɒnɪʃ; 美 ə'stɑː-/ [动词] 使惊讶 *His words astonished me.* 他的话使我感到惊讶。

astronaut /'æstrənɔːt/ [名词] 宇航员，太空人 *Peter wants to become an astronaut.* 彼得想成为一名宇航员。

at /强 æt; 弱 ət/ [介词] **1** [表示地点] 在 *I left my bag at the station.* 我把包忘在车站了。**2** [表示时间] 在 *OK, I'll see you at 6.* 好，我们6点见。**3** [表示方向] 对着，朝着 *Don't shout at me!* 别对着我大喊大叫！ **4** [表示某人在某方面的能力] 在…方面 *I'm good at maths.* 我擅长数学。

ate /et; 美 eɪt/ **eat**的过去式 *Yesterday we ate at the restaurant.* 昨天我们在餐馆吃的饭。

attach /ə'tætʃ/ [动词] 系；贴；连接 *I attached a label to each suitcase.* 我把每个衣箱都系上了标签。

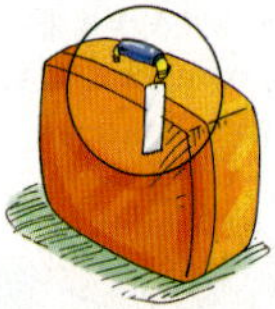

attack /ə'tæk/ [动词] 攻击，袭击 *The enemy attacked the town.* 敌人袭击了那个城镇。

attention /ə'tenʃn/ [名词] [无复数] 注意，专心 *Can I have your attention* *please, class?* 同学们，请注意听我讲好吗？ ◇ *You must pay attention to the teacher.* 你必须专心听老师讲课。

attract /ə'trækt/ [动词] 吸引 *The castle attracts many visitors each year.* 这座城堡每年都吸引着许多游客。

audience /'ɔːdiəns/ [名词] 观众；听众 *The audience stood up and cheered at the end of the performance.* 观众们在演出结束时站起来欢呼。

August /'ɔːgəst/ [名词] 八月 *She was born in August.* 她是8月出生的。◇ [英国英语] *She was born on the eighth of August/August the eighth.* 她是8月8日出生的。◇ [美国英语] *She was born on August eighth.* 她是8月8日出生的。◇ *We went to France last August.* 去年8月我们去了法国。 ☞ **Aug** 是 **August** 的缩写。

aunt /ɑːnt; 美 ænt/ [名词] 姑母；姨母；婶母；伯母；舅母 *Henry has two aunts.* 亨利有两个姑姑。

Australia /ɒ'streɪliə; 美 ɔː-/ [名词] 澳大利亚 *He lives in Australia.* 他居住在澳大利亚。

Australian¹ /ɒ'streɪliən; 美 ɔː-/ [形容词] 澳大利亚(人)的 *Australian people like to travel a lot.* 澳大利亚人非常喜欢旅游。

Australian² /ɒ'streɪliən; 美 ɔː-/ [名词] 澳大利亚人 *He is an Australian.* 他是澳大利亚人。

autumn /'ɔːtəm/ [名词] 秋天，秋季 *Autumn comes between summer and winter.* 秋天在夏天和冬天之间。

awake /ə'weɪk/ [形容词] [不用于名词前] 醒着的 *Peter is still awake.* 彼得还醒着呢。 ☞ [反] **asleep** 睡着的

away /ə'weɪ/ [副词] **1** (离)开 *Go away! I'm busy!* 走开！我忙着呢！ ◇ *He turned round and walked away.* 他转身走开了。**2** [用于名词后] 离…多远 *The lake is two miles away.* 湖离这儿有两英里远。

awful /'ɔːfl/ [形容词] 糟糕的 *The weather is awful today.* 今天天气很糟糕。

awkward /'ɔːkwəd; 美 -wərd/ [形容词] **1** 难处理的 *That's an awkward question.* 这是一个很难回答的问题。**2** 笨拙的，不熟练的 *He's very awkward—he keeps dropping things.*

他真笨，老是掉东西。

axe /æks/ [名词] 斧头 *He cut down a tree with an axe.* 他用斧头砍倒一棵树。

B b

baby /'beɪbi/ [名词] [复数**babies**] 婴儿，宝宝 *The baby is playing with toys.* 宝宝正在玩玩具。

back[1] /bæk/ [名词] **1** 背(部) *Helen says that her back aches.* 海伦说她的背痛。**2** 后面 *Henry is sitting at the back of the bus.* 亨利坐在公共汽车的后面。☞ [反] **front** 前面

back[2] /bæk/ [副词] **1** 回原处 *Go back to sleep.* 回去睡觉。◇ *Please give me my ball back.* 请把球还给我。**2** 往后 *Stand back!* 往后站！

backwards /'bækwədz; 美 -wərdz/ [又作 **backward**] [副词] **1** 向后 *He fell over backwards.* 他向后跌了一跤。☞ [反] **forwards** 向前 **2** 倒，逆 *Can you say the alphabet backwards?* 你能倒着背字母表吗？

bad /bæd/ [形容词] [比较级 **worse** /wɜːs; 美 wɜːrs/，最高级 **worst** /wɜːst; 美 wɜːrst/] **1** 坏的，不好的 *This drawing is bad.* 这幅画画得不好。☞ [反] **good** 好的 **2** (指能力)差的 *He's bad at sport.* 他运动能力差。**3** (指食物)腐烂的，腐坏的 *The milk has gone bad.* 牛奶已经坏了。

badly /'bædli/ [副词] **1** 差 *She sang very badly.* 她唱得很差。**2** 很，非常；严重地 *They badly needed help.* 他们非常需要帮助。◇ *He was badly hurt in the accident.* 他在那次事故中伤得很重。

badminton /'bædmɪntən/ [名词] [无复数] 羽毛球(运动) *They often play badminton after school.* 他们经常在放学后打羽毛球。

bag /bæg/ [名词] 包，袋 *She brought some sandwiches in a plastic bag.* 她用塑料袋带来一些三明治。

B

B

bake /beɪk/ [动词] 烤 *Mum is baking a cake.* 妈妈正在烤蛋糕。

balance /'bæləns/ [动词] (使)保持平衡 *The dog balanced a ball on its nose.* 狗用鼻子顶着球，使其保持平衡。

balcony /'bælkəni/ [名词] [复数 **balconies**] 阳台 *Our flat has a large balcony.* 我们住的公寓有一个大阳台。

bald /bɔːld/ [形容词] (指人)秃头的 *Grandpa is going bald.* 爷爷快秃顶了。

ball /bɔːl/ [名词] 球 *Throw me the ball.* 把球扔给我。

ballet /'bæleɪ; 美 bæ'leɪ/ [名词] [无复数] 芭蕾舞 *Alice is learning ballet.* 艾丽斯在学芭蕾舞。

balloon /bə'luːn/ [名词] 气球 *Could you help me to blow up some balloons?* 你能帮我吹几个气球吗?

bamboo /ˌbæm'buː/ [名词] [无复数] 竹子 *This chair is made of bamboo.* 这把椅子是用竹子做成的。

banana /bə'nɑːnə; 美 -'næ-/ [名词] 香蕉 *Mum bought some bananas at the market.* 妈妈在市场上买了一些香蕉。

band /bænd/ [名词] **1** 乐队 *She's a singer with a band.* 她是乐队的歌手。**2** 箍；带子 *Alice is wearing a hair band.* 艾丽斯头上戴着一个发箍。

bandage[1] /'bændɪdʒ/ [名词] 绷带 *The doctor wrapped a bandage round his arm.* 医生用绷带把他的手臂包扎起来。

bandage[2] /'bændɪdʒ/ [动词] 用绷带包扎 *The doctor bandaged his arm.* 医生用绷带把他的手臂包扎起来。

bang[1] /bæŋ/ [动词] 砰的一声关上 *Don't bang the door.* 不要把门砰的一声关上。

bang[2] /bæŋ/ [名词] 砰的一声 *The door shut with a bang.* 门砰的一声关上了。

bank /bæŋk/ [名词] **1** 银行 *Is there a bank near here?* 这儿附近有银行吗？**2** 河岸 *He jumped in and swam to the opposite bank.* 他跳进水里，游向河对岸。

bar /bɑː; 美 bɑːr/ [名词] 棒，条，块 *Some of the houses have iron bars on the windows.* 有些人家的窗户上有铁条。

barbecue /'bɑːbɪkjuː; 美 'bɑːr-/ [名词]（户外）烧烤 *We had a barbecue on the beach.* 我们在海滩上烧烤。

bare /beə; 美 ber/ [形容词] **1**（指身体的某部位）赤裸的 *Henry ran out into the street in bare feet.* 亨利赤脚跑到大街上。**2** 空的 *It was a bare room with no furniture.* 那是一个空房间，一件家

B

具也没有。

B

bark /bɑːk; 美 bɑːrk/ [动词] (狗)吠，叫 *The dog always barks at strangers.* 那条狗总是对着陌生人叫。

barn /bɑːn; 美 bɑːrn/ [名词] 谷仓；牲口棚 *The farmer keeps his cows in the barn.* 那个农民在牲口棚里养奶牛。

barrel /ˈbærəl/ [名词] 桶 *This barrel is made of wood.* 这只桶是木制的。

baseball /ˈbeɪsbɔːl/ [名词] [无复数] 棒球(运动) *Who's your favourite baseball player?* 你最喜爱的棒球运动员是谁？

basin /ˈbeɪsn/ [名词] 盆；水盆；洗脸盆 *Pour the hot water into a basin.* 把热水倒进盆里。

basket /ˈbɑːskɪt; 美 ˈbæskət/ [名词] 篮子 *This basket is full of apples.* 这只篮子里装满了苹果。

basketball /ˈbɑːskɪtbɔːl; 美 ˈbæskətbɔːl/ [名词] **1** [无复数] 篮球(运

动）*Do you like playing basketball?* 你喜欢打篮球吗？ **2** 篮球 *A basketball is larger than a football.* 篮球比足球大。

bat /bæt/ [名词] **1** 球棒 *Henry has a baseball bat.* 亨利有一个棒球球棒。 **2** 蝙蝠 *A bat flies at night.* 蝙蝠在夜里飞行。

bath /bɑːθ; 美 bæθ/ [名词] **1** 浴缸 *We have a green bath.* 我们有一个绿色的浴缸。**2** 洗澡，沐浴 *I have a bath every day.* 我每天都洗澡。☞ 英国英语通常用 **have a bath**，美国英语通常用 **take a bath**。

bathroom /ˈbɑːθruːm; 美 ˈbæθ-/ [名词] 浴室，盥洗室，洗手间 *Can you tell me where the bathroom is?* 你能告诉我浴室在哪里吗？

battery /ˈbætri/ [名词] [复数 **batteries**] 电池 *I need new batteries for my radio.* 我的收音机该换新电池了。

be[1] /强 biː; 弱 bi/ [动词] [现在分词 **being** /ˈbiːɪŋ/，过去分词**been** /biːn; 美 bɪn/] **1** 是 *What's that?* 那是什么？◇ *I'm Helen.* 我是海伦。**2** [表示时间、年龄、日期、价值等] *It's 9 o'clock.* 现在9点钟。◇ *'How old are you?' 'I'm 8.'* '你几岁啦？' '我8岁。' **3 there is/are** [表示存在] 有 *There isn't any milk in the fridge.* 冰箱里没有牛奶。◇ *There are a lot of trees in our garden.* 我们的花园里有许多树。☞ **be** 的两种时态及其单复数见下表：

时态	人称	单数	复数
现在式	第一人称	I am (I'm)	We are (We're)
	第二人称	You are (You're)	You are (You're)
	第三人称	He/She/It is (He's/She's/It's)	They are (They're)
过去式	第一人称	I was	We were
	第二人称	You were	You were
	第三人称	He/She/It was	They were

be[2] /强 biː; 弱 bi/ [助动词] **1** [用以构成动词的进行时] *'What are you doing?' 'I'm painting a picture.'* '你在做什么？' '我在画画。' **2** [用以构成被动语态] *The thief was caught.* 小偷被抓住了。

beach /biːtʃ/ [名词] [复数**beaches**] 海滩 *The children were playing on the beach.* 孩子们正在海滩上玩。

bead /bi:d/ [名词] (有孔的)珠子 *She wore a string of beads round her neck.* 她脖子上戴着一串珠子。

beak /bi:k/ [名词] 鸟嘴，喙 *A bird has a hard beak.* 鸟有一张坚硬的嘴。

bean /bi:n/ [名词] 豆子；豆荚 *Mum is cooking green beans.* 妈妈在炒青豆荚。

bear /beə; 美 ber/ [名词] 熊 *Some bears catch fish to eat.* 有些熊捕鱼吃。

beard /bɪəd; 美 bɪrd/ [名词] (下巴上的)胡须 *My father has a beard.* 我爸爸留着胡须。

beard 胡须　moustache 小胡子

beat /bi:t/ [动词] [过去式 **beat**，过去分词 **beaten** /ˈbi:tn/] **1** 打败，战胜，赢 *He always beats me at tennis.* 他打网球总是赢我。**2** (连续地)打，击 *She beat the dog with a stick.* 她用棍子打狗。◇ *Who's beating the drum?* 谁在敲鼓？

beautiful /ˈbju:təfl/ [形容词] 美丽的；美好的 *Their mother was a beautiful woman.* 他们的妈妈是个美丽的女人。◇ *What a beautiful day—the weather's perfect!* 多么美丽的一天，天气好极了！

became /bɪˈkeɪm/ **become** 的过去式 *The two boys soon became good friends.* 那两个男孩不久成了好朋友。

because /bɪˈkɒz; 美 -ˈkʌz/ [连词] 因为 *The baby is crying because he is hungry.* 宝宝在哭，因为他饿了。

become /bɪˈkʌm/ [动词] [过去式 **became** /bɪˈkeɪm/，过去分词 **become**] 成为，变成，变得 *They became good friends.* 他们成了好朋友。◇ *The weather became warmer.*

天气渐渐暖和了。

bed /bed/ [名词] 床 *What time do you usually go to bed?* 你通常几点上床睡觉?

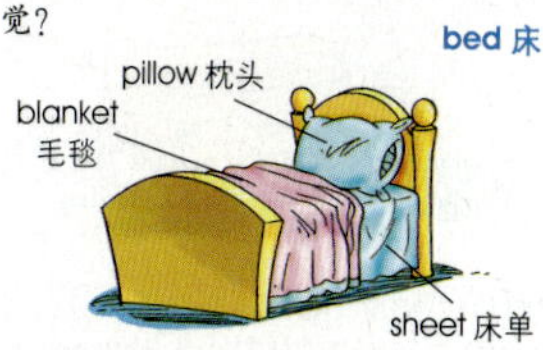

bedroom /'bedruːm/ [名词] 卧室 *There are two beds in the bedroom.* 卧室里有两张床。

bee /biː/ [名词] 蜜蜂 *Bees make honey.* 蜜蜂酿蜜。

beef /biːf/ [名词] [无复数] 牛肉 *Do you want beef or chicken?* 你想吃牛肉还是鸡肉?

beer /bɪə; 美 bɪr/ [名词] [无复数] 啤酒 *Dad doesn't drink beer, only wine.* 爸爸不喝啤酒，只喝葡萄酒。

beetle /'biːtl/ [名词] 甲虫 *There are many different types of beetle.* 甲虫有许多不同的种类。

before[1] /bɪ'fɔː; 美 -'fɔːr/ [介词] 在…以前 *You must leave before 8 o'clock.* 你必须在8点以前离开。☞ [反] **after**[1] 在…以后

before[2] /bɪ'fɔː; 美 -'fɔːr/ [连词] 在…以前 *Say goodbye before you go.* 你走以前要说再见。☞ [反] **after**[2] 在…以后

begin /bɪ'gɪn/ [动词] [现在分词 **beginning**, 过去式 **began** /bɪ'gæn/, 过去分词 **begun** /bɪ'gʌn/] 开始 *The exam begins at 9: 00.* 考试9点开始。◇ *It's beginning to rain.* 开始下雨了。☞ [反] **end**[2] 结束

behave /bɪ'heɪv/ [动词] **1** 表现 *How does Peter behave at school?* 彼得在学校表现怎么样? ◇ *The children behaved very badly.* 孩子们表现很差。**2** 守规矩 *Mum's always telling me to behave when we go out.* 我们出去时，妈妈总是告诉我要守规矩。

behind /bɪ'haɪnd/ [介词] 在…后面 *Look! There's someone behind the tree.* 瞧! 树后有人。

believe /bɪ'liːv/ [动词] 相信 *Do you believe him?* 你相信他吗? ◇ *I'll believe*

B

B

it when I see it. 我要亲眼见到才能相信。

bell /bel/ [名词] 钟；铃 *The bell's ringing.* 铃响了。

belong /bɪˈlɒŋ; 美 -ˈlɔːŋ/ [动词] **1** 属于 *This book belongs to Helen.* 这本书是海伦的。**2** 是…的一员 *Henry belongs to the school football club.* 亨利是学校足球俱乐部的成员。

below /bɪˈləʊ; 美 -ˈloʊ/ [介词] 在…下面 *Fish swim below the surface of the water.* 鱼在水下游。 ☞ [反] **above** 在…上面

belt /belt/ [名词] 皮带 *Henry has a new belt.* 亨利有一条新皮带。

bench /bentʃ/ [名词] [复数 **benches**] 长椅，长凳 *Alice was sitting on a bench in the park.* 艾丽斯坐在公园的长椅上。

bend /bend/ [动词] [过去式和过去分词 **bent** /bent/] **1** (使)弯曲 *It's hard to bend an iron bar.* 把铁棒弄弯很难。**2** 弯身 *Helen bent down to pick up a book from the floor.* 海伦弯下身从地板上捡起一本书。

bend
使弯曲

bend
弯身

beneath /bɪˈniːθ/ [介词] 在…下面 *They sat beneath the tree.* 他们坐在树下。

bent /bent/ **bend** 的过去式和过去分词 *That naughty boy bent the fork.* 那个顽皮的孩子把叉子弄弯了。

berry /ˈberi/ [名词] [复数 **berries**] 浆果 *Some berries taste good.* 有些浆果

很好吃。

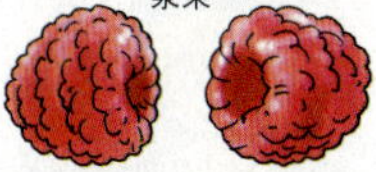

beside /bɪˈsaɪd/ [介词] 在…旁边 *Helen sits beside Paul at school.* 海伦在学校坐在保罗旁边。

best[1] /best/ [形容词] [**good** 的最高级] 最好的 *It was the best film I've ever seen.* 这是我看过的最棒的电影。

best[2] /best/ [副词] [**well**的最高级] 最 *Which one do you like best?* 你最喜欢哪一个?

best[3] /best/ [名词] [用作单数] 最好的人(或事物) *We are the best of friends.* 我们是最好的朋友。
do/try one's best 尽力而为 *Don't worry about the exam—just do your best.* 别担心考试,尽力而为就行。

better[1] /ˈbetə; 美 -ər/ [形容词] **1** [**good** 的比较级] 更好的 *We need a better computer.* 我们需要一台更好的电脑。**2** [**well**的比较级] (病况)好转的 *Are you feeling a bit better today?* 你今天觉得好点了吗?

better[2] /ˈbetə; 美 -ər/ [副词] [**well** 的比较级] 更好 *He speaks English better than I do.* 他英语说得比我好。

between /bɪˈtwiːn/ [介词] 在…之间 *'Where's Peter?' 'He's standing between Henry and Paul.'* '彼得在哪里?''他正站在亨利和保罗中间。'
☞ **between** 表示两者之间; **among** 表示三者或更多者之间。

bicycle /ˈbaɪsɪkl/ [又作 **bike**] [名词] 自行车 *Did you come by bicycle?* 你骑自行车来的吗?

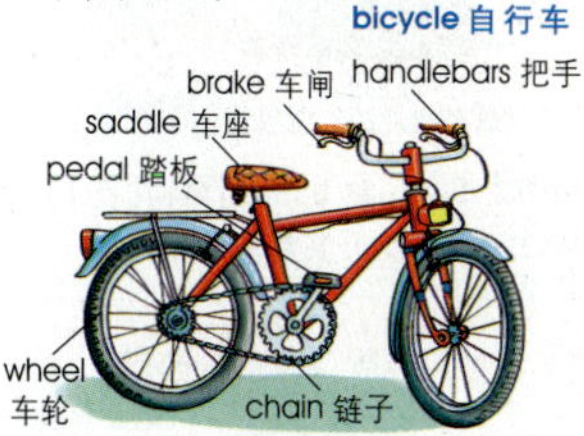

big /bɪɡ/ [形容词] 大的 [比较级

bigger，最高级 **biggest**] *These shoes are too big for me.* 这双鞋对我来说太大了。☞ ① [同] **large** 大的 ② [反] **small** 小的

bike /baɪk/ [名词] [非正式] 自行车 *He fell off his bike.* 他从自行车上摔了下来。◇ *Helen's just learnt to ride a bike.* 海伦刚学会骑自行车。

B

bill /bɪl/ [名词] 账单 *Have you paid the bill?* 你付账了吗?

bin /bɪn/ [名词] 垃圾箱 *He threw the letter in the bin.* 他把信扔进了垃圾箱。☞ 参见 **dustbin** '(放在室外的)垃圾箱'。

dustbin
(放在室外的) 垃圾箱
bin
垃圾箱

bird /bɜːd; 美 bɜːrd/ [名词] 鸟 *Most birds can fly.* 大多数鸟会飞。

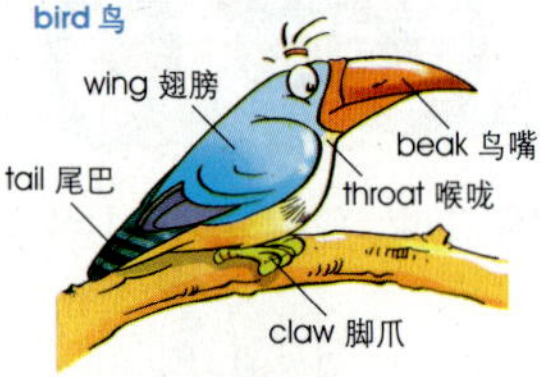

birthday /ˈbɜːθdeɪ; 美 ˈbɜːrθ-/ [名词] 生日 *'When is your birthday?' 'My birthday is on August the eighth.'* '你的生日是什么时候?' '我的生日是8月8日。' ◇ *Happy birthday!* 生日快乐!

biscuit /ˈbɪskɪt/ [名词] 饼干 *Who wants a chocolate biscuit?* 谁要巧克力饼干?

bit /bɪt/ [名词] **1 a bit** [用作副词] 有点儿;稍微 *I'm a bit tired.* 我有点儿累了。**2 a bit of sth** 一小块;一点点 *I have only finished a bit of my homework.* 我只做了一点点作业。

bite /baɪt/ [动词] [过去式 **bit** /bɪt/，过去分词 **bitten** /ˈbɪtn/] 咬 *Don't worry about the dog—she never bites.* 别担心那条狗,它从不咬人。◇ *Sophie was bitten by a dog.* 索菲被狗咬伤了。

bitter /ˈbɪtə; 美 -ər/ [形容词] 苦(味)的 *I need some sugar in my coffee—it's too bitter.* 我需要在咖啡里加点糖,太苦了。☞ [反] **sweet**[1] 甜(味)的

black[1] /blæk/ [形容词] 黑色的 *She had short black hair.* 她留一头黑短发。

black[2] /blæk/ [名词] 黑色 *She*

always dresses in black. 她总是穿黑色衣服。

blackboard /ˈblækbɔːd; 美 -bɔːrd/ [名词] 黑板 *The teacher wrote ABC on the blackboard.* 老师在黑板上写上ABC。

blade /bleɪd/ [名词] 刀刃 *The blade of this knife is blunt.* 这把刀的刀刃钝了。

blame /bleɪm/ [动词] 责备 *It's your idea—don't blame me if it doesn't work.* 这是你的主意，如果不灵可别怪我。

blank /blæŋk/ [形容词] 空白的 *Do you have a blank tape?* 你有空白磁带吗?

blanket /ˈblæŋkɪt; 美 -ət/ [名词] 毯子 *When it is cold I put a blanket on my bed.* 天冷时我在床上铺条毯子。

bleed /bliːd/ [动词] [过去式和过去分词 **bled** /bled/] 流血 *Henry's nose bled when he bumped into the door.* 亨利撞在门上，鼻子流血了。

blew /bluː/ **blow** 的过去式 *The wind blew a tree down.* 风把一棵树刮倒了。

blind /blaɪnd/ [形容词] 瞎的，盲的，失明的 *Some children were born blind.* 有些孩子生下来就是瞎的。

blink /blɪŋk/ [动词] 眨眼 *Henry blinked in the bright sunlight.* 亨利在灿烂阳光的照射下眨着眼睛。

block[1] /blɒk; 美 blɑːk/ [名词] 一大块 *The baby was playing with building blocks.* 宝宝正在玩积木。

block[2] /blɒk; 美 blɑːk/ [动词] 阻塞，堵塞 *A truck is blocking the road.* 一辆卡车阻塞了道路。

blood /blʌd/ [名词] [无复数] 血，血液 *He lost a lot of blood in the accident.* 他在事故中失了很多血。

blouse /blaʊz; 美 blaʊs/ [名词] (女

B

B

式）衬衫 *Helen was wearing a white blouse.* 海伦穿着一件白衬衫。

blow /bləʊ; 美 bloʊ/ [动词] [过去式 **blew** /bluː/，过去分词**blown** /bləʊn; 美 bloʊn/]（风）吹，刮 *Alice blew out all the candles on her cake.* 艾丽斯吹灭了蛋糕上所有的蜡烛。◇ *The wind blew the fence down.* 风把篱笆刮倒了。

blue[1] /bluː/ [形容词] 蓝色的 *She has blue eyes.* 她有一双蓝眼睛。◇ *The sky is blue.* 天空是蓝色的。

blue[2] /bluː/ [名词] 蓝色 *Blue is my favourite colour.* 蓝色是我最喜欢的颜色。

blunt /blʌnt/ [形容词]（指铅笔、刀等）钝的 *This knife's blunt!* 这把刀钝了！
☞ [反] **sharp** 锋利的，锐利的

board /bɔːd; 美 bɔːrd/ [名词] **1** 木板 *There's a loose board in the bedroom.* 卧室里有块木(地)板松了。**2** 棋盘 *I want to play chess but I can't find the board.* 我想下棋，但找不到棋盘。

boast /bəʊst; 美 boʊst/ [动词] 吹嘘，夸耀 *He boasted that he could run very fast.* 他吹嘘说他跑得很快。

boat /bəʊt; 美 boʊt/ [名词] 小船 *We're going by boat.* 我们打算坐船去。

body /ˈbɒdi; 美 ˈbɑːdi/ [名词] [复数 **bodies**] 身体 *Our bodies need vitamins to stay healthy.* 我们的身体需要维生素保持健康。

body 身体

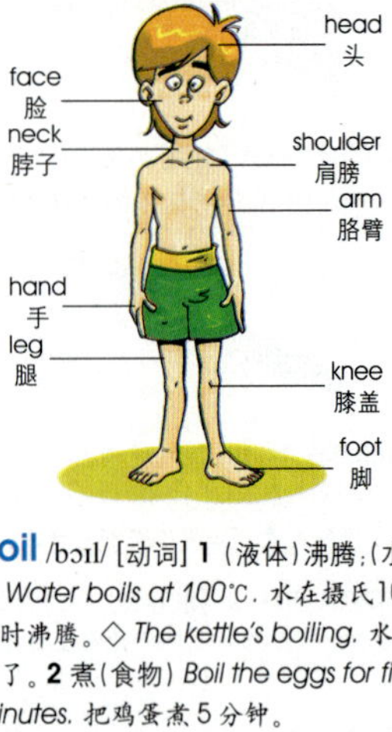

boil /bɔɪl/ [动词] **1**（液体）沸腾；（水）开 *Water boils at 100℃.* 水在摄氏100度时沸腾。◇ *The kettle's boiling.* 水壶开了。**2** 煮（食物）*Boil the eggs for five minutes.* 把鸡蛋煮5分钟。

bomb /bɒm; 美 bɑːm/ [名词] *A bomb exploded outside the hotel.* 旅馆外面有颗炸弹爆炸了。

bone /bəʊn; 美 boʊn/ [名词] 骨，骨头 *The dog was chewing a bone.* 狗在啃一根骨头。

bonfire /'bɒnˌfaɪə; 美 'bɑːnˌfaɪr/ [名词] 篝火 *The children made a bonfire at the seaside.* 孩子们在海边生起篝火。

book¹ /bʊk/ [名词] 书 *What book are you reading?* 你在看什么书?

book² /bʊk/ [动词] 预订 *You can phone up and book tickets.* 你可以打电话订票。

bookcase /'bʊkkeɪs/ [名词] 书橱，书柜 *There's a small bookcase in his room.* 他的房间里有一个小书柜。

bookshop /'bʊkʃɒp; 美 -ʃɑːp/ [名词] 书店 *You can buy books at a bookshop.* 你可以在书店里买书。 美国英语用 **bookstore** /'bʊkstɔː; 美 -stɔːr/。

boot /buːt/ [名词] [通常用作复数] 靴子 *She was wearing a new pair of boots.* 她穿着一双新靴子。

born /bɔːn; 美 bɔːrn/ [动词] **be born** 出生 *'Where were you born?' 'I was born in London.'* '你在哪里出生的?' '我在伦敦出生的。'

borrow /'bɒrəʊ; 美 'bɔːroʊ/ [动词] (向别人)借，借用 *Can I borrow your pen? I left mine at home.* 我可以借用一下你的钢笔吗? 我把我的忘在家里了。 参见 **lend** '借出，借给'。

Henry is lending a pen to Paul. 亨利正在把钢笔借给保罗。

Paul is borrowing a pen from Henry. 保罗正在向亨利借钢笔。

both¹ /bəʊθ; 美 boʊθ/ [形容词] 两，双 *Hold the dish with both hands.* 用双手端盘子。

B

both² /bəʊθ; 美 boʊθ/ [代词] 两者，俩 *I have two sisters. Both of them live in London.* 我有两个妹妹，她们俩都住在伦敦。

bother /ˈbɒðə; 美 ˈbɑːðər/ [动词] 打扰 *Don't bother your father now—he's very busy.* 现在不要打扰你父亲，他很忙。

bottle /ˈbɒtl; 美 ˈbɑːtl/ [名词] 瓶 *These bottles are made of glass.* 这些瓶子是玻璃的。 ◇ *They opened another bottle of wine.* 他们又打开了一瓶葡萄酒。

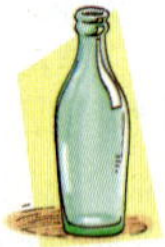

bottom /ˈbɒtəm; 美 ˈbɑː-/ [名词] **1** [通常用作单数] 底部 *Helen found the keys at the bottom of her bag.* 海伦在书包底部找到了钥匙。**2** 屁股 *Henry fell on his bottom.* 亨利跌了一个屁股墩。

bought /bɔːt/ **buy** 的过去式和过去分词 *Mum bought two bars of chocolate.* 妈妈买了两块巧克力。

bounce /baʊns/ [动词] **1** (球)弹起 *The ball bounced twice before he caught it.* 球弹了两次他才接住。

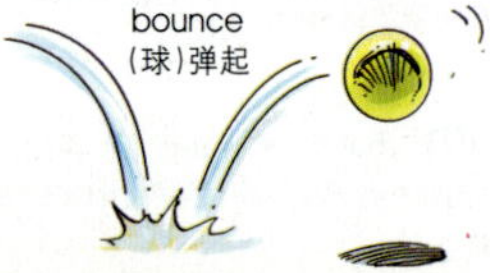

2 (人)跳起 *The child was bouncing on the bed.* 孩子在床上蹦蹦跳跳。

bow /bəʊ; 美 boʊ/ [名词] **1** 蝴蝶结 *She had a beautiful bow in her hair.* 她头上戴了一个漂亮的蝴蝶结。**2** 弓 *They shot birds with bows and arrows.* 他们用弓箭射鸟。

bowl /bəʊl; 美 boʊl/ [名词] 碗 *Henry ate two bowls of rice.* 亨利吃了两碗饭。

box /bɒks; 美 bɑːks/ [名词] [复数 **boxes**] 箱子，盒子 *Helen kept all the letters in a box.* 海伦把所有的信都存放在一个盒子里。

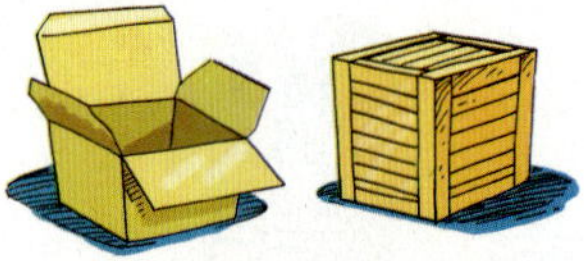

boxing /ˈbɒksɪŋ; 美 ˈbɑːks-/ [名词] [无复数] 拳击(运动) *Boxing is a dangerous sport.* 拳击是一项危险的运动。

boy /bɔɪ/ [名词] 男孩 *They have five children: three boys and two girls.* 他们有五个孩子：三个男孩两个女孩。

bracelet /'breɪslət/ [名词] 手镯 *She wore a beautiful bracelet.* 她戴着一只漂亮的手镯。

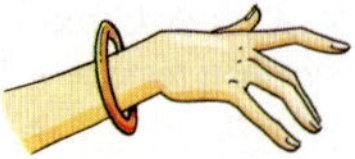

brain /breɪn/ [名词] **1** 脑 *Boxing can damage the brain.* 拳击运动有可能损伤大脑。**2** 头脑，智力 *He has a very quick brain and learns fast.* 他脑子灵，学得快。

brake[1] /breɪk/ [名词] 刹车，闸 *There's something wrong with the brakes.* 刹车出毛病了。

brake[2] /breɪk/ [动词] 刹车 *The driver braked quickly to avoid an accident.* 为了避免事故，司机迅速刹车。

branch /brɑːntʃ; 美 bræntʃ/ [名词] [复数 **branches**] 树枝 *Henry climbed the tree and hid in the branches.* 亨利爬上树，藏在树枝上。

brave /breɪv/ [形容词] 勇敢的 *The brave boy saved the baby from the river.* 那个勇敢的男孩把婴儿从河里救了上来。

bread /bred/ [名词] [无复数] 面包 *Can you cut me a slice of bread, please?* 请你给我切一片面包好吗？

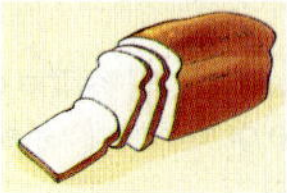

break /breɪk/ [动词] [过去式 **broke** /brəʊk; 美 broʊk/，过去分词 **broken** /'brəʊkən; 美 'broʊ-/] **1** 打破，打碎，打断 *The ball hit the window and broke the glass.* 球击中窗户，打碎了玻璃。

2 (机器)坏掉 *My watch has broken.* 我的手表坏了。

breakfast /'brekfəst/ [名词] 早餐，早饭 *I haven't had breakfast yet.* 我还

没有吃早饭。◇ *What would you like for breakfast?* 你早餐想吃什么?

breathe /briːð/ [动词] 呼吸 *Fish cannot breathe out of water.* 鱼离开水就无法呼吸。

breeze /briːz/ [名词] 微风 *There's not much breeze today.* 今天没什么风。

brick /brɪk/ [名词] 砖 *The old house was made of red brick.* 那栋旧房子是用红砖砌的。

bridge /brɪdʒ/ [名词] 桥 *They are building a new bridge over the river.* 他们正在河上建一座新桥。

bright /braɪt/ [形容词] **1** 明亮的 *The room's small but bright.* 房间虽小却很明亮。☞ [反] **dark**[1] 黑暗的 **2** 聪明的,伶俐的 *He's a bright boy.* 他是个聪明的孩子。

brilliant /ˈbrɪljənt/ [形容词] [非正式] 精彩的 *That was a brilliant film!* 那是一部精彩的电影!

bring /brɪŋ/ [动词] [过去式和过去分词**brought** /brɔːt/] 带来,拿来 *You can take that book home, but bring it back tomorrow, please.* 你可以把那本书带回家,但明天请把它带回来。

Britain /ˈbrɪtn/ [名词] 不列颠,英国 = **Great Britain** 大不列颠,英国 ☞ 参见**United Kingdom**‘联合王国,英国’。

British[1] /ˈbrɪtɪʃ/ [形容词] 不列颠(人)的;英国(人)的 *Everyone says that British weather is terrible.* 人人都说英国的天气很糟糕。

British[2] /ˈbrɪtɪʃ/ [名词] [与 **the** 连用,作复数] 英国人 *The British are very proud of their history.* 英国人对自己的历史十分自豪。

broad /brɔːd/ [形容词] 宽的,宽阔的 *This is a broad street.* 这条街很宽。☞ [反] **narrow** 窄的,狭窄的

broke /brəʊk; 美 broʊk/ **break** 的过去式 *Who broke this plate?* 谁把这个盘子打破了?

broken /ˈbrəʊkən; 美 ˈbroʊ-/ **break** 的过去分词 *I'm sorry — I've broken a glass.* 对不起,我打破了一个玻璃杯。

broom /bruːm/ [名词] 扫帚 *She was sweeping the floor with a broom.* 她正

在用扫帚扫地板。

brother /'brʌðə; 美 -ər/ [名词] 兄；弟 *They're brothers.* 他们是亲兄弟。◇ *Peter is my younger brother.* 彼得是我弟弟。

brought /brɔːt/ **bring**的过去式和过去分词 *Henry brought a friend to the party.* 亨利带了一位朋友来参加聚会。

brown[1] /braʊn/ [形容词] 褐色的，棕色的 *'What colour are your shoes?' 'They are brown.'* '你的鞋是什么颜色的？' '是棕色的。'

brown[2] /braʊn/ [名词] 褐色，棕色 *Her favourite colour is brown.* 她最喜欢的颜色是褐色。

bruise /bruːz/ [名词] (人体碰撞后产生的)青肿，擦伤 *Henry had a bruise on his knee.* 亨利的膝上有一处擦伤。

brush[1] /brʌʃ/ [名词] [复数 **brushes**] 刷子；画笔；发刷 *Alice is painting a picture with a brush.* 艾丽斯正在用画笔画画。

brushes 刷子

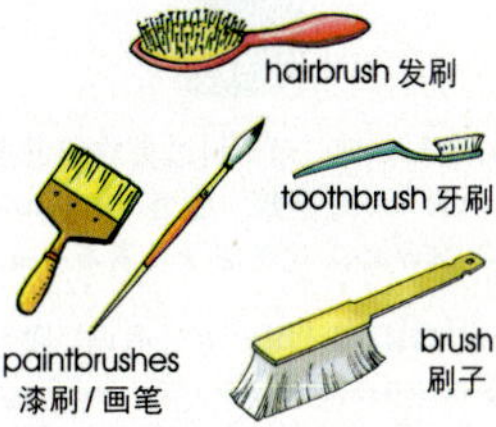

brush[2] /brʌʃ/ [动词] 刷(牙等)；梳理(头发) *I brush my teeth twice a day.* 我一天刷两次牙。◇ *Helen's brushing her hair in front of the mirror.* 海伦正在对着镜子梳理头发。

bubble /'bʌbl/ [名词] 泡，气泡 *Children love blowing bubbles.* 孩子们喜欢吹泡泡。

bucket /'bʌkɪt; 美 -ət/ [名词] 水桶，提桶 *The bucket is full of water.* 水桶里

盛满了水。

build /bɪld/ [动词] [过去式和过去分词 **built** /bɪlt/] 建筑，建造 *The house is built of wood.* 这栋房子是用木头造的。

building /ˈbɪldɪŋ/ [名词] 建筑物 *There are a lot of very old buildings in this town.* 这个镇上有许多古老的建筑。

built /bɪlt/ **build**的过去式和过去分词 *They've built a new bridge across the river.* 他们在河上建了一座新桥。

bulb /bʌlb/ [名词] 灯泡 *Henry changed the bulb in the lamp.* 亨利把电灯的灯泡换了。

bull /bʊl/ [名词] 公牛 *The bull was very fierce.* 那头公牛非常凶猛。

bump /bʌmp/ [动词] 碰撞 *Be careful not to bump your head.* 小心别碰着头。

bunch /bʌntʃ/ [名词] [复数**bunches**] 串，束 *Mum bought a bunch of grapes.* 妈妈买了一串葡萄。

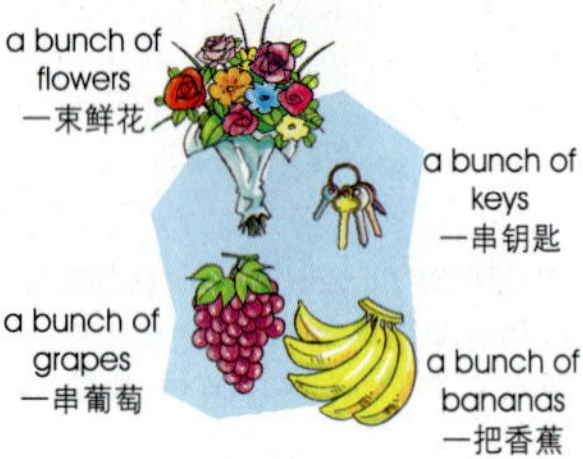

burn /bɜːn; 美 bɜːrn/ [动词] [过去式和过去分词 **burned** 或 **burnt** /bɜːnt; 美 bɜːrnt/] **1** 燃烧 *Is the fire still burning?* 火还在燃烧吗？

2 焚烧，烧毁 *They burned the garden rubbish on the bonfire.* 他们用篝火把花园里的垃圾烧掉了。**3** 烧伤；烫伤 *Be careful not to burn your mouth.* 小心别烫着嘴。

burst /bɜːst; 美 bɜːrst/ [动词] [过去式和过去分词 **burst**] 爆裂，胀破 *A tyre burst with a bang.* 一只轮胎砰的一声爆了。◇ *The balloon burst when I kicked it.* 我一踢气球破了。

bury /'beri/ [动词] [过去式和过去分词 **buried**] **1** 埋葬(死者) *The boys buried the dead bird in the backyard.* 男孩子们把死鸟埋在了后院。**2** (尤指用土)埋藏，掩埋 *Our dog always buries its bones in the garden.* 我们家的狗总是把骨头埋在花园里。

bus /bʌs/ [名词] [复数 **buses**] 公共汽车 *The children go to school by bus.* 孩子们乘公共汽车上学。◇ *Where do you usually get on the bus?* 你通常在哪里坐公共汽车?

bush /bʊʃ/ [名词] [复数 **bushes**] 灌木 *The house was surrounded by thick bushes.* 房子四周灌木丛生。

bus station /'bʌs ˌsteɪʃn/ [名词] 公共汽车总站 *Is the bus station far from here?* 公共汽车总站离这儿远吗?

bus stop /'bʌs stɒp; 美 'bʌs stɑːp/ [名词] 公共汽车站 *I saw her waiting at the bus stop.* 我看见她在公共汽车站等车。

busy /'bɪzi/ [形容词] [比较级 **busier**, 最高级 **busiest**] 忙的，繁忙的 *Don't bother him. He's busy.* 不要打扰他，他很忙。◇ *Henry's busy with his homework.* 亨利在忙着做作业。◇ *She's busy writing a letter.* 她在忙着写信。

but / 强 bʌt; 弱 bət/ [连词] 但是 *I like apples, but I don't want one now.* 我喜欢吃苹果，但现在不想吃。

butcher /'bʊtʃə; 美 -ər/ [名词] 屠夫；肉商 *The butcher sold them the meat.* 肉商把肉卖给了他们。

butter /'bʌtə; 美 -ər/ [名词] [无复数] 黄油 *She put some butter on her bread.* 她在面包上涂了些黄油。

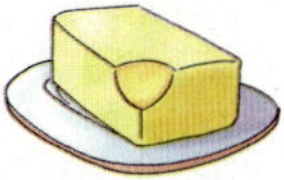

butterfly /'bʌtəflaɪ; 美 -ər-/ [名词] [复数**butterflies**] 蝴蝶 *There's a butterfly on the flower.* 花上有一只蝴蝶。

button /'bʌtn/ [名词] **1** 纽扣，扣子 *This blouse is too tight—I can't fasten the buttons.* 这件衬衣太紧，我扣不上扣子。

B

2 按钮，键 *I pressed the button, and the bell rang.* 我按了一下按钮，铃响了。

buy /baɪ/ [动词] [过去式和过去分词 **bought** /bɔːt/] 买 *We always buy mum a birthday present. Last year we bought her some flowers.* 我们总会给妈妈买生日礼物，去年我们给她买了一些花。 ☞ [反] **sell** 卖

by /baɪ/ [介词] 1 靠近，在…旁边 *Come and sit by me.* 过来坐在我身旁。2 在…之前 *Can you finish your homework by six o'clock.* 你能在6点以前做完作业吗？ 3 被，由 *She was knocked down by a car.* 她被汽车撞倒了。4 [表示方法、手段] 用，靠，乘，通过 *Are you going by car or by train?* 你是坐汽车去还是坐火车去？

bye /baɪ/ [感叹词] [非正式] 再见 *Bye! See you next week.* 再见！下周见。 ☞ 也可以说 **bye-bye**。

Cc

cabbage /'kæbɪdʒ/ [名词] 洋白菜，卷心菜 *Do you like cabbage?* 你喜欢吃洋白菜吗？

cafe /'kæfeɪ; 美 kæ'feɪ/ [名词] 咖啡馆；小餐馆 *Henry had lunch in a cafe.* 亨利在一家小餐馆吃了午餐。

cage /keɪdʒ/ [名词] 笼子 *Is the parrot happy in its cage?* 鹦鹉在笼子里快乐吗？

cake /keɪk/ [名词] 蛋糕 *It's your birthday—you must cut the cake.* 今天是你的生日，必须由你来切蛋糕。

calculator /'kælkjuleɪtə; 美 -jəleɪtər/ [名词] 计算器 *Can I borrow your calculator?* 我能借用一下你的计算器吗？

calendar /'kælɪndə; 美 -ər/ [名词] 日历 *Do you have next year's calendar?* 你有明年的日历吗？

call /kɔːl/ [动词] **1** 喊，叫 *I heard someone calling my name.* 我听见有人叫我的名字。**2** 给…打电话 *Alice calls her aunt every week.* 艾丽斯每周都给姨妈打电话。**3** 把…叫做，称呼，给…取名叫 *My name's Susan, but you can call me Sue.* 我的名字叫苏珊，但你可以叫我苏。◇ *They called the baby Ben.* 他们给宝宝取名叫本。**4** 召唤 *Dad called us in for lunch.* 爸爸叫我们进来吃午饭。

calm /kɑːm/ [形容词] 镇静的 *Try to keep calm—the doctor will be here* soon. 要保持镇静，医生马上就到。

came /keɪm/ **come** 的过去式 *Paul came home late.* 保罗回家晚了。

camel /'kæml/ [名词] 骆驼 *They call the camel 'the ship of the desert'.* 人们把骆驼称为‘沙漠之舟’。

camera /'kæmərə/ [名词] (照)相机 *I've got a new camera.* 我有一架新相机。

camp /kæmp/ [名词] 营地 *Let's return to camp.* 咱们回营地吧。◇ *At camp we have a fire each night.* 在营地，我们每晚都生火。

can¹ /强 kæn; 弱 kən/ [情态动词] [过去式 **could** /强 kʊd; 弱 kəd/] **1** [表示可能性或能力] 能，会 *I can run fast.* 我能跑快。◇ *Can you ride a bike?* 你会骑自行车吗？ ☞ 参见 **able**。**2** [表示许可或请求，代替 **may**] 可以，能 *Can I have a drink, please?* 我喝点饮料可以吗？◇ *Can I read your newspaper?* 我可以看看你的报纸吗？

can² /kæn/ [名词] 罐头，听 *Dad bought a can of beer.* 爸爸买了一罐啤酒。☞ 美国英语通常用 **can**，英国英语通常用 **tin**。

candle /'kændl/ [名词] 蜡烛 *He lit the candle.* 他点燃了蜡烛。

candle 蜡烛

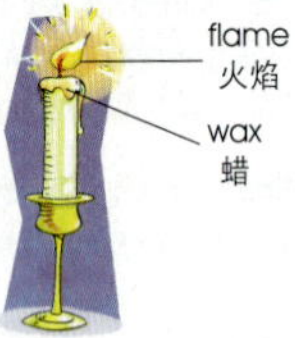

candy /'kændi/ [名词] [复数 **candies**] 糖果 *You ate too much candy.* 你吃糖果吃得太多了。☞ 美国英语用 **candy**，英国英语用 **sweet** ‘糖果’。

cannot /'kænɒt; 美 -nɑːt/ **can¹** 的否定词 *I cannot speak Japanese.* 我不会说日语。

can't /kɑːnt; 美 kænt/ **cannot** 的缩写 *I can't swim.* 我不会游泳。

cap /kæp/ [名词] (有舌无檐的)帽子 *Henry is wearing a baseball cap.* 亨利戴着一顶棒球帽。☞ 参见 **hat** ‘(有

檐的)帽子'。

capital /'kæpɪtl/ [名词] **1** 首都 *Beijing is the capital of China.* 北京是中国的首都。**2** [又作 **capital letter**] 大写字母 *Write your name in capitals.* 用大写字母写你的名字。

car /kɑː; 美 kɑːr/ [名词] 小汽车,轿车 *He's not old enough to drive a car.* 他还不到开车的年龄。

card /kɑːd; 美 kɑːrd/ [名词] **1** 卡片 *Alice stuck the pictures on cards.* 艾丽斯把图画贴在卡片上。**2** 贺卡 *Henry received a Christmas card from his friend.* 亨利收到一张朋友寄来的圣诞贺卡。**3** 纸牌,扑克牌 *Let's play cards.* 咱们打牌吧。

cardigan /'kɑːdɪgən; 美 'kɑːr-/ [名词] (开襟)毛衣 *She wears a cardigan when it is cold.* 天冷时,她穿一件开襟毛衣。

care[1] /keə; 美 ker/ [名词] 小心,谨慎,注意 *Cross the road with care.* 过马路时要小心。

take care 小心,注意;[分别时或信末用语] 保重 *When you are crossing the road, take care!* 你过马路时要小心!

take care of 照顾 *Take care of your brother while I am away.* 我不在时要照顾你弟弟。

care[2] /keə; 美 ker/ [动词] 关心,在乎 *I really don't care if he comes or not.* 我真的不在乎他来还是不来。

care for 看护,照顾 *Who cared for her while she was ill?* 她生病时是谁照顾她的?

careful /'keəfl; 美 'ker-/ [形容词] **1** 小心的 *Be careful!* 小心! ◇ *Be careful with the glasses.* 小心玻璃杯。◇ *Be careful not to wake the baby.* 小心别吵醒宝宝。**2** 细心的,仔细的 *She's a careful student.* 她是一名细心的学生。

carefully /'keəfəli; 美 'ker-/ [副词] 小心地;仔细地 *Drive carefully.* 开车要小心。◇ *Please listen carefully.* 请仔细听。

careless /'keələs; 美 'ker-/ [形容词] 粗心的,疏忽的 *He's very careless.* 他很粗心。

C

C

carpet /'kɑːpɪt; 美 'kɑːrpət/ [名词] 地毯 *Alice has a new carpet in her bedroom.* 艾丽斯的卧室里铺了一条新地毯。

carrot /'kærət/ [名词] 胡萝卜 *Have some more carrots.* 再吃点胡萝卜。

carry /'kæri/ [动词] [过去式和过去分词 **carried**] 拿；提；抱；背；扛；搬 *He was carrying a suitcase.* 他提着衣箱。◇ *She carried her baby in her arms.* 她怀里抱着婴儿。

cartoon /kɑː'tuːn; 美 kɑːr-/ [名词] **1** 漫画 *Henry is learning to draw cartoons.* 亨利在学画漫画。**2** 卡通片，动画片 *Alice likes to watch cartoons on television.* 艾丽斯喜欢看电视里的动画片。

case /keɪs/ [名词] 盒，匣 *Mum keeps her glasses in a case.* 妈妈把眼镜放在盒里。

in case 以防万一 *Take an umbrella in case it rains.* 带上雨伞，以防下雨。

cash /kæʃ/ [名词] [无复数] 现金 *Do you have any cash?* 你有现金吗?

cassette /kə'set/ [名词] (盒式)磁带 *Henry is listening to a music cassette.* 亨利正在听音乐磁带。

castle /'kɑːsl; 美 'kæ-/ [名词] 城堡 *Most castles were built a long time*

ago. 大多数城堡是很久以前建造的。

cat /kæt/ [名词] 猫 *The cat is eating.* 猫在吃东西。

catch /kætʃ/ [动词] [过去式和过去分词 **caught** /kɔːt/] **1** 接住 *I threw a ball to him and he caught it.* 我把球扔给他，他接住了。**2** 捉住，抓住，捕获 *Cats catch mice.* 猫捉老鼠。◇ *How many fish did you catch?* 你捕了多少鱼？ **3** 赶上 *Henry caught the last bus home.* 亨利赶上最后一班公共汽车回家。

caterpillar /ˈkætəpɪlə; 美 -tərpɪlər/ [名词] 毛虫 *Caterpillars turn into butterflies.* 毛虫变成蝴蝶。

cattle /ˈkætl/ [名词] [复数] 牛 *We saw some cattle in the fields.* 我们看见田里有几头牛。

cattle 牛

caught /kɔːt/ **catch** 的过去式和过去分词 *The cat caught another mouse.* 那只猫又捉住一只老鼠。

cauliflower /ˈkɒliˌflauə; 美 ˈkɑːliˌflauər/ [名词] 花椰菜，菜花 *Helen cooked some cauliflower for lunch.* 海伦午饭煮了些菜花。

cave /keɪv/ [名词] 山洞；地洞 *Bats live in the cave.* 蝙蝠居住在山洞里。

CD /ˌsiː ˈdiː/ [**compact disc** 的缩写] [名词] 激光唱片 *Helen is listening to her new CD.* 海伦正在听自己的新激光唱片。

CD-ROM /ˌsiː diː ˈrɒm; 美 -ˈrɑːm/ [名词] 只读光盘 *His computer can read CD-ROM.* 他的电脑能读光盘。

ceiling /ˈsiːlɪŋ/ [名词] 天花板 *She lay on her back staring up at the ceiling.* 她仰卧凝视着天花板。

celebrate /ˈseləbreɪt/ [动词] 庆祝 *Peter celebrated his birthday yesterday.* 彼得昨天庆祝生日。

C

cent /sent/ [名词] [货币单位] 分 *There are 100 cents in a dollar.* 1元等于100分。

centre /ˈsentə; 美 -ər/ [名词] 中心，中央 *The fruit is in the centre of the table.* 水果在桌子中央。☞ 美国英语拼写为 **center**。

century /ˈsentʃəri/ [名词] [复数 **centuries**] 世纪 *There were two world wars in the twentieth century.* 20世纪发生了两次世界大战。

cereal /ˈsɪəriəl; 美 ˈsir-/ [名词] **1** [通常用作复数] 谷物，谷类植物 *Wheat and rice are cereals.* 小麦和水稻都是谷类植物。**2** [无复数] 谷类食品（如麦片等）*Peter ate a bowl of cereal.* 彼得吃了一碗麦片。

certain / ˈsɜːtn; 美 ˈsɜːr-/ [形容词] [不用于名词前] 肯定的，确信的 *I'm certain that she saw me.* 我肯定她看见我了。

certainly /ˈsɜːtnli; 美 ˈsɜːr-/ [副词] **1** 确实，无疑 *He certainly works very hard.* 他工作确实非常努力。**2** 当然 *'Can I come along?' 'Certainly.'* '我可以一起来吗？' '当然可以。' ☞ [同] **sure²** 当然

certificate /səˈtɪfɪkeɪt; 美 sər-/ [名词] 证书 *My birth certificate shows where and when I was born.* 我的出生证上写着我是何时何地出生的。

chain /tʃeɪn/ [名词] 链子，链条 *She always wears a gold chain round her neck.* 她的脖子上总是戴着一条金项链。◇ *My bicycle chain broke.* 我的自行车链条断了。

chair /tʃeə; 美 tʃer/ [名词] 椅子 *He got up from the chair.* 他从椅子上站了起来。

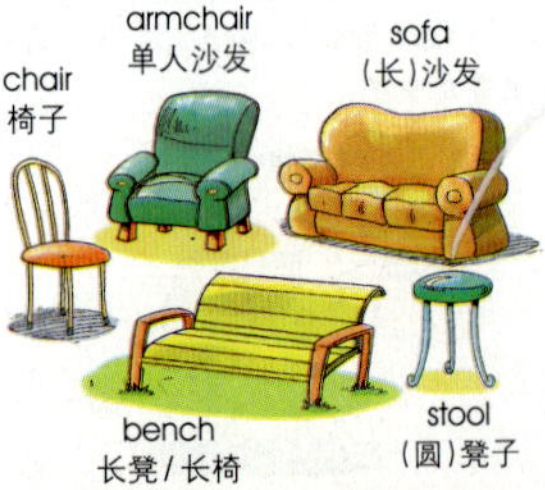

chalk /tʃɔːk/ [名词] 粉笔 *The teacher was writing with a piece of chalk.* 老师在用粉笔写字。 ☞ **chalk** 指'粉笔'是不可数名词，说'一枝粉笔'要用 **a piece of chalk**；**chalk** 指'彩色粉笔'是可数名词，说'几枝彩色粉笔'要用 **some coloured chalks**。

champion /'tʃæmpjən/ [名词] 冠军 *He is the tennis champion of his school.* 他是学校里的网球冠军。

chance /tʃɑːns; 美 tʃæns/ [名词] 机会 *I never miss a chance to play football.* 我从不错过踢足球的机会。

change[1] /tʃeɪndʒ/ [动词] **1** 改变；(使)变化 *Henry changed the date of his party.* 亨利把聚会日期改了。◇ *She's changed a lot since I last saw her.* 自从我上次看见她以后，她变了许多。 **2** [后跟复数宾语] 交换(座位、位置等) *Can we change seats?* 我们可以换换座位吗？◇ *Can I change seats with you?* 我可以和你换一下座位吗？ **3** 换衣服 *Helen changed before she went out.* 海伦出去前换了衣服。

change[2] /tʃeɪndʒ/ [名词] [无复数] 零钱 *Henry has change in his pocket.* 亨利的兜里有零钱。

chapter /'tʃæptə; 美 -ər/ [名词] (书的)章 *Turn to Chapter 1, please.* 请翻到第一章。

character /'kærəktə; 美 -ər/ [名词] **1** 人物，角色 *He played a bad character in the film.* 他在电影里演一个坏人。 **2** 性格，品质 *His character is very different from his wife's.* 他和妻子的性格迥然不同。

charge[1] /tʃɑːdʒ; 美 tʃɑːrdʒ/ [名词] 负责，主管，掌管 *Paul is in charge of his baby brother while his mother is out.* 妈妈不在时，保罗负责照看小弟弟。◇ *The head teacher is in charge of the school.* 校长负责掌管学校。

charge[2] /tʃɑːdʒ; 美 tʃɑːrdʒ/ [动词] 要价，收费 *How much do you charge for mending a pair of shoes?* 修一双鞋要多少钱？

chase /tʃeɪs/ [动词] 追赶 *The dog is chasing a cat.* 狗在追猫。

cheap /tʃiːp/ [形容词] 便宜的 *Oranges are cheap at the moment.*

C

橙子现在便宜。☞ [反] **expensive** 昂贵的

cheat /tʃiːt/ [动词] 作弊 *He always cheats at cards.* 他玩牌时总是作弊。

check[1] /tʃek/ [名词] 方格图案 *Alice is wearing a check skirt.* 艾丽斯穿着一条方格裙。

check[2] /tʃek/ [动词] 检查；核对 *Check your work before you hand it in.* 交作业以前，要先检查一下。

cheek /tʃiːk/ [名词] 面颊 *The cold wind makes my cheeks red.* 寒风把我的面颊吹红了。

cheer /tʃɪə; 美 tʃɪr/ [动词] (向…)欢呼，(为…)喝彩 *The audience cheered the singer.* 听众们向歌手欢呼。

cheerful /ˈtʃɪəfl; 美 ˈtʃɪr-/ [形容词] 高兴的，快乐的 *You don't look very cheerful today. What's the matter?* 你今天看上去不大高兴，怎么啦？

cheers /tʃɪəz; 美 tʃɪrz/ [感叹词] [用于祝酒时] 祝你健康；干杯 *'Cheers,' she said, raising her wine glass.* '干杯，'她举起酒杯说。

cheese /tʃiːz/ [名词] 乳酪，奶酪 *Peter does not like cheese.* 彼得不喜欢吃奶酪。

cherry /ˈtʃeri/ [名词] [复数 **cherries**] 樱桃 *Alice likes cherry pie.* 艾丽斯喜欢吃樱桃派。

chess /tʃes/ [名词] [无复数] 国际象棋 *Can you play chess?* 你会下国际象棋吗？

chest /tʃest/ [名词] 胸部 *He was shot in the chest.* 他的胸部被射中了。

chew /tʃuː/ [动词] 咀嚼 *Chew your food well before you swallow it.* 食物要先嚼烂再下咽。

chewing gum /ˈtʃuːɪŋ gʌm/ [又作 **gum**] [名词] [无复数] 口香糖 *You cannot take chewing gum to school.* 你不能带口香糖上学。

chick /tʃɪk/ [名词] 小鸡 *The baby chick is soft and yellow.* 刚孵出的小鸡

C

软软的、黄黄的。

chicken /'tʃɪkɪn/ [名词] **1** 鸡 *There are five chickens in the yard: a cock, a hen and three chicks.* 院子里有5只鸡：1只公鸡、1只母鸡和3只小鸡。

2 [无复数] 鸡肉 *Do you like chicken?* 你喜欢吃鸡吗？

child /tʃaɪld/ [名词] [复数 **children** /'tʃɪldrən/] 孩子；儿童 *A group of children were playing in the park.* 一群孩子正在公园里玩。

chimney /'tʃɪmni/ [名词] 烟囱，烟筒 *Smoke came out of the chimney.* 烟从烟筒里冒出来。

chimpanzee /ˌtʃɪmpæn'ziː/ [又作 **chimp** /tʃɪmp/] [名词] 黑猩猩 *The chimpanzee is an African animal.* 黑猩猩是一种产于非洲的动物。

chin /tʃɪn/ [名词] 下巴 *Alice has chocolate on her chin.* 艾丽斯的下巴上沾有巧克力。

China /'tʃaɪnə/ [名词] 中国 *China is a big country.* 中国是个大国。

Chinese[1] /ˌtʃaɪ'niːz/ [形容词] 中国(人)的 *We went to a Chinese restaurant.* 我们去了一家中餐馆。

Chinese[2] /ˌtʃaɪ'niːz/ [名词] **1** [复数 **Chinese**] 中国人 *Many Chinese live abroad.* 很多中国人居住在国外。**2** 中国话，中文，汉语 *He can speak Chinese.* 他会说汉语。

chip /tʃɪp/ [名词] [通常用作复数] (炸)薯条 *We had hamburger and chips for lunch.* 我们午餐吃了汉堡包和炸薯条。

chocolate /'tʃɒklət; 美 'tʃɔːk-/ [名词] **1** [无复数] 巧克力 *Most children like* *chocolate.* 大部分孩子爱吃巧克力。

2 巧克力糖 *Mum bought a box of chocolates.* 妈妈买了一盒巧克力糖。

C

choose /tʃuːz/ [动词] [过去式 **chose** /tʃəʊz; 美 tʃoʊz/，过去分词 **chosen** /'tʃəʊzn; 美 'tʃoʊ-/] 选择，挑选 *Henry is choosing a toy.* 亨利在挑选玩具。

chop /tʃɒp; 美 tʃɑːp/ [动词] [现在分词 **chopping**，过去式和过去分词 **chopped**] 砍，劈 *Can you chop some firewood?* 你能不能劈些木柴？

chopsticks /'tʃɒpstɪks; 美 'tʃɑːp-/ [名词] [复数] 筷子 *Most Chinese use bowls and chopsticks to eat.* 大多数中国人用碗筷吃饭。

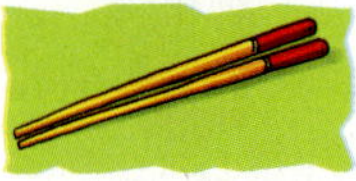

chose /tʃəʊz; 美 tʃoʊz/ **choose** 的过去式 *Who chose this book?* 谁挑选的这本书？

chosen /'tʃəʊzn; 美 'tʃoʊ-/ **choose** 的过去分词 *Dad has chosen a bicycle for my birthday present.* 爸爸选了一辆自行车作为我的生日礼物。

Christmas /'krɪsməs/ [又作 **Christmas Day**] [名词] 圣诞节 *Christmas is on 25 December.* 圣诞节是在12月25日。◇ *Happy Christmas!* 圣诞快乐！◇ *Merry Christmas!* 圣诞快乐！

church /tʃɜːtʃ; 美 tʃɜːrtʃ/ [名词] [复数 **churches**] 教堂 *The church is close to the school.* 教堂离学校很近。

cinema /'sɪnəmə/ [名词] 电影院 *What's on at the cinema?* 电影院在上映什么影片？◇ *Let's go to the cinema tonight.* 咱们今晚去看电影吧。☞ 英国英语用 **cinema**，美国英语用 **movies**。

circle /'sɜːkl; 美 'sɜːr-/ [名词] 圆，圆圈 *They sat in a circle around the fire.* 他们围成一圈坐在炉火旁边。

circus /'sɜːkəs; 美 'sɜːr-/ [名词] [复数 **circuses**] **1** 马戏团 *This circus has a famous clown.* 这家马戏团有个著名的小丑。**2** 马戏 *Henry loves going to the circus.* 亨利喜欢看马戏。

city /'sɪti/ [名词] [复数 **cities**] 城市 *Which is the world's largest city?* 世界上最大的城市是哪个？

clap /klæp/ [动词] [现在分词 **clapping**，过去式和过去分词 **clapped**] 鼓掌，拍手 *When the singer finished, we clapped.* 歌手唱完后，我们鼓了掌。

class /klɑːs; 美 klæs/ [名词] [复数 **classes**] **1** 班级 *Paul and Helen are in the same class at school.* 保罗和海伦在学校里的同一个班。**2** 课 *I have a maths class at 9 o'clock.* 我 9 点上数学课。

classmate /'klɑːsmeɪt; 美 'klæs-/ [名词] 同班同学 *Paul and Helen are classmates.* 保罗和海伦是同班同学。

classroom /'klɑːsruːm; 美 'klæs-/ [名词] 教室 *Which classroom are you in?* 你在哪一个教室？

claw /klɔː/ [名词] (动物的)脚爪 *Cats have sharp claws.* 猫长着尖爪。

clay /kleɪ/ [名词] [无复数] 黏土 *The pots are made from clay.* 这些壶是用黏土制成的。

clean[1] /kliːn/ [形容词] 整洁的，干净的 *Are your hands clean?* 你的手干净吗？ ◇ *Try to keep your room clean* *and tidy.* 尽量保持房间整洁干净。 ☞ [反] **dirty** 脏的

clean² /kliːn/ [动词] 打扫，清理 *It took half an hour to clean the kitchen.* 打扫厨房用了半个小时。

clear /klɪə; 美 klɪr/ [形容词] **1** 透明的 *Glass is clear.* 玻璃是透明的。**2** 清楚的，明白的 *You must never do that again. Is that clear?* 你千万不要再那样做了，明白吗？

C

clever /ˈklevə; 美 -ər/ [形容词] 聪明的 *Helen is the cleverest girl in the class.* 海伦是班上最聪明的女孩。

cliff /klɪf/ [名词]（尤指海边的）悬崖，峭壁 *They climbed down the cliff to the beach.* 他们爬下悬崖来到了海滩。

climb /klaɪm/ [动词] 攀，爬 *'What's Henry doing?' 'He's climbing the tree.'* '亨利在干什么？' '他在爬树。'

clinic /ˈklɪnɪk/ [名词] 诊所 *I went to the clinic because I broke my arm.* 我去了诊所，因为我的胳膊摔断了。

clock /klɒk; 美 klɑːk/ [名词] 时钟 *The clock is fast.* 时钟快了。◇ *The clock has stopped.* 时钟停了。

close¹ /kləʊz; 美 kloʊz/ [动词] **1** 关上；闭上；合上 *Please close the door.* 请关上门。◇ *Now close your book and see how much you can remember.* 现在合上书看看你记住了多少。☞ ① [同] **shut** 关上；闭上；合上 ② [反] **open²** 开；打开；张开；睁开 **2** 关门；停止营业 *What time do the shops close?* 商店几点关门？ ☞ ① [同] **shut** 关门；停止营业 ② [反] **open²** 开门；营业

close² /kləʊs; 美 kloʊz/ [形容词]（指时间、空间等）近的，接近的 *The church is close to the shops.* 教堂离商店很近。

closed /kləʊzd; 美 kloʊzd/ [形容词] **1** 关着的 *Are all the windows closed?* 所有的窗户都关着吗？ ☞ [反] **open¹** 开着的 **2** 关门的；停止营业的 *The supermarket is closed.* 超市关门了。

☞ [反] **open**[1] 开门的；营业的

cloth /klɒθ; 美 klɔːθ/ [名词] **1** [无复数] 布料 *How much cloth do you need to make the jacket?* 你做夹克需要多少布料？ **2** 一块布 *Cover the food with a cloth.* 用布把食品盖起来。

clothes /kləʊðz; 美 klouz/ [名词] [复数] 衣服，服装 *Helen was wearing new clothes.* 海伦穿着新衣服。◇ *Put on your school clothes.* 穿上你的校服。

cloud /klaʊd/ [名词] 云 *There wasn't a cloud in the sky.* 天空无云。

cloudy /ˈklaʊdi/ [形容词]（指天空）多云的 *The sky was cloudy, so I took my umbrella.* 天空多云，所以我带了雨伞。

clown /klaʊn/ [名词] 小丑 *The clown gave Alice a flower.* 小丑给了艾丽斯

clothes 衣服

一朵花。

C

club /klʌb/ [名词] 俱乐部 *Henry is a member of a computer club.* 亨利是一家计算机俱乐部的会员。

clue /kluː/ [名词] 线索 *Police have found a vital clue.* 警方已经发现一条重大线索。

clumsy /ˈklʌmzi/ [形容词] [比较级 **clumsier**，最高级 **clumsiest**] (指人)笨拙的 *He's too clumsy to be a good dancer.* 他笨手笨脚的，当不了一名好的舞蹈演员。

clutch /klʌtʃ/ [动词] 紧抓，紧握，紧抱 *I clutched the book in my arms.* 我把书紧紧抱在怀里。

coach /kəʊtʃ; 美 koʊtʃ/ [名词] [复数 **coaches**] **1** 长途汽车 *They travelled by coach.* 他们乘长途汽车旅行。**2** 教练 *He's a famous football coach.* 他是一位著名的足球教练。

coal /kəʊl; 美 koʊl/ [名词] [无复数] 煤 *Put some more coal on the fire.* 往火里再加点煤。

coast /kəʊst; 美 koʊst/ [名词] 海岸，海滨 *We live on the coast.* 我们住在海滨。

coat /kəʊt; 美 koʊt/ [名词] 外衣，外套，大衣 *Put your coat on—it's cold outside.* 穿上外套，外面冷。

cobweb /ˈkɒbweb; 美 ˈkɑːb-/ [名词] 蜘蛛网 *A spider makes a cobweb to catch insects.* 蜘蛛结网来捕食昆虫。

Coca-Cola /ˌkəʊkə ˈkəʊlə; 美 ˌkoʊkə ˈkoʊlə/ [又作 **Coke**] [名词] [商标] **1** [无复数] 可口可乐 **2** 一杯(一瓶、一听)可口可乐 ☞ 参见**Coke**的示例。

cock /kɒk; 美 kɑːk/ [名词] 公鸡 *I heard a cock crow every morning.* 每天早晨我都听见公鸡啼叫。

coffee /'kɒfi; 美 'kɔːfi/ [名词] **1** [无复数] 咖啡 *I enjoy a cup of coffee after a meal.* 我喜欢在饭后喝杯咖啡。**2** 一杯咖啡 *Two coffees, please.* 请来两杯咖啡。

coin /kɔɪn/ [名词] 硬币 *Peter has two coins in his hand.* 彼得手里有两枚硬币。

Coke /kəʊk; 美 koʊk/ [名词] [商标] [非正式] **1** [无复数] (可口)可乐 *You can have some Coke.* 你可以喝点可乐。**2** 一杯(一瓶、一听)(可口)可乐 *Can I have a Coke?* 我可以喝杯可乐吗?

cold[1] /kəʊld; 美 koʊld/ [形容词] 冷的,寒冷的 *Put your gloves on—it's cold outside today!* 戴上手套,今天外面冷! ☞ [反] **hot** 热的

cold[2] /kəʊld; 美 koʊld/ [名词] 感冒,伤风 *Alice has a bad cold.* 艾丽斯得了重感冒。

collar /'kɒlə; 美 'kɑːlər/ [名词] 衣领 *I turned up my collar against the wind.* 我把衣领竖起来挡风。

collect /kə'lekt/ [动词] **1** 收集 *Do you collect stamps?* 你集邮吗? **2** 接走 *He collected the children from school.* 他把孩子们从学校接走了。

college /'kɒlɪdʒ; 美 'kɑː-/ [名词] 大学;学院 *My brother is going to college in the autumn.* 我哥哥秋天就要上大学了。

colour /'kʌlə; 美 -ər/ [名词] 颜色 *'What colour is your pencil?' 'It's red.'* '你的铅笔是什么颜色的?' '是红色的。' ☞ 美国英语拼写为 **color**。

colours 颜色

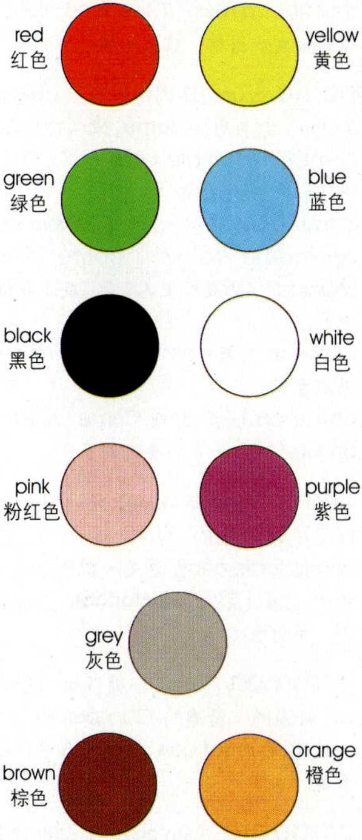

comb[1] /kəʊm; 美 koʊm/ [名词] 梳子 *Helen always takes a comb to school to keep her hair tidy.* 海伦总是带着梳子上学,以便保持头发整齐。

comb² /kəʊm; 美 koʊm/ [动词] 梳 *Your hair's a mess! It needs combing.* 你的头发一团糟！该梳一梳了。

C

come /kʌm/ [动词] [过去式 **came** /keɪm/, 过去分词 **come**] 来 *'Can you come?' 'I'm afraid I can't.'* '你能来吗？' '恐怕不能来。'

come from 来自；出生于 *'Where do you come from?' 'I come from England.'* '你是哪里人？' '我是英格兰人。'

come in 进来 *Come in and sit down.* 进来坐下。

come on 快点，赶快 *Come on, we'll be late!* 快点，我们要迟到了！

comfortable /'kʌmftəbl/ [形容词] 舒适的，舒服的 *This is a very comfortable chair.* 这是一把很舒适的椅子。☞ [反] **uncomfortable** 不舒适的，不舒服的

common /'kɒmən; 美 'kɑː-/ [形容词] 普通的；普遍的 *Computers are common in schools.* 计算机在学校很普遍。

compare /kəm'peə; 美 -'per/ [动词] 比较，对照 *Compare your answers with those at the back of the book.* 把你的答案与书后的答案对一下。

compass /'kʌmpəs/ [名词] [复数 compasses] **1** 指南针 *Dad looked at his compass.* 爸爸看了看指南针。**2** [用作复数] 圆规 *Use your compasses to draw a circle.* 用你的圆规画一个圆。

competition /ˌkɒmpə'tɪʃn; 美 ˌkɑːm-/ [名词] 比赛 *I came first in the swimming competition.* 我获得了游泳比赛的第一名。

complete¹ /kəm'pliːt/ [形容词] 完整的；全部的；完全的 *He read the complete works of Shakespeare.* 他读了莎士比亚全集。

complete² /kəm'pliːt/ [动词] 完成 *Alice completed her homework and went out to play.* 艾丽斯做完作业就出去玩了。

computer /kəm'pjuːtə; 美 -ər/ [名词] 计算机，电脑 *Do you like playing computer games?* 你喜欢玩电脑游戏吗？

concentrate /'kɒnsntreɪt; 美 'kɑːn-/ [动词] 集中(思想、精力、注意

力等) *I can't concentrate on my homework when I'm hungry.* 我饿了就没法集中精力做作业。

concert /'kɒnsət; 美 'kɑːnsɜːrt/ [名词] 音乐会 *They went to a concert last night.* 他们昨晚去听了一场音乐会。

conductor /kən'dʌktə; 美 -ər/ [名词] (公共汽车的)售票员 *Did the conductor check your ticket?* 售票员检你的票了吗?

confuse /kən'fjuːz/ [动词] 使糊涂 *Don't give me so much information—you're confusing me.* 别跟我说那么多信息，你都把我搞糊涂了。

congratulations /kən͵grætʃu'leɪʃnz; 美 kən͵grætʃə-/ [名词] [复数，用作感叹词] 恭喜，祝贺 *Congratulations on your 10th birthday!* 祝贺你10岁生日!

connect /kə'nekt/ [动词] 连接 *Connect the pipe to the tap.* 把管子接在水龙头上。

consist /kən'sɪst/ [动词] **consist of** 由…组成，由…构成 *This book consists of two parts.* 这本书由两部分组成。

consonant /'kɒnsənənt; 美 'kɑːn-/ [名词] 辅音字母 *There are twenty-one consonants in the English alphabet.* 英语字母表中有21个辅音字母。

contain /kən'teɪn/ [动词] 包含，含有 *Sea water contains salt.* 海水含有盐分。◇ *What does that box contain?* 那个箱子里装的是什么?

container /kən'teɪnə; 美 -ər/ [名词] 容器 *Boxes, bags and baskets are all containers.* 箱子、袋子和篮子都是容器。

continent /'kɒntɪnənt; 美 'kɑːntə-/ [名词] (大)洲；大陆 *There are seven continents in the world.* 世界上有七大洲。

continue /kən'tɪnjuː; 美 -ju/ [动词] 继续 *We continued our lessons after lunch.* 午饭后我们继续上课。

control /kən'trəʊl; 美 -'troʊl/ [动词] [现在分词 **controlling**，过去式和过去分词**controlled**] 控制 *Henry controlled his bicycle very well.* 亨利骑自行车控制自如。

conversation /͵kɒnvə'seɪʃn; 美 ͵kɑːnvər-/ [名词] 交谈，会话 *Henry and Helen are having a conversation.* 亨利和海伦正在交谈。

cook[1] /kʊk/ [动词] 烹调，烧，煮，做(饭) *'What's Paul doing?' 'He's learning to cook.'* ‘保罗在干嘛?’‘他在学做饭。’

C

cook² /kʊk/ [名词] 厨师 *My mother is a good cook.* 我妈妈饭菜做得很好。

C

cool /kuːl/ [形容词] 凉的，凉爽的 *Cotton clothes are cool in summer.* 夏天穿棉布衣服凉快。☞ [反] **warm** 温暖的，暖和的

copy¹ /ˈkɒpi; 美 ˈkɑːpi/ [名词] [复数 **copies**] 副本；复制品 *The painting is only a copy.* 这幅画只是一件复制品。

copy² /ˈkɒpi; 美 ˈkɑːpi/ [动词] [过去式和过去分词 **copied**] **1** 抄写 *She copied the phone number into her address book.* 她把电话号码抄在她的地址簿上。**2** 复制，拷贝 *He copied the information into a notebook computer.* 他把信息复制到笔记本电脑里。**3** 模仿 *Alice is copying Helen.* 艾丽斯在模仿海伦。**4** 抄袭 *She copied his answers.* 她抄袭了他的答案。

cord /kɔːd; 美 kɔːrd/ [名词] (细)绳 *Tie the box with a piece of cord.* 用绳把箱子捆上。

corner /ˈkɔːnə; 美 ˈkɔːrnər/ [名词] 角落；拐角处 *Put the lamp in the corner of the room.* 把灯放在房间的角落里。

correct¹ /kəˈrekt/ [形容词] 正确的，对的 *Well done! All your answers were correct.* 做得好！你所有的答案都对了。☞ ① [同] **right¹** 正确的，对的 ② [反] **wrong** 错误的

correct² /kəˈrekt/ [动词] 改正，纠正 *Correct my pronunciation if it's wrong.* 如果我的发音错了，就帮我纠正过来。

corridor /ˈkɒrɪdɔː; 美 ˈkɔːrədər/ [名词] 走廊 *The children walked along the corridor to their classroom.* 孩子们沿着走廊走到教室。☞ [同] **passage** 通道；走廊

cost¹ /kɒst; 美 kɔːst/ [名词] 价钱；费用 *What's the cost of the shirt?* 这件衬

衣要多少钱?

cost² /kɒst; 美 kɔːst/ [动词] [过去式和过去分词**cost**] 花费, 值 *'How much did the book cost?' 'It cost six pounds!'* '那本书要多少钱?' '6 英镑!'

costume /'kɒstjuːm; 美 'kaːstuːm/ [名词] (某地或某时期的)服装 *They all wore national costume.* 他们都穿着民族服装。

cot /kɒt; 美 kaːt/ [名词] 婴儿床 *A baby sleeps in a cot.* 宝宝在婴儿床里睡觉。

cottage /'kɒtɪdʒ; 美 'kaː-/ [名词]村舍, 小屋 *He bought a cottage in a village.* 他在乡村买了一间小屋。

cotton /'kɒtn; 美 'kaːtn/ [名词] [无复数] **1** 棉布 *This skirt is made of cotton.* 这条裙子是用棉布做的。**2** 棉线 *I need a needle and cotton.* 我需要针线。

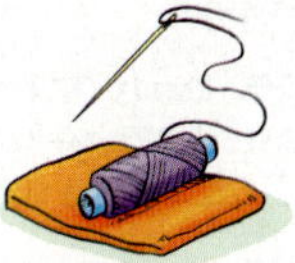

C

cough¹ /kɒf; 美 kɔːf/ [动词] 咳嗽 *The child was coughing all night.* 孩子整夜都在咳嗽。

cough² /kɒf; 美 kɔːf/ [名词] 咳嗽 *I've got a bad cough.* 我咳嗽得很厉害。

could /强 kʊd; 弱 kəd/ **can** 的过去式 *He said that he could run fast.* 他说他能跑快。

couldn't /'kʊdnt/ **could not** 的缩写 *I couldn't see because it was dark.* 因为天黑, 我看不见。

count /kaʊnt/ [动词] 数 *Close your eyes and count to 20.* 闭上眼睛, 从1数到 20。

counter /'kaʊntə; 美 -ər/ [名词] 柜台 *I put my money on the counter.* 我把钱放在柜台上。

country /ˈkʌntri/ [名词] [复数 **countries**] **1** 国家 *China and Japan are Asian countries.* 中国和日本是亚洲国家。**2** 乡下，乡村 *He lives in the country.* 他住在乡下。

courage /ˈkʌrɪdʒ; 美 ˈkɜːr-/ [名词] [无复数] 勇气 *I didn't have the courage to tell him.* 我没有勇气告诉他。

C

cousin /ˈkʌzn/ [名词] 堂兄；堂弟；堂姐；堂妹；表兄；表弟；表姐；表妹 *Henry and I are cousins.* 亨利和我是堂兄弟。

cover /ˈkʌvə; 美 -ər/ [动词] 盖；覆盖；遮盖 *She covered her child with a blanket.* 她给孩子盖上毛毯。◇ *Snow covered the ground.* 白雪覆盖着地面。

cow /kaʊ/ [名词] 母牛；奶牛 *The farmer milks his cows twice a day.* 那个农民每天挤两次牛奶。

crab /kræb/ [名词] 螃蟹 *Crabs have ten legs.* 螃蟹有 10 条腿。

crack /kræk/ [名词] 裂缝；裂纹 *Don't go skating today—there are dangerous cracks in the ice.* 今天别去滑冰了，冰上有裂缝，很危险。◇ *This glass has a crack in it.* 这个杯子上有一道裂纹。

crane /kreɪn/ [名词] 起重机 *A crane is a machine that lifts things.* 起重机是一种能吊起东西的机器。

crash[1] /kræʃ/ [动词] 猛撞；撞毁 *The car crashed into a tree.* 那辆小汽车撞在一棵树上。

crash[2] /kræʃ/ [名词] [复数 **crashes**] **1** (汽车)撞车事故；(飞机)失事 *There* was a serious car crash this morning. 今天早晨发生了一起严重的撞车事故。**2** 碰撞声 *The tree fell with a great crash.* 那棵树哗啦一声倒了。

crawl /krɔːl/ [动词] 爬，爬行 *A baby crawls before it can walk.* 婴儿先会爬，后会走。

crayon /ˈkreɪɒn; 美 -ɑːn/ [名词] 蜡笔 *Some crayons are made from wax.* 有些蜡笔是用蜂蜡做成的。

cream /kriːm/ [名词] [无复数] 奶油 *My dad likes to put cream in his coffee.* 我爸爸喜欢在咖啡里加奶油。

creature /ˈkriːtʃə; 美 -ər/ [名词] 生灵 *Horses, lizards, fish, birds and insects are all creatures.* 马、蜥蜴、鱼、鸟和昆虫都是生灵。

creep /kriːp/ [动词] [过去式和过去分词 **crept** /krept/] 蹑手蹑脚地走 *She crept into the room so as not to wake the baby.* 为了不吵醒宝宝，她蹑手蹑脚地进了房间。

crew /kruː/ [名词] 全体船员；(飞机等的)机组人员 *The plane crashed, killing all the passengers and crew.* 飞机失事了，所有乘客和机组人员都遇难了。

cricket /ˈkrɪkɪt; 美 -ət/ [名词] **1** 蟋蟀 *You can often hear crickets during the summer.* 夏天你能经常听到蟋蟀的叫声。**2** [无复数] 板球(运动) *They played cricket all day.* 他们打了一天板球。

cried /kraɪd/ **cry** 的过去式和过去分词 *She cried for half an hour.* 她哭了半个小时。

crocodile /ˈkrɒkədaɪl; 美 ˈkrɑː-/ [名词] 鳄鱼 *A crocodile is a reptile.* 鳄鱼是爬行动物。

C

crop /krɒp; 美 krɑːp/ [名词] 农作物，庄稼 *Wheat, potatoes and rice are crops.* 小麦、土豆和水稻都是农作物。

cross[1] /krɒs; 美 krɔːs/ [名词] [复数 **crosses**] 叉号 *Put a cross if the answer is wrong.* 如果答案错了，就打个叉。

cross[2] /krɒs; 美 krɔːs/ [动词] 越过，穿过，渡过 *Peter is crossing the road.* 彼得正在过马路。

crossword /ˈkrɒswɜːd; 美 ˈkrɔːswɜːrd/ [又作 **crossword puzzle**] [名词] 纵横填字游戏 *Paul is doing the crossword in the newspaper.* 保罗正在做报纸上的纵横填字游戏。

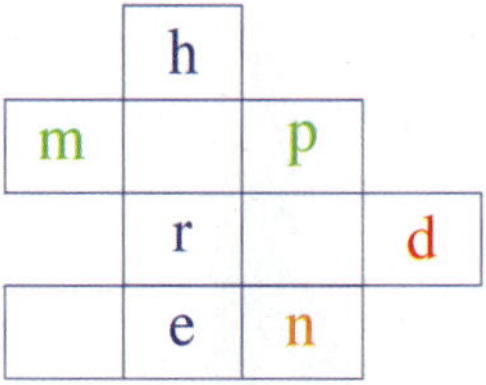

crowd /kraʊd/ [名词] [与单数或复数动词连用] 人群 *The crowd was/were very noisy.* 人群很嘈杂。

crown /kraʊn/ [名词] 王冠 *The queen's crown has jewels on it.* 女王的王冠上有宝石。

cruel /ˈkruːəl/ [形容词] [比较级 **crueller**，最高级 **cruellest**] 残忍的，残酷的 *He is cruel to animals.* 他对动物很残忍。

crush /krʌʃ/ [动词] 压碎，压坏 *Don't crush the box — there are eggs inside!* 别压这个箱子，里面有鸡蛋！

crust /krʌst/ [名词] 面包皮；糕饼皮 *Peter never eats his crusts.* 彼得从来不吃面包皮。

cry /kraɪ/ [动词] [过去式和过去分词 **cried**] 哭，哭泣 *The child was crying for her mother.* 孩子在哭着要妈妈。

cube /kjuːb/ [名词] 立方体 *A cube has eight corners.* 立方体有 8 个角儿。

cucumber /ˈkjuːkʌmbə; 美 -ər/ [名词] 黄瓜 *Dad likes cucumber sandwiches.* 爸爸喜欢吃黄瓜三明治。

cup /kʌp/ [名词] 1 (有柄的)杯子 *Would you like a cup of tea?* 你想不想喝杯茶?

2 一杯(饮料) *I'd like another cup.* 我想再喝一杯。

cupboard /ˈkʌbəd; 美 -ərd/ [名词] 橱柜 *Peter put his toys in the cupboard.* 彼得把他的玩具放在橱柜里。

curious /ˈkjʊəriəs; 美 ˈkjʊr-/ [形容词] 好奇的 *Henry was curious about the parcel.* 亨利对这个包裹很好奇。

curtain /ˈkɜːtn; 美 ˈkɜːrtn/ [名词] 窗帘 *Could you draw the curtain, please?* 请把窗帘拉上好吗?

curve /kɜːv; 美 kɜːrv/ [名词] 曲线，弯曲 *The mountain road has many curves.* 这条山路有很多弯。

cushion /ˈkʊʃn/ [名词] 坐垫，靠垫 *She put two cushions behind her and felt more comfortable.* 她在背后放了两个靠垫，觉得舒服多了。

customer /ˈkʌstəmə; 美 -ər/ [名词] 顾客 *The shop was full of customers.* 商店里挤满了顾客。

cut /kʌt/ [动词] [过去式和过去分词 **cut**] 1 切，割，剪 *Henry cut the apple in half.* 亨利把苹果切成两半。

2 切下，割下，剪下 *Can you cut me a piece of cake, please?* 请给我切一块蛋糕可以吗?

cycle /ˈsaɪkl/ [动词] 骑自行车 *I cycle to school every day.* 我每天骑自行车上学。

D d

D

dad /dæd/ [名词] [非正式] 爸爸，爹爹 *Is that your dad?* 那是你爸爸吗？◇ *Come on, dad!* 快点，爸！

daddy /'dædi/ [名词] [复数**daddies**] [非正式] 爸爸，爹爹 [多用于儿语] *I want my daddy.* 我要爸爸。

daily[1] /'deɪli/ [形容词] 每日的，每天的 *Is this a daily newspaper?* 这是日报吗？

daily[2] /'deɪli/ [副词] 每日，每天 *Take the medicine twice daily.* 每天服药两次。

damage /'dæmɪdʒ/ [动词] 损害，毁坏 *The house was badly damaged by the fire.* 这座房子被大火严重烧毁了。

damp /dæmp/ [形容词] 潮湿的 *Use a damp cloth to clean the table.* 用湿布把桌子擦干净。

dance /dɑːns; 美 dæns/ [动词] 跳舞 *Alice loves to dance.* 艾丽斯喜欢跳舞。

dancer /'dɑːnsə; 美 'dænsər/ [名词] 跳舞者；舞蹈演员 *She's a good dancer.* 她跳舞跳得很好。

danger /'deɪndʒə; 美 -ər/ [名词] [无复数] 危险 *Danger! Do not enter.* 危险！请勿入内。

dangerous /'deɪndʒərəs/ [形容词] 危险的 *Some snakes are dangerous.* 有些蛇很危险。☞ [反] **safe** 安全的

dare /deə; 美 der/ [动词] 敢 *I daren't ask her to lend me any more money.* 我不敢再问她借钱了。

dark[1] /dɑːk; 美 dɑːrk/ [形容词] **1** 黑暗的 *It was so dark that I couldn't see anything.* 天这么黑，我什么也看不见。☞ [反] **bright** 明亮的 **2** 深色的 *Alice wore a dark blue dress.* 艾丽斯穿了一件深蓝色的连衣裙。☞ [反] **light**[2] 浅色的

dark[2] /dɑːk; 美 dɑːrk/ [名词] 黑暗 *Cats can see in the dark.* 猫在黑暗中也能看见东西。◇ *Are you afraid of the dark?* 你怕黑吗？

date /deɪt/ [名词] 日期；日子 *'What's the date today?' 'It's the first of May.'* ‘今天几号？’‘5月1日。’

daughter /'dɔːtə; 美 -ər/ [名词] 女儿 *They have two daughters and a son.* 他们有两个女儿一个儿子。

day /deɪ/ [名词] **1** 天, 日 *'What day is it today?' 'It's Thursday.'* '今天星期几?' '星期四。' **2** 白天, 白昼 *Most people work during the day and sleep at night.* 大多数人白天工作, 晚上睡觉。

dead /ded/ [形容词] 死的 *I'm afraid he's dead.* 恐怕他已经死了。◇ *Police found a dead body under the bridge.* 警察在桥下发现一具死尸。 ☞ [反] **alive** 活着的

deaf /def/ [形容词] 聋的 *He can't hear you — he's deaf.* 他听不见你说的话, 他是聋子。

dear[1] /dɪə; 美 dɪr/ [形容词] [用于书信的开头, 收信人称呼之前] 亲爱的 *Dear Sir* 亲爱的先生 ◇ *Dear Mr Brown* 亲爱的布朗先生

dear[2] /dɪə; 美 dɪr/ [感叹词] [表示惊讶、恼火、失望等] 啊; 哎呀 *Oh dear! I've forgotten something.* 哎呀! 我忘了件事。

December /dɪ'sembə; 美 -ər/ [名词] 十二月 *Her birthday is in December.* 她的生日是在12月。 ☞ ①参见 **August** 的示例。② **Dec** 是 **December** 的缩写。

decide /dɪ'saɪd/ [动词] 决定 *We've decided to go to France for our holidays.* 我们决定去法国度假。

deck /dek/ [名词] (船的) 甲板; (公共汽车的) 一层 *Let's go up on deck and sit in the sunshine.* 我们到上面甲板上去, 坐着晒太阳吧。

decorate /'dekəreɪt/ [动词] 装饰 *Paul and Henry are decorating a Christmas tree.* 保罗和亨利正在装饰一棵圣诞树。

deep /diːp/ [形容词] 深的 *Be careful — the water is very deep.* 小心, 水很深。 ☞ [反] **shallow** 浅的

deer /dɪə; 美 dɪr/ [名词] [复数 **deer**] 鹿 *Are there deer in the forest?* 森林里有鹿吗?

delicious /dɪ'lɪʃəs/ [形容词] 美味的, 可口的 *This soup is delicious.* 这汤很可口。

deliver /dɪ'lɪvə; 美 -ər/ [动词] 递送 *He delivers newspapers every morning.* 他每天早晨送报。

D

dentist /'dentɪst; 美 -əst/ [名词] 牙医 *The dentist examined my teeth.* 牙医检查了我的牙齿。

department store /dɪ'pɑːtmənt stɔː; 美 dɪ'pɑːrtmənt stɔːr/ [名词] 百货商店 *This is a famous department store in London.* 这是伦敦一家著名的百货商店。

D

depth /depθ/ [名词] 深度 *What's the depth of the swimming pool?* 这个游泳池有多深？

describe /dɪ'skraɪb/ [动词] 描述；叙述 *Can you describe the bag you lost?* 你能描述一下你丢的包吗？

desert /'dezət; 美 -ərt/ [名词] 沙漠 *In the desert it is very dry.* 沙漠里很干燥。

deserve /dɪ'zɜːv; 美 -'zɜːrv/ [动词] 应受，应得，值得 *You've been working all morning— I think you deserve a rest.* 你整个上午都在忙，我觉得你应该休息一下。

desk /desk/ [名词] 书桌 *Alice sits at the desk.* 艾丽斯坐在书桌旁。

dessert /dɪ'zɜːt; 美 -'zɜːrt/ [名词] (饭后吃的)甜食 *We had ice cream for dessert.* 我们甜食吃冰淇淋。

destroy /dɪ'strɔɪ/ [动词] 摧毁；毁坏；破坏 *The building was destroyed by fire.* 这座建筑物被大火烧毁了。

diagram /'daɪəgræm/ [名词] 图表，图解 *The book uses simple diagrams to explain the rules of chess.* 这本书用简图来说明国际象棋的规则。

diamond /'daɪəmənd/ [名词] 钻石 *The ring has a diamond.* 这枚戒指上有颗钻石。

diary /'daɪəri/ [名词] [复数**diaries**] 日记；日记簿 *Do you keep a diary?* 你写

日记吗？◇ *Can I read your diary?* 我可以看一下你的日记吗？

dictionary /'dɪkʃənri; 美 -neri/ [名词] [复数 **dictionaries**] 字典；词典 *Look up the word in your dictionary.* 在词典里查一查这个词。

did /dɪd/ **do** 的过去式 *Did you go to school yesterday?* 你昨天去上学了吗？

didn't /'dɪdnt/ **did not** 的缩写 *We didn't go to the beach.* 我们没有去海滩。

die /daɪ/ [动词] [现在分词 **dying** /'daɪɪŋ/，过去式和过去分词 **died**] 死 *She's very ill and I'm afraid she's dying.* 她病得很重，恐怕快要死了。

different /'dɪfrənt/ [形容词] 不同的 *The twins are wearing different colours.* 这对双胞胎穿着不同颜色的衣服。◇ *Cricket is different from baseball.* 板球与棒球不同。☞ [反] **same**[1] 相同的，同一的

difficult /'dɪfɪkəlt/ [形容词] 困难的 *The exam questions were too difficult.* 考题太难了。◇ *I find it difficult to get up early in the morning.* 我觉得早晨早起很难。☞ ① [同] **hard**[1] 困难的 ② [反] **easy** 容易的

dig /dɪg/ [动词] [现在分词 **digging**，过去式和过去分词 **dug** /dʌg/] 挖（洞），掘（地）*Paul is busy digging in the sand.* 保罗正忙着在沙地上挖洞。

dinner /'dɪnə; 美 -ər/ [名词]（中午或晚上吃的）正餐 *What's for dinner, mum?* 晚饭吃什么，妈？◇ *What time do you usually have dinner?* 你通常几点吃饭？

dinosaur /'daɪnəsɔː; 美 -sɔːr/ [名词] 恐龙 *Dinosaurs became extinct millions of years ago.* 千百万年以前恐龙就灭绝了。

direction /daɪ'rekʃn; 美 də-/ [名词] **1** 方向 *They got lost because they went in the wrong direction.* 他们迷路了，因为他们走错了方向。**2** [通常用作复数] 说明，提示 *I didn't read the directions on the package before I made the cake.* 我在做蛋糕前没有看包装上的说明。

dirty /'dɜːti; 美 'dɜːr-/ [形容词] [比较级 **dirtier**，最高级 **dirtiest**] 脏的 *Your* *hands are dirty—go and wash them!* 你的手脏，去洗一洗！ ☞ [反] **clean**¹ 干净的

disagree /ˌdɪsəˈgriː/ [动词] 意见不同，不同意 *I disagree with you about this.* 对于这件事我跟你意见不同。

disappear /ˌdɪsəˈpɪə; 美 -ˈpɪr/ [动词] 不见，失踪；消失 *The dog has disappeared.* 狗不见了。◇ *The sun disappeared behind a cloud.* 太阳在云后消失了。☞ [反] **appear** 出现

disappointed /ˌdɪsəˈpɔɪntɪd; 美 -əd/ [形容词] 失望的，沮丧的 *My parents will be disappointed in me if I fail the exam.* 如果我考试不及格，我父母会对我感到失望的。

disaster /dɪˈzɑːstə; 美 -ˈzæstər/ [名词] 灾难 *Floods and earthquakes are disasters.* 洪水和地震都是灾难。

discover /dɪˈskʌvə; 美 -ər/ [动词] 发现 *Columbus discovered America in 1492.* 哥伦布于1492年发现了美洲。

discuss /dɪˈskʌs/ [动词] 讨论 *I discussed the problem with my parents.* 我和父母讨论了这个问题。

disease /dɪˈziːz/ [名词] 病；疾病 *Rats and flies spread disease.* 老鼠和苍蝇都传播疾病。

dish /dɪʃ/ [名词] [复数 **dishes**] 碟子，盘子 *Be careful with the dish!* 小心盘子！

dishonest /dɪsˈɒnɪst; 美 -ˈɑː-/ [形容词] 不诚实的 *You can't trust him — he's dishonest.* 你不能信任他，他不诚实。☞ [反] **honest** 诚实的

disk /dɪsk/ [名词] 磁盘 *Paul put the disk in his computer.* 保罗把磁盘插进电脑里。

dislike /dɪsˈlaɪk/ [动词] 不喜欢，厌恶 *I dislike getting up early.* 我不喜欢早起。

disobey /ˌdɪsəˈbeɪ/ [动词] 不服从，不听 *She disobeyed her mother and went to the party.* 她没有听母亲的话，去参加聚会了。☞ [反] **obey** 服从

display /dɪˈspleɪ/ [名词] 陈列；展示 *All kinds of toys were displayed in the shop window.* 商店的橱窗里陈列着各种各样的玩具。

D

dissolve /dɪ'zɒlv; 美 -'zɑːlv/ [动词] 溶解 *Sugar dissolves in water.* 糖在水里溶解。

distance /'dɪstəns/ [名词] 距离 *It's a short distance from my house to the school.* 从我家到学校的距离很短。

disturb /dɪ'stɜːb; 美 -'stɜːrb/ [动词] 打扰 *I'm sorry to disturb you.* 对不起，打扰你了。

dive /daɪv/ [动词] 跳水 *Henry dived into the pool.* 亨利跳进游泳池里。

divide /dɪ'vaɪd/ [动词] **1** 分，划分 *The teacher divided the class into groups of three.* 老师把学生分成三人一组。**2** 除 *10 divided by 5 is 2.* 10除以5等于2。

do[1] /强 duː; 弱 du/ [助动词] [与其他动词连用构成疑问句或否定句，也用于简短的回答或附加问句] *Do you drink coffee?* 你喝咖啡吗? ◇ *I like football but I don't like tennis.* 我喜欢足球，但不喜欢网球。◇ *You live in London, don't you?* 你住在伦敦，是吗?

do[2] /强 duː; 弱 du/ [动词] [过去式**did** /dɪd/，过去分词 **done** /dʌn/] 做，干 *'What are you doing?' 'I'm doing my homework.'* '你在做什么?' '我在做作业。'

doctor /'dɒktə; 美 'dɑːktər/ [名词] 医生 *'What does your father do?' 'He's a doctor.'* '你父亲是做什么的?' '他是医生。'

does /强 dʌz; 弱 dəz/ **do**的第三人称单数形式 *Does she speak English?* 她说英语吗?

doesn't /'dʌznt/ **does not** 的缩写 *Peter doesn't like maths.* 彼得不喜欢数学。

dog /dɒg; 美 dɔːg/ [名词] 狗 *Henry took the dog for a walk.* 亨利领着狗去散步了。◇ *I could hear a dog barking.* 我听见狗在叫。

doll /dɒl; 美 dɑːl/ [名词] 玩偶，洋娃娃 *Alice bought a new doll.* 艾丽斯买了一个新的洋娃娃。

D

dollar /'dɒlə; 美 'dɑːlər/ [名词] 元 [美国、加拿大、澳大利亚等国的货币单位，符号为 $] *There are 100 cents in a dollar.* 1 元等于 100 分。

dolphin /'dɒlfɪn; 美 'dɑːl-/ [名词] 海豚 *Dolphins are very intelligent.* 海豚很聪明。

donkey /'dɒŋki; 美 'dɑːŋki/ [名词] 驴 *Donkeys are smaller than horses.* 驴比马小。

don't /dəʊnt; 美 doʊnt/ **do not**的缩写 *I don't know his address.* 我不知道他的地址。

door /dɔː; 美 dɔːr/ [名词] 门 *Can you close the door, please?* 请你把门关上好吗？ ◇ *I can hear someone knocking at the door.* 我听见有人在敲门。

double /'dʌbl/ [形容词] 两倍的 *His weight is double hers.* 他的体重是她的两倍。

doubt /daʊt/ [动词] **1** 怀疑 *I doubt his honesty.* 我对他的诚实表示怀疑。**2** 认为…不可能，不相信 *I doubt if he will come.* 我看他不一定会来。

down[1] /daʊn/ [副词] 向下 *This arrow points down.* 这个箭头指向下方。◇ *Put that box down on the floor.* 把那个箱子放在地板上。☞ [反] **up**[1] 向上

down[2] /daʊn/ [介词] 向(低处) *We ran down the hill.* 我们跑下山。 ☞ [反] **up**[2] 向(高处)

downstairs /ˌdaʊn'steəz; 美 -'sterz/ [副词] 楼下 *Come downstairs, Peter.* 到楼下来，彼得。◇ *Wait downstairs in the hall.* 在楼下大厅里等。 ☞ [反] **upstairs** 楼上

dozen /'dʌzn/ [名词] 一打，十二个 *A dozen eggs, please.* 请给我一打鸡蛋。

drag /dræg/ [动词] [现在分词 **dragging**，过去式和过去分词 **dragged**] (用力)拖，拉 *Alice dragged the chair into the bedroom.* 艾丽斯把

椅子拖进卧室。

drag
拖/拉

dragon /'drægən/ [名词] 龙 *Alice read a story about dragons.* 艾丽斯读了一个关于龙的故事。☞ 西方人眼中的**dragon**是长有鹰爪鹰翅、狮头狮脚、羚羊角和蛇尾、口中喷火的怪兽，基督教视之为恶魔的化身，与象征善的中国龙（**Chinese dragon**）成对比。

dragon
（西方）龙

Chinese dragon
中国龙

drain /dreɪn/ [名词] 排水管；下水道 *The drain was blocked.* 下水道堵了。

drama /'drɑːmə/ [名词] 戏剧 *She's studying drama.* 她在学习戏剧。

drank /dræŋk/ **drink** 的过去式 *Who drank all the juice?* 谁把果汁都给喝了？

draw /drɔː/ [动词] [过去式**drew** /druː/，过去分词 **drawn** /drɔːn/]（用铅笔、钢笔或蜡笔）画 *Paul drew a car.* 保罗画了一辆小汽车。◇ *Paul draws very well.* 保罗很会画画。

drawer /drɔː; 美 drɔːr/ [名词] 抽屉 *The pen is in my desk drawer.* 钢笔在我书桌的抽屉里。

drawing /'drɔːɪŋ/ [名词] 素描 *She's good at drawing.* 她擅长素描。

drawn /drɔːn/ **draw** 的过去分词 *I've drawn a picture of you.* 我给你画了一幅画。

dream[1] /driːm/ [名词] 梦 *I had a strange dream last night.* 昨晚我做了一个怪梦。

dream[2] /driːm/ [动词] [过去式和过去分词**dreamed** /dremt; 美 driːmd/ 或 **dreamt** /dremt/] 做梦；梦见 *Do you*

D

dream at night? 你夜里做梦吗？ ◇ *I dreamed about you last night.* 我昨晚梦见你了。

dress[1] /dres/ [名词] [复数**dresses**] 连衣裙 *Alice is wearing a new dress.* 艾丽斯穿着一件新连衣裙。

dress[2] /dres/ [动词] **1** 穿衣服 *Paul dressed quickly and went out.* 保罗匆匆穿上衣服出去了。

2 给…穿衣服 *Could you dress the baby for me?* 你替我给宝宝穿上衣服好吗？

drew /druː/ **draw** 的过去式 *Helen drew a picture.* 海伦画了一幅画。

dried /draɪd/ **dry** 的过去式和过去分词 *Henry dried his hands on the towel.* 亨利用毛巾把手擦干。

drill /drɪl/ [名词] 钻 *Mr Smith made a hole in the wall with his drill.* 史密斯先生用钻在墙上钻了个洞。

drink[1] /drɪŋk/ [动词] [过去式 **drank** /dræŋk/，过去分词 **drunk** /drʌŋk/] 喝；饮 *Is there anything to drink?* 有什么喝的吗？ ◇ *What do you want to drink?* 你要喝什么？

drink[2] /drɪŋk/ [名词] 饮料 *Can I have a drink?* 我可以喝点饮料吗？

drip /drɪp/ [动词] [现在分词**dripping**，过去式和过去分词 **dripped**] 滴下 *The tap is dripping.* 水龙头在滴水。

drive /draɪv/ [动词] [过去式 **drove** /drəʊv; 美 droʊv/，过去分词 **driven** /ˈdrɪvn/] 驾驶（汽车），开车 *Can you*

drive? 你会开车吗? ◇ *Don't drive so fast.* 不要开这么快。

driver /'draɪvə; 美 -ər/ [名词] 驾驶员, 司机 *He's a taxi driver.* 他是一名出租车司机。

drop[1] /drɒp; 美 drɑːp/ [动词] [现在分词 **dropping**, 过去式和过去分词 **dropped**] (使)落下, 掉下 *Be careful! Please don't drop the vase!* 小心! 请别把花瓶摔了! ◇ *The vase dropped and broke.* 花瓶掉下来摔碎了。

drop[2] /drɒp; 美 drɑːp/ [名词] 滴 *Drops of rain ran down the window.* 雨滴顺着窗户往下流。

drove /drəʊv; 美 droʊv/ **drive** 的过去式 *They drove to the station.* 他们开车去了车站。

drown /draʊn/ [动词] (使)淹死 *The boy fell into the river and drowned.* 那个男孩掉进河里淹死了。

drum /drʌm/ [名词] 鼓 *He plays the drums in a band.* 他在乐队里打鼓。

drunk /drʌŋk/ **drink** 的过去分词 *All the juice has been drunk.* 所有的果汁都给喝了。

dry[1] /draɪ/ [形容词] [比较级 **drier**, 最高级 **driest**] 干的 *These clothes are dry.* 这些衣服干了。☞ [反] **wet** 湿的

dry[2] /draɪ/ [动词] [现在分词 **drying**, 过去式和过去分词 **dried**] 弄干 *You can use this towel to dry your hands.* 你可以用这条毛巾把手擦干。

duck /dʌk/ [名词] 鸭 *Every afternoon they went to the park to feed the ducks.* 他们每天下午都去公园喂鸭子。

dug /dʌg/ **dig** 的过去式和过去分词 *We dug a big hole.* 我们挖了一个大洞。

dull /dʌl/ [形容词] 乏味的, 无聊的, 沉闷的 *Life is never dull in the city.* 城市里的生活从不沉闷。

during /'djʊərɪŋ; 美 'dɜːr-/ [介词] 在…期间 *We go swimming every day during the summer.* 夏天我们每天都去游泳。

dust /dʌst/ [名词] [无复数] 灰尘, 尘土 *There is dust everywhere in our house.* 我们的房子里到处都是灰尘。

dustbin /'dʌstbɪn/ [名词] (放在室外的)垃圾箱 *Throw the rubbish into the dustbin.* 把垃圾扔到垃圾箱里。☞ 参见 **bin** '垃圾箱'。

D

E e

each[1] /iːtʃ/ [形容词] 每；各 *Each student must take the examination.* 每个学生都必须参加考试。

each[2] /iːtʃ/ [代词] 每一，每个；各自 *Each of the students must take the examination.* 每个学生都必须参加考试。◇ *Each has his own room.* 每个人都有自己的房间。

E

each other /iːtʃ ˈʌðə; 美 -ər/ [代词] 彼此，相互 *Henry and Peter looked at each other.* 亨利和彼得相互看着对方。☞ 参见 **one another** ‘彼此，相互’。

eager /ˈiːgə; 美 -ər/ [形容词] 热切的，渴望的 *He is eager to meet you.* 他很想见你。◇ *He is eager for success.* 他渴望成功。

eagle /ˈiːgl/ [名词] 鹰 *The eagle caught a rabbit.* 鹰抓住了一只兔子。

ear /ɪə; 美 ɪr/ [名词] 耳朵 *'What's the matter?' 'My ear hurts.'* ‘你怎么啦？’‘我耳朵痛。’

early[1] /ˈɜːli; 美 ˈɜːrli/ [形容词] [比较级 **earlier**，最高级 **earliest**] 早的；提早的 *I was early for the lesson.* 我上课早来了一会儿。◇ *The bus was ten minutes early.* 公共汽车早到了 10 分钟。☞ [反] **late**[1] 迟的，晚的

early[2] /ˈɜːli; 美 ˈɜːrli/ [副词] [比较级 **earlier**，最高级 **earliest**] 早；提早 *I have to get up early tomorrow.* 我明天得早起。☞ [反] **late**[2] 迟，晚

earn /ɜːn; 美 ɜːrn/ [动词] 挣(钱) *He earns £20 000 a year.* 他每年挣两万英镑。

earth /ɜːθ; 美 ɜːrθ/ [名词] [用作单数，与**the**连用] 地球 *The earth goes round the sun.* 地球绕着太阳转。

earthquake /ˈɜːθkweɪk; 美 ˈɜːrθ-/ [名词] 地震 *The earthquake destroyed many buildings.* 地震摧毁了许多建筑物。

east /iːst/ [名词] [用作单数，常与**the**连用] 东，东方 *Which way is east?* 哪个方向是东？◇ *The sun rises in the east.*

太阳从东方升起。

easy /ˈiːzi/ [形容词] [比较级 **easier**，最高级 **easiest**] 容易的 *The exam was easy.* 考试很容易。☞ [反] **difficult**，**hard**[1] 困难的

eat /iːt/ [动词] [过去式**ate** /et; 美 eɪt/，过去分词**eaten** /ˈiːtn/] 吃 *Do you want something to eat?* 你想吃东西吗？◇ *I don't eat meat.* 我不吃肉。

echo /ˈekəʊ; 美 -oʊ/ [名词] [复数 **echoes**] 回声，回音 *Henry shouted 'Hello' and listened for the echo.* 亨利大声喊'喂'，然后倾听回音。

edge /edʒ/ [名词] 边，边缘 *The crayon is on the edge of the table.* 蜡笔在桌子的边上。

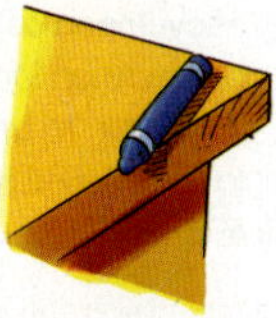

effect /ɪˈfekt/ [名词] 结果；影响 *Eating too many sweets has had a bad effect on his teeth.* 吃太多的糖让他的牙齿不好了。

effort /ˈefət; 美 -ərt/ [名词] 努力 *Please make an effort to get there on time.* 请尽力准时到达那里。

egg /eg/ [名词] 蛋 *Henry always has a boiled egg for breakfast.* 亨利早餐总要吃一个煮鸡蛋。

eight /eɪt/ [数词] 八 *Two times four is eight.* 2 乘 4 得 8。☞ 参见 **five** 的示例。

eighteen /ˌeɪˈtiːn/ [数词] 十八 *Two times nine is eighteen.* 2 乘 9 得 18。☞ 参见 **five** 的示例。

eighth /eɪtθ/ [数词] 第八 *Today is the eighth of August.* 今天是 8 月 8 日。☞ 参见 **fifth** 的示例。

eighty /ˈeɪti/ [数词] 八十 *Eight times ten is eighty.* 8 乘 10 得 80。☞ 参见 **fifty** 的示例。

either[1] /ˈaɪðə; 美 ˈiːðər/ [形容词] (两者之中) 任一的 *You can park on either side of the street.* 街道哪边都可以停车。

either[2] /ˈaɪðə; 美 ˈiːðər/ [代词] (两者之中的) 任何一个 *There's coffee and tea. You can have either.* 咖啡和茶都有，你喝哪一种都行。

either[3] /ˈaɪðə; 美 ˈiːðər/ [副词] [用于否定句] 也 (不…) *'I can't swim.' 'I can't either.'* '我不会游泳。' '我也不会。'

either[4] /'aɪðə; 美 'iːðər/ [连词] **either...or...** 不是…就是…，要么…要么… *It's either blue or green — I can't remember.* 不是蓝的，就是绿的，我记不清了。

elbow /'elbəʊ; 美 -boʊ/ [名词] 肘；肘部 *Paul hurt his elbow when playing tennis.* 保罗打网球时伤了胳膊肘。

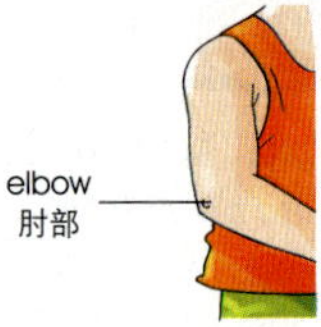

electricity /ɪˌlek'trɪsəti/ [名词] [无复数] 电 *Don't waste electricity!* 不要浪费电！

elephant /'elɪfənt/ [名词] 大象 *An elephant has a long nose.* 大象长着个长鼻子。

elevator /'elɪveɪtə; 美 -ər/ [名词] [美国英语]=**lift**[2]

eleven /ɪ'levn/ [数词] 十一 *Ten and one make eleven.* 10 加 1 等于 11。☞ 参见 **five** 的示例。

else /els/ [副词] [用于疑问词或 **anyone**, **no one**, **someone** 等词之后] 另外；其他 *What else did he say?* 他还说了些什么？◇ *Did you see anyone else?* 你见到其他人了吗？

email[1] /'iːmeɪl/ [名词] 电子邮件 *Henry is sending an email to his friend.* 亨利正在给朋友发电子邮件。

email[2] /'iːmeɪl/ [动词] 给…发电子邮件 *Paul emailed me yesterday.* 保罗昨天给我发了个电子邮件。

empty /'empti/ [形容词] [比较级 **emptier**，最高级 **emptiest**] 空的 *Your glass is empty — would you like another drink?* 你的杯子空了，要不要再来杯饮料？

encyclopedia /ɪnˌsaɪklə'piːdiə/ [名词] [复数 **encyclopedias**] 百科全书 *'Does anyone know when Shakespeare was born?' 'Look it up in the encyclopedia.'* '有人知道莎士比亚是什么时候出生的吗？''查一查百科全书。'

end[1] /end/ [名词] 末端；尽头 *My house is at the end of the street.* 我家就在这条街的尽头。◇ *We're going on holiday at the end of July.* 我们 7 月底去度假。

end[2] /end/ [动词] 结束 *The party*

ended at midnight. 聚会半夜才结束。
☞[反] **begin** 开始

enemy /'enəmi/ [名词] [复数 **enemies**] 敌人；仇人 *He's made a lot of enemies at school.* 他在学校树敌很多。

energy /'enədʒi; 美 -ər-/ [名词] [无复数] **1** 精力；活力 *Children are usually full of energy.* 孩子们一般都精力充沛。**2** 能量；能源 *It is important to try to save energy.* 尽量节约能源很重要。

engine /'endʒɪn/ [名词] 发动机，引擎 *This car has a new engine.* 这辆汽车的发动机是新的。

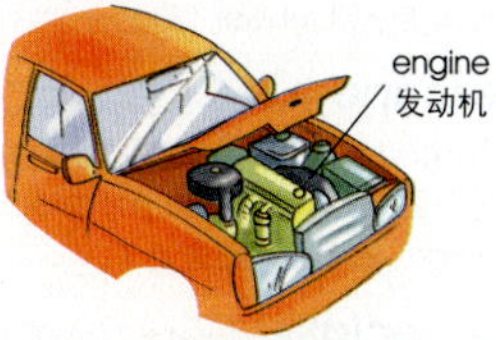

England /'ɪŋglənd/ [名词] **1** 英格兰 *Mike lives in England.* 迈克住在英格兰。**2** 英国 *He's going to study in England next year.* 他明年去英国留学。

English[1] /'ɪŋglɪʃ/ [名词] **1** 英语 *Do you speak English?* 你说英语吗？◇ *I've been learning English for five years.* 我学英语5年了。**2** [与 **the** 连用，作复数] 英国人 *What do you think of the English?* 你觉得英国人怎么样？

English[2] /'ɪŋglɪʃ/ [形容词] **1** 英格兰(人)的 *My mother is English and my father is Scottish.* 我母亲是英格兰人，父亲是苏格兰人。**2** 英国(人)的 *Her mother is English and her father is American.* 她母亲是英国人，父亲是美国人。**3** 英语的 *It's an English dictionary.* 这是一本英语词典。

enjoy /ɪn'dʒɔɪ/ [动词] 喜爱，喜欢 *Alice enjoys singing.* 艾丽斯喜欢唱歌。◇ *Did you enjoy the film?* 你喜欢那部影片吗？

enjoy oneself 玩得开心，过得快活 *Enjoy yourself!* 好好玩吧！◇ *I always enjoy myself.* 我总是玩得很开心。

enormous /ɪ'nɔːməs; 美 -ɔːr-/ [形容词] 巨大的，庞大的 *Mr and Mrs Smith have an enormous house.* 史密斯夫妇有一栋巨大的房子。

enough[1] /ɪ'nʌf/ [形容词] 足够的，充足的 *There isn't enough time.* 时间不够了。

enough[2] /ɪ'nʌf/ [代词] 足够，充分 *'Would you like some more to eat?' 'No thanks, I've had enough.'* ‘再吃点好吗？’‘不，谢谢，我吃饱了。’

enough[3] /ɪ'nʌf/ [副词] 足够地，充分地 *The rope isn't long enough.* 这绳子不够长。

enter /'entə; 美 -ər/ [动词] 进入，进来 *Knock before you enter.* 进来前要敲门。◇ *They all stood up when he entered the room.* 他进入房间时，他们都站了起来。

entrance /'entrəns/ [名词] 入口，进口，入口处，大门口 *Excuse me, where*

E

is the entrance to the cinema? 对不起，请问电影院的入口在哪里？ ☞ [反] **exit** 出口

envelope /'envələʊp; 美 -loʊp/ [名词] 信封 *Have you written his address on the envelope?* 你在信封上写上他的地址了吗？

environment /ɪn'vaɪrənmənt/ [名词] **1** (指生活、工作、学习等)环境 *Students need a good learning environment.* 学生需要一个良好的学习环境。**2** [用作单数] (自然)环境 *We must do more to protect the environment.* 我们必须采取更多的办法来保护环境。

equal /'iːkwəl/ [形容词] 相等的，相同的，同样的 *Cut the cake into six equal pieces.* 把蛋糕切成相等的6块。

equator /ɪ'kweɪtə; 美 -ər/ [名词] 赤道 *Countries on the equator are very hot.* 位于赤道上的国家很热。

equipment /ɪ'kwɪpmənt/ [名词] [无复数] 设备；器械；用具 *We bought some sports equipment.* 我们买了一些运动器械。

eraser /ɪ'reɪzə; 美 -ər/ [名词] 橡皮；黑板擦 *Do you have an eraser?* 你有橡皮吗？ ☞ **eraser** 尤用于美国英语，英国英语用 **rubber** (**2**)。

escape /ɪ'skeɪp/ [动词] 逃跑，逃走 *The bird escaped from the cage.* 鸟从笼子里飞走了。◇ *He escaped from prison.* 他从监狱里逃走了。

especially /ɪ'speʃəli/ [副词] 特别，格外，尤其 *'Do you like chocolates?' 'Not especially.'* '你喜欢吃巧克力吗？''不是特别喜欢。' ◇ *Helen loves animals, especially dogs.* 海伦喜欢动物，尤其是狗。

euro /'jʊərəʊ; 美 'jʊroʊ/ [名词] [复数 **euros**] 欧元 [欧盟大多数国家使用的货币单位，符号为 €] *This shirt cost 30 euros.* 这件衬衫卖30欧元。

Europe /ˈjʊərəp; 美 ˈjʊr-/ [名词] 欧洲 *France is in Europe.* 法国位于欧洲。

European¹ /ˌjʊərəˈpiːən; 美 ˌjʊr-/ [形容词] 欧洲(人)的 *France is a European country.* 法国是一个欧洲国家。

European² /ˌjʊərəˈpiːən; 美 ˌjʊr-/ [名词] 欧洲人 *Europeans now live in all parts of the world.* 欧洲人现在生活在世界的各个角落。

even /ˈiːvn/ [形容词] **1** 平的，平坦的，平滑的 *I fell over because the floor wasn't even.* 由于地面不平，我摔了一跤。**2** 偶数的，双数的 *2, 4, 6, 8, 10 are all even numbers.* 2，4，6，8，10都是偶数。☞ [反] **odd** 奇数的，单数的

evening /ˈiːvnɪŋ/ [名词] 傍晚；晚上 *The sun sets in the evening.* 太阳在傍晚落山。

good evening 晚上好 *'Good evening, Helen.' 'Evening, Henry.'* '晚上好，海伦。' '晚上好，亨利。' ☞ 在非正式场合说 '晚上好'，也可以只用 **Evening**。

ever /ˈevə; 美 -ər/ [副词] [用于疑问句或否定句] 在任何时候 *'Have you ever been to London?' 'Yes, I have. Not long ago.'* '你去过伦敦吗？' '去过，不久前去的。'

every /ˈevri/ [形容词] [与单数名词连用] 每一，每个 *She knows every student in the school.* 她认识学校里的每一个学生。

everybody /ˈevriˌbɒdi; 美 -ˌbɑːdi/ [代词] [与单数动词连用] 每个人；人人；大家 *Everybody wants to have lunch in the garden.* 大家都想在花园里吃午饭。 ☞ = **everyone**

everyone /ˈevriwʌn/ [又作 **everybody**] [代词] 每个人；人人；大家 *She likes everyone in her class.* 她喜欢班上的每一个人。

everything /ˈevriθɪŋ/ [代词] [与单数动词连用] 每样东西，所有东西 *Everything is very expensive in this shop.* 这家商店里每样东西都很贵。

everywhere /ˈevriweə; 美 -wer/ [副词] 到处，处处 *I looked for my pen everywhere, but I couldn't find it anywhere.* 我到处找我的钢笔，但哪里也找不到。

evil /ˈiːvl/ [形容词] 坏的；邪恶的 *The police caught the evil men.* 警方把那些坏人抓住了。

exactly /ɪɡˈzæktli/ [副词] **1** 确切地，精确地 *Tell me exactly where she lives.* 确切地告诉我，她住在什么地方。**2** 恰好；正是 *This shirt is exactly what I wanted.* 这件衬衫正是我想要的。**3** [用于表示同意某人] 确实如此，一点不错 *'The boy is quite clever.' 'Exactly.'* '这个男孩很聪明。' '一点不错。'

exam /ɪɡˈzæm/ [又作 **examination**] [名词] 考试 *'How was the exam, Henry?' 'Not too bad.'* '考试考得怎么样，亨利？' '不算太坏。'

examination /ɪgˌzæmɪ'neɪʃn/ [名词] [正式] 考试 *Students will take an examination at the end of the year.* 学生们年底要参加考试。☞ = **exam**

example /ɪg'zɑːmpl; 美 -'zæm-/ [名词] 例子 *Can you give me an example?* 你能给我举个例子吗?

excellent /'eksələnt/ [形容词] 极好的；卓越的；出色的 *She's Japanese, but her English is excellent.* 她是日本人，但她的英语讲得极好。

E

except /ɪk'sept/ [介词] 除…之外 *Everyone was tired except Henry.* 除亨利外，大家都累了。

excited /ɪk'saɪtɪd; 美 -əd/ [形容词] 兴奋的；激动的 *I was so excited I couldn't sleep.* 我兴奋得睡不着觉。

exciting /ɪk'saɪtɪŋ/ [形容词] 令人兴奋的；使人激动的 *It was an exciting film.* 那是一部令人兴奋的电影。

excuse[1] /ɪk'skjuːs/ [名词] 借口；理由 *Late again! What's your excuse this time?* 又迟到了！这一次是什么理由?

excuse[2] /ɪk'skjuːz/ [动词] 原谅 *Please excuse me for being so late.* 请原谅我这么晚才到。

excuse me [用于引起别人的注意、打断别人谈话等] 劳驾，对不起 *Excuse me, can you tell me the way to the station?* 劳驾，请问去车站的路怎么走?

exercise /'eksəsaɪz; 美 -ər-/ [名词]

1 [无复数] 运动，锻炼 *Running is good exercise.* 跑步是很好的体育锻炼。

2 练习，习题 *Please do Exercise 3 on page 4.* 请做第4页上的练习3。

exit /'eksɪt; 美 -ət/ [名词] 出口 *Where is the exit?* 出口在哪里? ☞ [反] **entrance** 入口，进口

expect /ɪk'spekt/ [动词] 预计，预料 *I expect she'll pass the exam.* 我预计她会通过考试。

expensive /ɪk'spensɪv/ [形容词] 昂贵的 *I can't afford it — it's too expensive.* 我买不起，太贵了。☞ [反] **cheap** 便宜的

experiment /ɪk'sperɪmənt/ [名词] 实验，试验 *The teacher is doing a scientific experiment for the class.* 老师正在为全班同学做科学实验。

explain /ɪk'spleɪn/ [动词] 解释；说

明 *Mr Brown is explaining how to do these sums.* 布朗先生正在讲解怎样做这些算术题。

explode /ɪk'spləud; 美 -'sploud/ [动词] 爆炸 *A bomb exploded there last night.* 昨晚那里有颗炸弹爆炸了。

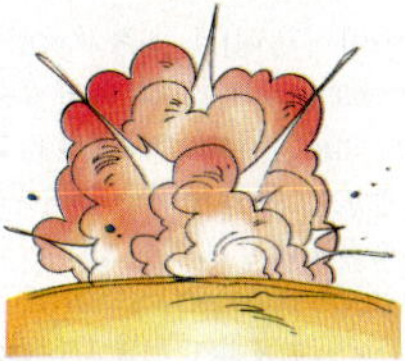

explore /ɪk'splɔː; 美 -'splɔːr/ [动词] 探险，考察 *Columbus discovered America but did not explore the new continent.* 哥伦布发现了美洲，但没有考察这块新大陆。

extinct /ɪk'stɪŋkt/ [形容词] (指动物等)绝种的，灭绝的 *Tigers are nearly extinct in the wild.* 野生老虎快要绝种了。

extra /'ekstrə/ [形容词] 额外的 *I need some extra money.* 我需要一些额外的钱。

extraordinary /ɪk'strɔːdnri; 美 ɪk'strɔːrdəneri/ [形容词] **1** 非常奇怪的 *I had an extraordinary dream last night — I dreamt that I could fly.* 昨晚我做了一个非常奇怪的梦，我梦见自己会飞。**2** 特别的；非凡的 *He had an extraordinary musical talent.* 他具有非凡的音乐天赋。

eye /aɪ/ [名词] 眼睛 *Henry closed his eyes and went to sleep.* 亨利闭上眼睛睡着了。

F f

face[1] /feɪs/ [名词] 脸 *Have you washed your face?* 你洗过脸了吗?

face[2] /feɪs/ [动词] 面朝，面向；面对 *The garden faces south.* 花园朝南。◇ *The two boys stood facing each other.* 两个男孩面对面站着。

fact /fækt/ [名词] 事实 *It is a fact that plants need water.* 植物需要水，这是事实。

factory /'fæktri/ [名词] [复数 **factories**] 制造厂，工厂 *He works in a car factory.* 他在汽车制造厂工作。

fade /feɪd/ [动词] 退色 *Jeans fade*

when you wash them. 牛仔裤洗后会退色。

fail /feɪl/ [动词] **1** 失败 *If you don't work hard, you may fail.* 不努力就可能会失败。☞ [反] **succeed** 成功 **2** 没有通过(考试)；不及格 *She failed all her tests.* 她所有的考试都不及格。◇ *How many students failed last term?* 上学期有多少学生不及格? ☞ [反] **pass** 通过(考试)；及格

fair /feə; 美 fer/ [形容词] **1** 公平的，公正的 *It's not fair! Why should she always have first choice?* 这不公平！为什么总是由她先挑选? ☞ [反] **unfair** 不公平的，不公正的 **2** (头发)金色的 *He has fair hair.* 他有一头金发。

fairy /'feəri; 美 'feri/ [名词] [复数 **fairies**] 小仙子；小精灵 *Alice likes stories about fairies.* 艾丽斯喜欢小仙女的故事。

fairy tale /'feəri teɪl; 美 'fer-/ [又作 **fairy story**] [名词] 神话；童话 *The teacher read a fairy tale to the children.* 老师给孩子们念了一个童话故事。

fall /fɔːl/ [动词] [过去式 **fell** /fel/，过去分词 **fallen** /ˈfɔːlən/] **1** 落下；掉下；摔下 *Leaves fall in autumn.* 秋天树落叶。◇ *I fell off my bicycle.* 我从自行车上摔了下来。**2** 跌倒，倒下 *Henry fell over and hurt his knee.* 亨利跌了一跤，摔伤了膝盖。

false /fɔːls/ [形容词] 错误的；不真实的 *A whale is a fish—true or false?* 鲸鱼是一种鱼，对还是错？

family /ˈfæmli/ [名词] [复数**families**] 家庭 *How many people are there in your family?* 你们家有几口人？

famous /ˈfeɪməs/ [形容词] 著名的 *This town is famous for its beautiful buildings.* 这个城镇以美丽的建筑而闻名。◇ *She's a famous singer.* 她是一位著名歌手。

fan /fæn/ [名词] 扇子；电扇 *I am hot — may I switch on the fan?* 我热，打开电扇可以吗？

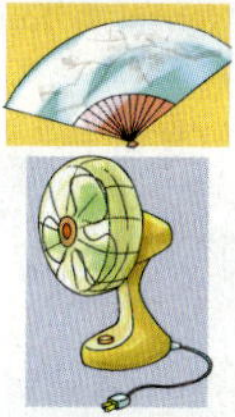

far[1] /fɑː; 美 fɑːr/ [副词] [比较级**farther** /ˈfɑːðə; 美 ˈfɑːrðər/ 或 **further** /ˈfɜːðə; 美 ˈfɜːrðər/，最高级 **farthest** /ˈfɑːðɪst; 美 ˈfɑːr-/或**furthest** /ˈfɜːðɪst; 美 ˈfɜːr-/] 远*How far is it to the supermarket?* 到超市有多远？

far[2] /fɑː; 美 fɑːr/ [形容词] [比较级 **farther** /ˈfɑːðə; 美 ˈfɑːrðər/ 或 **further** /ˈfɜːðə; 美 ˈfɜːrðər/，最高级 **farthest** /ˈfɑːðɪst; 美 ˈfɑːr-/或**furthest** /ˈfɜːðɪst; 美 ˈfɜːr-/] 远的 *Let's walk — it's not far.* 我们走着去吧，那儿并不远。☞ [反] **near**[1] 近的

fare /feə; 美 fer/ [名词] (公共汽车、火车、出租车等的) 车费 *What's the fare to the park?* 去公园的车费是多少？

farm /fɑːm; 美 fɑːrm/ [名词] 农场 *He keeps chickens on his farm.* 他在农场养鸡。

F

farmer /'fɑːmə; 美 'fɑːrmər/ [名词] 农民 *He is a farmer.* 他是农民。

fast[1] /fɑːst; 美 fæst/ [形容词] **1** 快的 *Henry is a fast runner.* 亨利跑得很快。 ☞ [反] **slow** 慢的 **2** [用于名词后] (钟表)走得快的 *My watch is five minutes fast.* 我的表快了5分钟。 ☞ [反] **slow** (钟表)走得慢的

F

fast[2] /fɑːst; 美 fæst/ [副词] 快 *Henry runs very fast.* 亨利跑得很快。 ☞ [反] **slowly** 慢

fasten /'fɑːsn; 美 'fæ-/ [动词] 系牢, 扣住 *Please fasten your seat belts.* 请系好安全带。

fat /fæt/ [形容词] [比较级 **fatter**, 最高级 **fattest**] 胖的 *You'll get fat if you eat too much.* 吃得太多会发胖。 ☞ [反] **thin** 瘦的

father /'fɑːðə; 美 -ər/ [名词] 父亲, 爸爸 *Where do your mother and father live?* 你父母住在哪里?

fault /fɔːlt/ [名词] **1** 缺点, 毛病 *One of my faults is that I'm always late.* 我的缺点之一就是老迟到。 **2** 过错 *It will be your own fault if you don't pass your exams.* 如果你考不及格, 那是你自己的错。

favour /'feɪvə; 美 -ər/ [名词] 恩惠 *Would you do me a favour and open the door?* 请您帮个忙把门打开好吗? ☞ 美国英语拼写为 **favor**。

favourite /'feɪvrət/ [形容词] [只用于名词前] 最喜爱的 *What's your favourite subject?* 你最喜欢什么科目? ☞ 美国英语拼写为 **favorite**。

fear /fɪə; 美 fɪr/ [名词] 害怕, 恐惧 *I have a fear of snakes.* 我怕蛇。

feast /fiːst/ [名词] 盛宴, 宴会 *We had a feast at the wedding.* 我们吃了一顿丰盛的婚宴。

feather /'feðə; 美 -ər/ [名词] 羽毛 *The hen had white feathers.* 这只母鸡的羽毛是白色的。

February /'februəri; 美 'febjueri/ [名词] 二月 *His birthday is on the eighth of February.* 他的生日是2月8日。 ☞ ① 参见 **August** 的示例。② **Feb** 是 **February** 的缩写。

feed /fi:d/ [动词] [过去式和过去分词 **fed** /fed/] 喂(养) *Don't forget to feed the dog.* 别忘了喂狗。

feel /fi:l/ [动词] [过去式和过去分词 **felt** /felt/] 感到，觉得 *How are you feeling today?* 你今天感觉怎么样？◇ *Do you feel cold?* 你觉得冷吗？

feeling /'fi:lɪŋ/ [名词] 感觉 *I suddenly had a feeling of fear.* 我突然有一种恐惧感。◇ *I have a feeling that we've met before.* 我觉得我们以前见过面。

fell /fel/ **fall**的过去式 *Something wet fell on my head.* 有个湿东西掉在了我头上。

felt /felt/ **feel** 的过去式和过去分词 *After taking the medicine, I felt a lot better.* 吃过药后，我觉得好多了。

female /'fi:meɪl/ [名词] 女子 *This clinic is for females only.* 这是一家妇科诊所。☞ [反] **male** 男子

fence /fens/ [名词] 栅栏，篱笆 *There is a fence round the park.* 公园四周有一道栅栏。

ferry /'feri/ [名词] [复数 **ferries**] 渡船，渡轮 *We travelled to France by ferry.* 我们乘渡轮到了法国。

festival /'festɪvl/ [名词] 节日 *Christmas is one of the most important festivals in the West.* 圣诞节是西方最重要的节日之一。

fetch /fetʃ/ [动词] [尤用于英国英语] (去)拿来 *Let me fetch you a chair (=Let me fetch a chair for you).* 我去给你拿一把椅子。

fever /'fi:və; 美 -ər/ [名词] 发烧，发热 *Helen has a very high fever.* 海伦在发高烧。

few /fju:/ [形容词] [与复数可数名词连用] 很少的 *Few people live to be 100.* 很少人活到100岁。☞ [反] **many** 许多的

a few 几个 *Alice only has a few strawberries.* 艾丽斯只有几个草莓。

field /fi:ld/ [名词] 田地 *The farmer grew vegetables in the field.* 那位农民在田里种菜。

F

fierce /fɪəs; 美 fɪrs/ [形容词] 凶猛的，凶狠的 *They have a fierce dog.* 他们养了一条凶猛的狗。

fifteen /ˌfɪf'tiːn/ [数词] 十五 *Three times five is fifteen.* 3 乘 5 得 15。☞ 参见 **five** 的示例。

fifth /fɪfθ/ [数词] 第五 *I've had four cups of coffee already, so this is my fifth.* 我已喝了 4 杯咖啡，所以这是我的第 5 杯。◇ *Today is the fifth of May.* 今天是 5 月 5 日。◇ *His office is on the fifth floor.* 他的办公室在 5 层。

fifty /'fɪfti/ [数词] 五十 *There are fifty pages in the book.* 这本书有 50 页。◇ *Fifty students passed the examination.* 50 名学生通过了考试。

fight /faɪt/ [动词] [过去式和过去分词 **fought** /fɔːt/] 打架，搏斗 *The two children are always fighting.* 这俩孩子总是打架。

fill /fɪl/ [动词] 装满 *Can you fill the glass with water, please?* 请你把玻璃杯倒满水好吗？

film /fɪlm/ [名词] **1** 影片，电影 *Let's go to the cinema—there's a good film on this week.* 我们去看电影吧，这个星期正在放映一部好影片。☞ 英国英语用 **film**，美国英语用 **movie**。**2** 胶卷 *Henry put a new film in his camera.* 亨利在相机里装了一个新胶卷。

find /faɪnd/ [动词] [过去式和过去分词 **found** /faʊnd/] **1** 找到 *Did you find the pen you lost?* 你找到丢失的钢笔了吗？ **2** 发现 *I soon found that it was quicker to go by bus.* 我不久发现坐公共汽车去更快。

fine /faɪn/ [形容词] **1** 身体好的 *'How are you?' 'I'm fine, thanks. And you?'* '你好吗？' '很好，谢谢。你呢？' **2** (天气)晴朗的 *If it's fine, we could have a picnic.* 如果天晴，我们就可以去野餐。

finger /'fɪŋgə; 美 -ər/ [名词] 手指 *Children learn to count on their fingers.* 孩子们用手指学数数。

finish /'fɪnɪʃ/ [动词] 结束；完成 *When I finish my homework, can I watch TV?* 我做完作业可以看电视吗？

fire /'faɪə; 美 'faɪr/ [名词] **1** 火 *Most animals are afraid of fire.* 大多数动物怕火。

2 火灾，失火 *It took them two hours to put out the fire.* 他们花了两个小时把火扑灭。**3** 炉火 *It's cold—don't let the fire go out!* 天冷，不要把火熄灭！

fire engine /'faɪə ˌendʒɪn; 美 'faɪr ˌen-/ [名词] 消防车，救火车 *Three fire engines arrived at the fire.* 三辆消防车到达火灾现场。

fire extinguisher /'faɪə ɪkˌstɪŋgwɪʃə; 美 'faɪr ɪkˌstɪŋgwɪʃər/ [名词] 灭火器 *There's a fire extinguisher on the wall.* 墙上挂着一个灭火器。

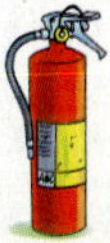

fireman /'faɪəmən; 美 'faɪr-/ [复数 **firemen** /'faɪəmən; 美 'faɪr-/] 消防队员 *My uncle is a fireman.* 我叔叔是消防队员。

firework /'faɪəwɜːk; 美 'faɪrwɜːrk/ [名词] 烟火，烟花 *Be careful not to burn your fingers when you let off that firework.* 放那个烟花时要小心，别把手指烧伤。

firm /fɜːm; 美 fɜːrm/ [形容词] 坚固的，坚硬的 *A firm bed is better for your back.* 硬床对你的背更有益处。

first[1] /fɜːst; 美 fɜːrst/ [数词] 第一 *Monday is the first day of the week.* 星期一是一个星期的第一天。

first[2] /fɜːst; 美 fɜːrst/ [副词] **1** 首先，先 *'Let's go.' 'I'll have to find my keys first.'* '我们走吧。' '我得先找到钥匙。' **2** 第一次，首次 *When did you first meet him?* 你是什么时候第一次遇见他的？

first aid /ˌfɜːst 'eɪd; 美 ˌfɜːrst 'eɪd/ [名词] [无复数] 急救 *Do you know anything about first aid?* 你知道急救是怎么回事吗？

fish /fɪʃ/ [名词] [复数 **fish** 或 **fishes**] 鱼

F

Fish live in water. 鱼生活在水里。◇ *Henry caught three different fishes.* 亨利捉到了三条不同的鱼。

fist /fɪst/ [名词] 拳头 *He hit me with his fist.* 他用拳头打我。

fit[1] /fɪt/ [动词] [现在分词 **fitting**，过去式和过去分词 **fitted**] (使)适合，(使)合身 *Helen's sweater doesn't fit. It's too big for her.* 海伦的毛衣不合身，她穿太大了。◇ *These shoes don't fit me.* 这双鞋不适合我穿。

fit[2] /fɪt/ [形容词] [比较级 **fitter**，最高级 **fittest**] 健康的 *Paul plays tennis to keep fit.* 保罗通过打网球来保持身体健康。

five /faɪv/ [数词] 五 *Do you have change for five dollars?* 你有5块钱的零钱吗？◇ *The answers are on page five.* 答案在第5页。◇ *Five of the students are absent today.* 今天有5名学生缺课。◇ *They have five cats.* 他们养了5只猫。◇ *Five and one is six.* 5加1等于6。

fix /fɪks/ [动词] **1** 固定，安装 *Alice is fixing her doll's hair.* 艾丽斯正在安装洋娃娃的头发。**2** 修理 *Can you fix my bicycle?* 你能修一下我的自行车吗？

flag /flæg/ [名词] 旗 *The Chinese flag is called the Five-Star Red Flag.* 中国国旗叫做五星红旗。

flame /fleɪm/ [名词] 火焰 *Red flames came up from the burning leaves.* 燃烧的树叶冒着红色的火焰。◇ *The house was in flames.* 房子着火了。

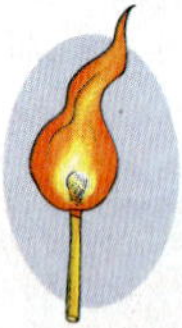

flash /flæʃ/ [名词] [复数 **flashes**] 闪光 *There was a flash of lightning.* 天空中出现了一道闪电。

flat[1] /flæt/ [形容词] **1** 平坦的，平的 *A table has a flat top.* 桌子的面是平的。**2** (轮胎)瘪的，气不足的 *This tyre looks flat.* 这只轮胎看起来瘪了。

flat[2] /flæt/ [名词] 公寓，单元住宅；一

套房间 *Our flat is on the eighth floor.* 我们的公寓在8层。☞ 英国英语通常用 **flat**，美国英语通常用 **apartment**。

flavour /ˈfleɪvə; 美 -ər/ [名词] 味道 *What flavour is your ice cream?* 你的冰淇淋是什么味的？ ☞ 美国英语拼写为 **flavor**。

flew /fluː/ **fly**的过去式 *My father flew to America last week.* 我父亲上周乘飞机去了美国。

float /fləʊt; 美 floʊt/ [动词] 漂浮 *Leaves floated on the water.* 树叶漂浮在水面上。

flock /flɒk; 美 flɑːk/ [名词] 一群（绵羊、山羊、鸟等）*The farmer kept a flock of sheep.* 那个农民养了一群羊。

flood /flʌd/ [名词] 洪水，水灾 *The town was destroyed by the floods.* 这座小镇被洪水冲毁了。

floor /flɔː; 美 flɔːr/ [名词] **1** [通常用作单数]（室内的）地面，地板 *Don't come in — there is broken glass on the floor!* 别进来，地板上有碎玻璃！ **2**（楼房的）层 *His office is on the second floor.* 他的办公室在二层。

flour /ˈflaʊə; 美 ˈflaʊr/ [名词] [无复数] 面粉 *Bread is made from flour.* 面包是用面粉做的。

flow /fləʊ; 美 floʊ/ [动词] 流，流动 *The river flows through the town.* 这条河流过小镇。

flower /ˈflaʊə; 美 -ər/ [名词] 花 *He gave me a bunch of flowers.* 他送给我一束花。

flown /fləʊn; 美 floʊn/ **fly**的过去分词 *The parrot has flown away.* 那只鹦鹉飞走了。

flu /fluː/ [名词] [无复数] 流行性感冒；流感 *You have flu so you must stay at home.* 你患了流感，所以必须待在家里。

fly[1] /flaɪ/ [动词] [现在分词 **flying**，过去式 **flew** /fluː/，过去分词 **flown** /fləʊn; 美 floʊn/] **1**（指鸟、昆虫、飞机等）飞 *The bird flew away.* 那只鸟飞走了。 **2** 放（风筝等）*Henry is flying a kite.* 亨利正在放风筝。

F

fly² /flaɪ/ [名词] [复数 **flies**] 苍蝇 *We should keep flies off our food.* 我们应让苍蝇远离我们的食物。

F

fog /fɒg; 美 fɑːg/ [名词] [无复数] (浓)雾 *Helen got lost in the fog.* 海伦在雾中迷路了。

fold /fəʊld; 美 foʊld/ [动词] 折叠，对折 *Paul folded the letter and put it in the envelope.* 保罗把信折起来，然后放进信封里。

folder /ˈfəʊldə; 美 ˈfoʊldər/ [名词] 文件夹 *Henry kept his test papers in a folder.* 亨利把考试卷保存在文件夹里。

follow /ˈfɒləʊ; 美 ˈfɑːloʊ/ [动词] 跟随，跟着 *Follow me please. I'll show you the way.* 请跟我来，我给你领路。

fond /fɒnd; 美 fɑːnd/ [形容词] [不用于名词前] 喜欢的，喜爱的 *Henry is very fond of skiing.* 亨利非常喜欢滑雪。

food /fuːd/ [名词] [无复数] 食物 *What's your favourite food?* 你最喜欢什么食物?

food 食物

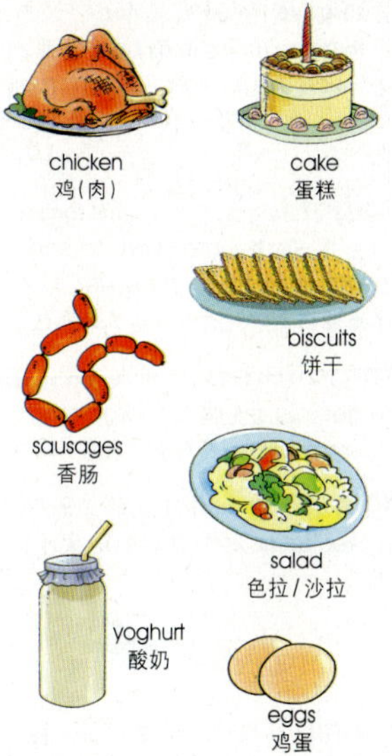

fool /fuːl/ [名词] 蠢人; 傻瓜 *I'm a fool—I did the wrong homework!* 我真傻，把作业做错了！

foolish /'fuːlɪʃ/ [形容词] 愚蠢的; 傻的 *He's a foolish boy—he often does silly things.* 他是个愚蠢的男孩，经常做傻事。

foot /fʊt/ [名词] **1** [复数 **feet** /fiːt/] 脚 *My feet are aching.* 我的脚痛。**2** [复数 **feet** 或 **foot**] 英尺 *'How tall are you?' 'Five foot six (inches).'* '你有多高？' '五英尺六(英寸)。'

foot 脚

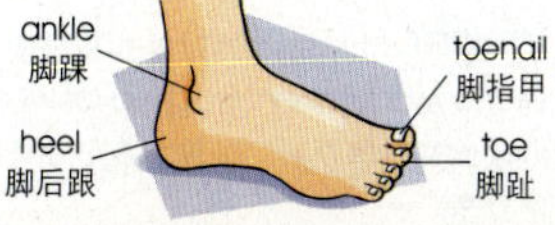

football /'fʊtbɔːl/ [名词] **1** [无复数] 足球(运动) *Henry is playing football.* 亨利正在踢足球。**2** 足球 *Whose football is this?* 这是谁的足球？

footprint /'fʊtprɪnt/ [名词] 脚印 *We left footprints in the snow.* 我们在雪地上留下了脚印。

for /强 fɔː; 美 fɔːr; 弱 fə; 美 fər/ [介词] **1** [表示对象] 为，给 *There's a letter for you.* 有你的一封信。**2** [表示目的] 为了 *Let's go for a walk.* 我们去散步吧。**3** [表示一段时间] 达，计 *I'm going away for a few days.* 我要离开几天。◇ *She has lived here for 20 years.* 她在这里住了 20 年了。

forehead /'fɔːhed; 美 'fɔːrhed/ [名词] 前额 *When you have a fever,*

F

your forehead is hot. 你发烧时，前额会很热。

foreign /'fɒrən; 美 'fɔːrən/ [形容词] 外国的 *Can you speak a foreign language?* 你会说外语吗？

foreigner /'fɒrənə; 美 'fɔːrənər/ [名词] 外国人 *There are many foreigners in Beijing.* 北京有不少外国人。

forest /'fɒrɪst; 美 'fɔːrəst/ [名词] 森林 *The children got lost in the forest.* 孩子们在森林里迷路了。

forever /fər'evə; 美 -ər/ [副词] 永远 *They will remember her forever.* 他们会永远记住她。

forgave /fə'geɪv; 美 fər-/ **forgive**的过去式 *Mr Brown forgave Henry for breaking the window.* 亨利打破了窗玻璃，布朗先生原谅了他。

forget /fə'get; 美 fər-/ [动词] [过去式 **forgot** /fə'gɒt; 美 fər'gɑːt/，过去分词 **forgotten** /fə'gɒtn; 美 fər'gɑːtn/] 忘记 *I'm sorry, I've forgotten his name.* 对不起，我忘了他的名字。◇ *Don't forget to do your homework.* 别忘了做作业。☞ [反] **remember**记得；记住

forgive /fə'gɪv; 美 fər-/ [动词] [过去式 **forgave** /fə'geɪv; 美 fər-/，过去分词 **forgiven** /fə'gɪvn; 美 fər-/] 原谅，饶恕 *Please forgive me — I didn't mean to be rude.* 请原谅我，我并非有意无礼。

forgot /fə'gɒt; 美 fər'gɑːt/ **forget** 的过去式 *He had to walk to school because he forgot his wallet.* 他不得不走着去上学，因为他忘了带钱包。

forgotten /fə'gɒtn; 美 fər'gɑːtn/ **forget** 的过去分词 *I've forgotten your cousin's name.* 我忘了你表哥的名字。

fork /fɔːk; 美 fɔːrk/ [名词] 叉子 *Peter picked up his knife and fork.* 彼得拿起刀叉。

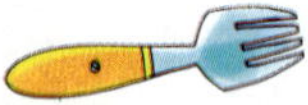

fortnight /'fɔːtnaɪt; 美 'fɔːrt-/ [名词] [通常用作单数] 两个星期，两周 *We're going on holiday for a fortnight.* 我们打算去度两个星期的假。

forty /'fɔːti; 美 'fɔːrti/ [数词] 四十 *Four times ten is forty.* 4 乘 10 得 40。☞ 参见 **fifty** 的示例。

forward /'fɔːwəd; 美 'fɔːrwərd/ [又作 **forwards**] [副词] 向前 *Keep going forward and try not to look back.* 向前直走，不要往后看。☞ [反] **backwards** 向后

fought /fɔːt/ **fight**的过去式和过去分词 *The two brothers fought a lot when they were younger.* 这俩兄弟小时候经常打架。

found /faʊnd/ **find** 的过去式和过去分词 *Look! I've found the pencil you lost!* 瞧！我找到了你丢的铅笔！

fountain /'faʊntɪn; 美 'faʊntn/ [名词]（人造）喷泉；喷水池 *There is a fountain in the park.* 公园里有个喷水池。

four /fɔː; 美 fɔːr/ [数词] 四 *Two and two is four.* 2加2等于4。☞ 参见**five**的示例。

fourteen /ˌfɔː'tiːn; 美 ˌfɔːr-/ [数词] 十四 *Ten and four make fourteen.* 10加4等于14。☞ 参见**five**的示例。

fourth /fɔːθ; 美 fɔːrθ/ [数词] 第四 *Today is the fourth of May.* 今天是5月4日。☞ 参见**fifth**的示例。

fox /fɒks; 美 fɑːks/ [名词] [复数**foxes**] 狐狸 *A fox is a wild animal.* 狐狸是野生动物。

fraction /'frækʃn/ [名词] 分数 *½ is a fraction.* 二分之一是个分数。

frame /freɪm/ [名词]（门、画、窗等的）框 *The window frames need painting.* 窗框需要油漆了。

France /frɑːns; 美 fræns/ [名词] 法国 *He comes from France.* 他是法国人。

free /friː/ [形容词] **1** 自由的 *You are free to leave at any time.* 你可以随时离开。**2** 免费的 *'Are the drinks free?' 'No, you have to pay for them.'* '这些饮料免费吗？' '不，你得花钱买。' **3** 有空的，闲着的 *Are you free this afternoon?* 你今天下午有空吗？

freeze /friːz/ [动词] [过去式 **froze** /frəʊz; 美 froʊz/，过去分词 **frozen** /'frəʊzn; 美 'froʊ-/] 结冰，冷冻 *Water freezes at 0 ℃.* 水在0℃时结冰。

freezer /'friːzə; 美 -ər/ [名词] 冰柜 *Put the ice cream in the freezer.* 把冰淇淋放在冰柜里。☞ 参见**fridge** '冰箱'。

French[1] /frentʃ/ [形容词] 法国(人)的 *His mother is French.* 他妈妈是法国

F

人。

French² /frentʃ/ [名词] 法语 *Helen can speak a little French.* 海伦会说一点法语。

fresh /freʃ/ [形容词] (尤指食物)新鲜的 *Mum bought some fresh eggs.* 妈妈买了些新鲜鸡蛋。

Friday /'fraɪdeɪ/ [名词] 星期五 *It's Friday tomorrow.* 明天是星期五。 ☞ ① 参见 **Monday** 的示例。② **Fri** 是 **Friday** 的缩写。

fridge /frɪdʒ/ [又作**refridgerator**] [名词] 冰箱 *Is there any milk in the fridge?* 冰箱里有牛奶吗?

F

fried /fraɪd/ **fry** 的过去式和过去分词 *Dad fried the noodles with onions.* 爸爸用洋葱炒面。

friend /frend/ [名词] 朋友 *He's my friend.* 他是我的朋友。

friendly /'frendli/ [形容词] [比较级 **friendlier**, 最高级 **friendliest**] 友好的, 友善的 *My neighbours are very friendly.* 我的邻居很友好。

frightening /'fraɪtnɪŋ/ [形容词] 令人恐怖的, 骇人的 *It was a frightening film.* 那是一部恐怖片。

frog /frɒg; 美 frɑːg/ [名词] 青蛙 *Frogs usually live in wet places.* 青蛙通常生活在潮湿的地方。

from /强 frɒm; 美 frʌm; 弱 frəm/ [介词] **1** [表示起点] 自, 从, 由 *The train goes from Paris to Rome.* 这列火车由巴黎开往罗马。 **2** [表示来源] 来自 *'Where are you from?' 'I'm from China.'* '你是哪国人?' '我是中国人。'

front /frʌnt/ [名词] [通常用作单数, 与**the**连用] 前面 *There is a small garden at the front of the house.* 房子前面有个小花园。 ☞ [反] **back** 后面

in front of 在…前面 *Alice was sitting in front of the television.* 艾丽斯坐在电视机前。

frost /frɒst; 美 frɔːst/ [名词] [无复数] 霜 *The trees were white with frost.* 树上结满了白霜。

frown /fraʊn/ [动词] 皱眉 *What's wrong? Why are you frowning?* 出什么事了? 你为什么皱着眉头?

froze /frəʊz; 美 froʊz/ **freeze** 的过去式 *It was so cold that the pond froze.* 天气非常冷，池塘都结冰了。

frozen /ˈfrəʊzn; 美 ˈfroʊ-/ **freeze** 的过去分词 *The pond has frozen.* 池塘结冰了。

fruit /fruːt/ [名词] [无复数] 水果 *What's your favourite fruit?* 你最喜欢什么水果?

fruit 水果

fry /fraɪ/ [动词] [现在分词 **frying**，过去式和过去分词 **fried**] 煎，炸，炒 *Dad is frying some eggs.* 爸爸正在煎鸡蛋。

full /fʊl/ [形容词] 满的，充满的 *My*

F

cup is full. 我的杯子是满的。◇ *The box is full of books.* 箱子里装满了书。

fumes /fjuːmz/ [名词] [复数] (难闻而有害的)烟，气 *Cars make fumes.* 汽车排放废气。

fun /fʌn/ [名词] [无复数] 乐趣 *We had a lot of fun on holiday.* 我们假期玩得很开心。

F

funny /ˈfʌni/ [形容词] [比较级**funnier**，最高级**funniest**] 滑稽的；有趣的；可笑的 *He's very funny.* 他很逗。◇ *Paul told a very funny joke.* 保罗讲了一个很有趣的笑话。

fur /fɜː; 美 fɜːr/ [名词] [无复数] (兽类的)软毛 *Cats and rabbits have fur.* 猫和兔子身上有软毛。

furious /ˈfjʊəriəs; 美 ˈfjʊr-/ [形容词] 狂怒的 *Dad will be furious if we're late.* 如果我们迟到了，爸爸会大发雷霆的。

furniture /ˈfɜːnɪtʃə; 美 ˈfɜːrnɪtʃər/ [名词] [无复数] 家具 *There were only three pieces of furniture in the room.* 房间里只有三件家具。

fuss /fʌs/ [动词] 大惊小怪 *Don't fuss — we'll get there on time.* 不要大惊小怪，我们会准时到达那里。

future /ˈfjuːtʃə; 美 -ər/ [名词] [用作单数，与**the**连用] 将来，未来 *Who knows what will happen in the future?* 谁知道将来会怎么样？

in future 今后 *I'll be more careful in future.* 今后我会更加小心。

G g

gallop /'gæləp/ [动词] (马)飞奔, 疾驰 *The horse galloped away.* 马飞奔而去。

game /geɪm/ [名词] 游戏; 运动 *Shall we play a game?* 我们玩个游戏好吗? ◇ *Let's have a game of tennis.* 咱们打一场网球吧。

gang /gæŋ/ [名词] [非正式] 一帮, 一伙(朋友) *Do you want to go to the cinema with the gang tonight?* 你今晚想跟那帮朋友一起去看电影吗?

gap /gæp/ [名词] 裂缝, 裂口, 缺口, 豁口 *There was a gap in the wall.* 墙上有个裂缝。

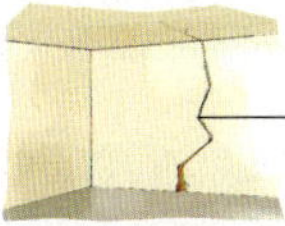

garage /'gærɑːʒ; 美 gə'rɑːʒ/ [名词] **1** 车库 *The garage is big enough for two cars.* 车库很大, 可以停放两辆汽车。**2** 汽车修理厂; 加油站 *The car's at the garage.* 那辆汽车在修理厂。

garden /'gɑːdn; 美 'gɑːr-/ [名词] 花园; 菜园 *'Where's Sophie?' 'She's in the garden.'* '索菲在哪里?' '她在花园里。'

gas /gæs/ [名词] **1** [复数 **gases**] 气体 *Air is a mixture of gases.* 空气由多种气体混合而成。**2** [无复数] 天然气; 煤气 *We use gas for cooking.* 我们用煤气做饭。

gate /geɪt/ [名词] 大门 *Henry pushed open the garden gate.* 亨利推开花园的门。

gave /geɪv/ **give** 的过去式 *Dad gave me a bicycle as a birthday present.* 爸爸送我一辆自行车作为生日礼物。

geese /giːs/ **goose** 的复数 *There were several white geese near the* *lake.* 湖边有几只白鹅。

generous /'dʒenərəs/ [形容词] 慷慨的，大方的 *My friends have always been very generous to me.* 我的朋友一直对我很慷慨。

gentle /'dʒentl/ [形容词]（指人）温和的；温柔的 *Paul is a gentle boy.* 保罗性格温和。

gentleman /'dʒentlmən/ [名词] [复数 **gentlemen** /'dʒentlmən/] [用于对男子的尊称] 先生 *There's a gentleman at the door.* 门外有位先生。

germ /dʒɜːm; 美 dʒɜːrm/ [名词] 病菌；细菌 *Cover your mouth when you cough, so that you don't spread your germs.* 咳嗽时要捂住嘴，以免传播细菌。

G

German[1] /'dʒɜːmən; 美 'dʒɜːr-/ [形容词] 德国(人)的 *The music you are listening to is German.* 你现在听的这段音乐是德国的。

German[2] /'dʒɜːmən; 美 'dʒɜːr-/ [名词] **1** 德国人 *Many Germans speak excellent English.* 很多德国人英语说得极好。**2** 德语 *Do you speak German?* 你说德语吗？

Germany /'dʒɜːməni; 美 'dʒɜːr-/ [名词] 德国 *When are you going to Germany?* 你什么时候去德国？

get /get/ [动词] [现在分词 **getting**，过去式和过去分词 **got** /gɒt; 美 gɑːt/] **1** 收到 *I got a lot of presents for my birthday.* 我收到许多生日礼物。**2** 买到 *Where did you get your bike?* 你在哪里买的自行车？ **3** 有 *Have you got any money?* 你身上有钱吗？ ◇ *I've got a lot to do today.* 我今天有许多事情要做。**4**（去）拿来 *Can I get you a drink?* 我给你拿杯饮料好吗？ **5** 变成 *The food's getting cold.* 饭菜凉了。◇ *Mum got angry.* 妈妈生气了。**6** 到达 *When did you get here?* 你什么时候到这里的？ ◇ *We got to London late in the evening.* 我们晚上很晚才到伦敦。
☞ [同] **arrive**，**reach** 到达

get off 下（公共汽车、火车等）*Where did you get off the bus?* 你在哪儿下的公共汽车？

get on 上（公共汽车、火车等）*I got on the wrong bus.* 我上错了公共汽车。

get up **1** 起床 *What time do you usually get up?* 你通常几点起床？ **2** 起身，站起 *The class got up when the teacher came in.* 老师进来时，全班同学起立。

ghost /gəʊst; 美 goʊst/ [名词] 鬼 *Do you believe in ghosts?* 你相信有鬼吗？

giant[1] /'dʒaɪənt/ [名词]（童话或神话故事中的）巨人 *In the story the giant was three metres tall.* 故事中，那个巨人有三米高。

giant² /'dʒaɪənt/ [形容词] [只用于名词前] 巨大的；巨型的 *The film was about giant insects.* 这是一部关于巨型昆虫的电影。

gift /gɪft/ [名词] 礼物 *Did you give your mother a gift?* 你给你母亲送礼物了吗？ ◇ *Thank you for your gift.* 谢谢你的礼物。 ☞ [同] **present²** 礼物

giggle /'gɪgl/ [动词] 格格地笑，傻笑 *The children couldn't stop giggling.* 孩子们不停地傻笑。

giraffe /dʒə'rɑːf; 美 -'ræf/ [名词] 长颈鹿 *Giraffes have very long necks.* 长颈鹿的脖子很长。

girl /gɜːl; 美 gɜːrl/ [名词] 女孩 *Is the baby a boy or a girl?* 那个宝宝是男孩还是女孩？

give /gɪv/ [动词] [过去式**gave** /geɪv/，过去分词**given** /'gɪvn/] 给；送 *Give me the keys — I'll open the door.* 给我钥匙，我要开门。 ◇ *Give the keys to me.* 给我钥匙。

glad /glæd/ [形容词] [不用于名词前] 高兴的 *'I passed the test.' 'I'm so glad!'* '我考试及格了。' '我真替你高兴！' ◇ *I'm glad to meet you. I've heard a lot about you.* 很高兴认识你，我听说了许多有关你的事。 ◇ *I'm glad that you're feeling better.* 很高兴你身体好些了。

glass /glɑːs; 美 glæs/ [名词] **1** [无复数] 玻璃 *Bottles are made of glass.* 瓶子是玻璃制的。 **2** [复数**glasses**] 玻璃杯 *Helen poured some juice into her glass.* 海伦往自己的杯子里倒了些果汁。

glasses /'glɑːsɪz; 美 'glæsəz/ [名词] [复数] 眼镜 *Do you know where my glasses are?* 你知道我的眼镜放在哪里吗？

glasses 眼镜

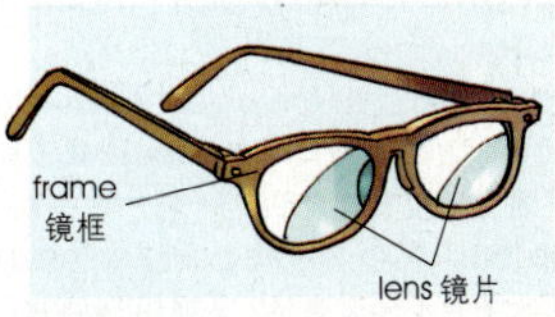

globe /gləʊb; 美 gloʊb/ [名词] 地球仪 *Show me Africa on the globe.* 请在地球仪上给我指出非洲的位置。

glove /glʌv/ [名词] 手套 *I need a new pair of gloves.* 我需要一副新手套。

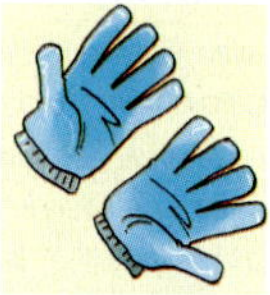

glue /gluː/ [名词] [无复数] 胶；胶水 *Put glue on the picture and stick it in the book.* 在照片上涂上胶水，然后把它贴在书里。

go /gəʊ; 美 goʊ/ [动词] [现在分词 **going**，过去式 **went** /went/，过去分词 **gone** /gɒn; 美 gɔːn/] 去 *Let's go home.* 我们回家吧。◇ *Peter goes to school by bus.* 彼得坐公共汽车上学。

go away 走开；离开 *Go away! I'm doing my homework.* 走开！我正在做作业。

go back 返回 *The children have to go back to school next week.* 孩子们下周要返校了。

go on **1** 发生 *What's going on here?* 这里发生了什么事情？ **2** 继续 *I wanted to go on learning French.* 我想继续学习法语。

go out **1** 出去 *Let's go out for a meal tonight.* 咱们今晚出去吃饭吧。 **2** (灯、火等)熄灭 *Suddenly all the lights went out.* 突然所有的灯都灭了。

goat /gəʊt; 美 goʊt/ [名词] 山羊 *The goat is running down the hill.* 那只山羊正在往山坡下跑。

gold /gəʊld; 美 goʊld/ [名词] [无复数] 金，黄金 *Is your ring made of gold?* 你的戒指是金的吗？

goldfish /'gəʊldfɪʃ; 美 'goʊld-/ [名词] [复数 **goldfish**] 金鱼 *Henry has two goldfish in a glass bowl.* 亨利在玻璃鱼缸里养了两条金鱼。

gone /gɒn; 美 gɔːn/ **go** 的过去分词 *Mum has gone out.* 妈妈出去了。

good /gʊd/ [形容词] [比较级 **better** /'betə; 美 -ər/，最高级 **best** /best/] **1** 好的 *That's a really good idea!* 那真是个好主意！◇ *Her English is very good.* 她的英语很好。☞ [反] **bad** 坏的，不好的 **2** **good at sth** 擅长某事 *Helen is* *good at music.* 海伦擅长音乐。**3** 愉快的；高兴的 *Did you have a good time in London?* 你在伦敦过得愉快吗？◇ *It's good to see you again.* 很高兴能再次见到你。**4** **good for sb** 对某人的健康有益 *Apples are good for you.* 苹果对你的健康有益。

goodbye /ˌgʊd'baɪ/ [感叹词] 再见 *Goodbye! See you tomorrow.* 再见！明天见。

goose /guːs/ [名词] [复数 **geese** /giːs/] 鹅 *A goose is bigger than a duck.* 鹅比鸭大。

got /gɒt; 美 gɑːt/ **get** 的过去式和过去分词 *I got full marks in the maths test.* 我数学测验得了满分。

grab /græb/ [动词] [现在分词 **grabbing**，过去式和过去分词 **grabbed**] 抢；攫取；抓取 *The thief grabbed my bag.* 小偷抢走了我的包。◇ *Don't grab — there's plenty for everyone.* 别抢，东西很多，人人都有份。

grade /greɪd/ [名词] （美国学校的）年级 *Henry is in the third grade.* 亨利上小学三年级。

grain /greɪn/ [名词] **1** 谷物 *The US is a major producer of grain.* 美国是谷物生产大国。**2** 谷粒 *There are a few grains of rice on the table.* 桌子上有几粒米。

grandchild /'græntʃaɪld/ [名词] [复数 **grandchildren** /'grænˌtʃɪldrən/] 孙子；孙女；外孙子；外孙女 *Mrs Green has five grandchildren.* 格林太太有5个孙子孙女。

granddaughter /'grænˌdɔːtə; 美 -ər/ [名词] 孙女；外孙女 *Mary is Mrs Green's granddaughter.* 玛丽是格林太太的孙女。

grandfather /'grænˌfɑːðə; 美 -ər/ [名词] 祖父，爷爷；外祖父，外公，姥爷 *Mr Green is Mary's grandfather.* 格林先生是玛丽的祖父。

grandma /'grænmɑː/ [名词] [非正式] 奶奶；外婆，姥姥 *My grandma is seventy years old.* 我奶奶70岁了。☞ 参见 **granny** ‘奶奶；外婆，姥姥’。

grandmother /'grænˌmʌðə; 美 -ər/ [名词] 祖母，奶奶；外祖母，外婆，姥姥 *Mrs Green is Mary's grandmother.* 格林太太是玛丽的祖母。

grandpa /'grænpɑː/ [名词] [非正式] 爷爷；外公，姥爷 *My grandpa is seventy-two years old.* 我爷爷72岁了。

grandparent /'grænˌpeərənt; 美 -ˌper-/ [名词] [通常用作复数] 祖父；祖母；外祖父；外祖母 *This is a picture of my grandparents.* 这是我祖父母的照片。

grandson /'grænsʌn/ [名词] 孙子；

G

外孙子 *Mrs Green has two grandsons and three granddaughters.* 格林太太有两个孙子三个孙女。

granny /'græni/ [名词] [复数 **grannies**] [非正式] 奶奶；外婆，姥姥 *Granny has to walk with a stick now.* 奶奶现在不得不拄着拐杖走路。☞ 参见 **grandma** ‘奶奶；外婆，姥姥’。

grape /greɪp/ [名词] 葡萄 *Grapes are green or black.* 葡萄有绿色的和紫色的。

grapefruit /'greɪpfruːt/ [名词] [复数 **grapefruit**] 柚子，葡萄柚，西柚 *Do you like grapefruit juice?* 你喜欢喝西柚汁吗？

grass /grɑːs; 美 græs/ [名词] [无复数] (青)草 *Don't walk on the grass.* 勿踏草地。

grateful /'greɪtfl/ [形容词] 感激的；感谢的 *I'm really grateful to you for your help.* 我真的感谢你的帮助。

graze /greɪz/ [动词] **1** (牛、羊等)吃草 *The sheep were grazing in the fields.* 羊群正在地里吃草。

2 擦伤 *Helen fell and grazed her knee.* 海伦跌了一跤，擦伤了膝盖。

great /greɪt/ [形容词] **1** 大的，巨大的 *The great ship sailed into the harbour.* 那艘巨轮驶进了海港。**2** 伟大的 *Einstein was a great scientist.* 爱因斯坦是一位伟大的科学家。

Great Britain /ˌgreɪt 'brɪtn/ [又作 **Britain**] [名词] 大不列颠(含英格兰、苏格兰和威尔士)，英国 *Henry was born in Great Britain.* 亨利出生在大不列颠(或英国)。☞ 参见 **United Kingdom** ‘联合王国，英国’。

greedy /'griːdi/ [形容词] [比较级 **greedier**，最高级 **greediest**] 贪婪的 *Don't be so greedy!* 不要这么贪婪！

green[1] /griːn/ [形容词] 绿色的 *Grass is green.* 草是绿色的。

green[2] /griːn/ [名词] 绿色 *Alice was dressed in green.* 艾丽斯穿着绿衣服。

greenhouse /'griːnhaʊs/ [名词] 温室 *People grow plants in greenhouses.* 人们在温室里种植植物。

grew /gruː/ **grow** 的过去式 *The tree grew very tall.* 那棵树长得很高。

grey[1] /greɪ/ [形容词] 灰色的 *He wore grey trousers and a black coat.* 他穿着灰裤子和黑大衣。☞ 美国英语拼写为 **gray**。

grey[2] /greɪ/ [名词] 灰色 *Helen was dressed in grey.* 海伦穿着灰衣服。☞ 美国英语拼写为 **gray**。

grin /grɪn/ [动词] [现在分词 **grinning**，过去式和过去分词 **grinned**] 咧着嘴笑 *She grinned at me.* 她朝我咧着嘴笑。

grip /grɪp/ [动词] [现在分词 **gripping**，过去式和过去分词 **gripped**] 抓住 *Henry gripped my hand.* 亨利紧紧抓住我的手。

ground /graʊnd/ [名词] [用作单数，与 **the** 连用] 地面 *Henry lost his balance and fell to the ground.* 亨利失去平衡，摔在地上。

group /gruːp/ [名词] 一群；一组 *A group of people were standing outside the shop.* 商店外面站着一群人。

grow /grəʊ; 美 groʊ/ [动词] [过去式 **grew** /gruː/，过去分词 **grown** /grəʊn; 美 groʊn/] **1** 成长，长大 *Children grow very quickly.* 孩子们长得很快。**2** (植物)生长；种植 *Bananas grow in hot countries.* 香蕉生长在热带国家。◇ *They grow vegetables in their garden.* 他们在园子里种蔬菜。

grown-up /'grəʊn ʌp; 美 'groʊn-/ [名词] 成人 *If you're good you can eat with the grown-ups.* 如果你乖，你可以和大人一起吃饭。

guard /gɑːd; 美 gɑːrd/ [动词] 保卫；看守 *The dog guarded the house.* 狗看守着那所房子。

guess /ges/ [动词] 猜想，猜测 *Can you guess what's in the box?* 你能猜出盒子里是什么吗？

guest /gest/ [名词] 客人 *We have guests coming to dinner tonight.* 我们今晚有客人来吃饭。

guitar /gɪ'tɑː; 美 -'tɑːr/ [名词] 吉他

G

His son plays the guitar in a band. 他儿子在乐队弹吉他。

gun /gʌn/ [名词] 枪 *Guns are very dangerous.* 枪很危险。

gymnastics /dʒɪm'næstɪks/ [名词] [无复数] 体操 *Look! Alice is doing gymnastics.* 瞧！艾丽斯正在表演体操。

H h

habit /ˈhæbɪt/ [名词] 习惯 *Smoking is a bad habit.* 吸烟是一种坏习惯。

had /强 hæd; 弱 həd/ **have** 的过去式和过去分词 *We had fish for dinner.* 我们晚饭吃的是鱼。

hadn't /ˈhædnt/ **had not**的缩写 *They hadn't walked far when it started to rain.* 他们没走多远就下起了雨。

hair /heə; 美 her/ [名词][无复数] 头发 *She has long hair.* 她留着长发。

hail /heɪl/ [动词] 下冰雹 *Look! It's hailing!* 瞧！下冰雹了！

half /hɑːf; 美 hæf/ [名词][复数**halves** /hɑːvz; 美 hævz/] 一半 *Helen cut her apple into halves.* 海伦把苹果切成两半。◇ *The second half of the book is more exciting.* 书的后半部分更激动人心。

hall /hɔːl/ [名词] **1** 门厅 *Leave your coat in the hall.* 把你的外套放在门厅里。**2** 大厅，礼堂 *The party will be held in the school hall.* 晚会将在学校礼堂举行。

hamburger /ˈhæmˌbɜːgə; 美 -ˌbɜːrgər/ [名词] 汉堡包 *A hamburger and chips, please.* 请来个汉堡包和炸薯条。

hammer /ˈhæmə; 美 -ər/ [名词] 锤子，榔头 *Paul used a hammer to put a nail in the wall.* 保罗用锤子在墙上钉了个钉子。

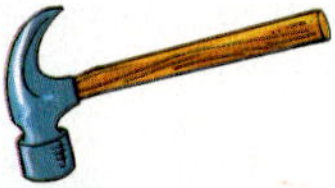

hand[1] /hænd/ [名词] 手 *I took the child by the hand.* 我拉着孩子的手。

hand 手

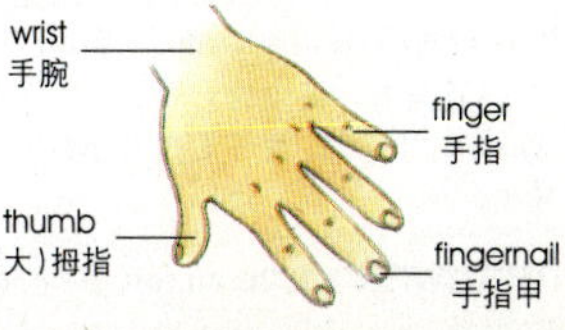

hand² /hænd/ [动词] 交给；递给 *Please hand me that book.* 请把那本书递给我。

handbag /'hændbæg/ [名词] (女用的)手提包 *She left her handbag at the shop.* 她把手提包忘在商店了。

handkerchief /'hæŋkətʃɪf; 美 -ər-/ [名词] [复数**handkerchiefs**] 手帕 *Peter has a new handkerchief.* 彼得有块新手帕。

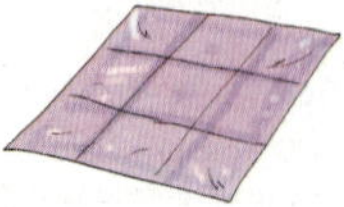

handle /'hændl/ [名词] 柄，把手 *Alice turned the door handle slowly.* 艾丽斯慢慢转动门把手。

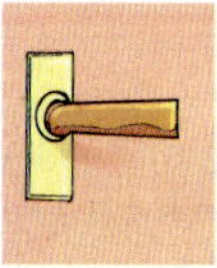

handsome /'hænsəm/ [形容词] (指男人)漂亮的，英俊的 *Peter is a very handsome boy.* 彼得是个十分英俊的男孩。

handwriting /'hænd,raɪtɪŋ/ [名词] [无复数] 笔迹 *I can't read his handwriting.* 我看不懂他的笔迹。

hang /hæŋ/ [动词] [过去式和过去分词**hung** /hʌŋ/] 悬挂 *Hang your coat up on the hook.* 把你的外套挂在衣钩上。

happen /'hæpən/ [动词] 发生 *How did the accident happen?* 事故是怎样发生的？

happy /'hæpi/ [形容词] [比较级**happier**，最高级**happiest**] **1** 高兴的，快乐的 *I'm happy to see you again.* 很高兴再次见到你。☞ [反] **unhappy** 不高兴的，不快乐的；**sad** 悲哀的，伤心的，难过的 **2** **Happy** [用于祝愿对方快乐] ◇ *Happy Birthday!* 生日快乐！◇ *Happy Christmas!* 圣诞快乐！◇ *Happy New Year!* 新年快乐！

harbour /'hɑːbə; 美 'hɑːrbər/ [名词] 港口，海港 *The harbour was full of ships.* 港口停满了船。

hard[1] /hɑːd; 美 hɑːrd/ [形容词] **1** 硬的，坚硬的 *I couldn't sleep because the bed was too hard.* 我睡不着，因为床太硬了。☞ [反] **soft** 软的，柔软的 **2** 困难的 *The exam was very hard.* 这次考试很难。☞ ① [同] **difficult** 困难的 ② [反] **easy** 容易的

hard[2] /hɑːd; 美 hɑːrd/ [副词] **1** 努力地 *You'll have to work harder if you want to pass this exam.* 如果你想通过这次考试，就必须更加用功。**2** 猛烈地 *It's raining hard.* 雨下得很大。

harmful /ˈhɑːmfl; 美 ˈhɑːrm-/ [形容词] 有害的 *Smoking is harmful to your health.* 吸烟有害健康。

harmonica /hɑːˈmɒnɪkə; 美 hɑːrˈmɑː-/ [名词] 口琴 *Do you play the harmonica?* 你吹口琴吗?

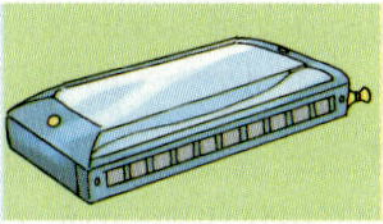

harvest /ˈhɑːvɪst; 美 ˈhɑːr-/ [名词] **1** 收获 *It's harvest time.* 现在是收获季节。**2** 收成 *The harvest was good this year.* 今年收成不错。

has / 强 hæz; 弱 həz/ **1** 动词 **have** 的第三人称单数现在式 *She has two brothers and a sister.* 她有两个哥哥一个姐姐。☞ 参见 **have[2]**。**2** 助动词 **have**的第三人称单数 [用于构成完成时态] *Has anyone seen my pen?* 有人看见了我的钢笔吗? ◇ *It's stopped raining now.* 现在雨停了。☞ 参见 **have[1]**。

hasn't /ˈhæznt/ **has not**的缩写 *Henry hasn't been abroad before.* 亨利以前没出过国。

hat /hæt/ [名词] (有檐的) 帽子 *Helen was wearing a yellow hat.* 海伦戴着一顶黄帽子。☞ 参见 **cap** '(有舌无檐的) 帽子'。

hatch /hætʃ/ [动词] 孵出 *Ten chicks hatched this morning.* 今天上午孵出10只小鸡。

hate /heɪt/ [动词] 讨厌，不喜欢 *I hate snakes.* 我讨厌蛇。◇ *He hates driving at night.* 他不喜欢晚上开车。

have[1] / 强 hæv; 弱 həv/ [助动词] [与过去分词连用，构成完成时态] 已经 *I've finished my homework.* 我已经做完作业了。◇ *Have you seen Peter?* 你看见彼得了吗?

have[2] / 强 hæv; 弱 həv/ [动词] [过去式和过去分词 **had** /hæd/] **1** [英国英语又作 **have got**] 有 *Do you have a computer?* 你有电脑吗? ◇ *Have you*

H

got any brothers or sisters? 你有兄弟姐妹吗? **2** 吃;喝 *What time do you have breakfast?* 你几点吃早餐? **3** 发生;经历 *She had an accident.* 她发生了意外。**4** [又作 **have got**] 患(病) *Henry has got a bad cold.* 亨利得了重感冒。☞ **have** 的两种时态及其单复数见下表:

时态	人称	单数	复数
现在式	第一人称	**I have (I've)**	**We have (We've)**
	第二人称	**You have (You've)**	**You have (You've)**
	第三人称	**He/She/It has (He's/She's/It's)**	**They have (They've)**
过去式	第一人称	**I had (I'd)**	**We had (We'd)**
	第二人称	**You had (You'd)**	**You had (You'd)**
	第三人称	**He/She/It had (He'd/She'd/It'd)**	**They had (They'd)**

H

haven't /'hævnt/ **have not** 的缩写 *Haven't you done your homework yet?* 你还没有做完作业吗?

have to /'hæv tə/ [又作**have got to**] [情态动词] 必须,不得不 *Sorry, I've got to go.* 对不起,我得走了。◇ *Do you have to go?* 你必须走吗? ◇ *You don't have to answer all the questions.* 你不必回答所有的问题。

he /强 hiː; 弱 hi/ [代词] [主格] 他 *'When is Paul coming?' 'He'll be here in a minute.'* '保罗什么时候到?' '他马上就到。'

head /hed/ [名词] **1** 头,头部 *The ball hit him on the head.* 球打在他的头上。**2** 头脑,才智 *Use your head!* 动动脑筋! **3** [又作 **head teacher**] 校长 *Who is going to be the new head?* 谁将成为新任校长?

headache /'hedeɪk/ [名词] 头疼 *I've got a headache.* 我头疼。

heal /hiːl/ [动词] (伤口)愈合 *The cut on his leg healed quickly.* 他腿上的伤口很快愈合了。

health /helθ/ [名词] [无复数] 健康 *Exercise is good for your health.* 运动有益于健康。

healthy /'helθi/ [形容词] [比较级 **healthier**, 最高级 **healthiest**] **1** 健康的 *Alice is a healthy child.* 艾丽斯是个健康的孩子。**2** 有益于健康的 *It is healthy to eat fruit.* 吃水果有益于健康。

hear /hɪə; 美 hɪr/ [动词] [过去式和过去分词**heard** /hɜːd; 美 hɜːrd/] 听见 *I'm sorry, I didn't quite hear what you said.* 对不起,我没太听清你说什么。

heart /hɑːt; 美 hɑːrt/ [名词] 心;心脏 *Your heart beats faster when you run.* 跑步时心跳会加快。

heat /hiːt/ [动词] 加热 *Heat the oil and add onions.* 先把油加热,然后再放洋葱。

heavy /'hevi/ [形容词] [比较级

heavier, 最高级 **heaviest**] 重的 *The suitcase is too heavy for me to carry.* 衣箱太重，我提不动。☞ [反] **light²** 轻的

he'd /强 hiːd; 弱 hid/ **1 he had** 的缩写 *Henry said he'd never been abroad.* 亨利说他从未出过国。**2 he would** 的缩写 *Henry said he'd love to go to America some day.* 亨利说有朝一日他要去美国。

heel /hiːl/ [名词] 脚后跟 *I've got a sore heel.* 我的脚后跟疼。

height /haɪt/ [名词] 高度；身高 *What is the height of this mountain?* 这座山有多高？◇ *She asked me my height, weight and age.* 她问了问我的身高、体重和年龄。

held /held/ **hold** 的过去式和过去分词 *We stood in a circle and held hands.* 我们站成一圈，手拉着手。

helicopter /'helɪkɒptə; 美 -əkɑːptər/ [名词] 直升机 *Helicopters have no wings.* 直升机没有机翼。

he'll /强 hiːl; 弱 hil/ **he will** 的缩写 *I can't go to the cinema, but Peter said he'll go with you.* 我不能去看电影了，但彼得说他跟你去。

hello /hə'ləʊ; 美 -'loʊ/ [又作 **hallo** /hə'ləʊ; 美 -'loʊ/] [感叹词] [问候语] 喂，你好 *Hello, how are you?* 喂，你好吗？◇ *Hello, is there anybody there?* 喂，那里有人吗？

helmet /'helmɪt; 美 -ət/ [名词] 头盔 *Henry wore a bicycle helmet.* 亨利戴着一个自行车头盔。

help¹ /help/ [动词] 帮助 *Could you help me to answer this question?* 你帮我回答这个问题好吗？

help² /help/ [名词] 帮助 *Thanks for your help.* 谢谢你的帮助。

helpful /'helpfl/ [形容词] 给予帮助的 *She's so kind and helpful.* 她既善良又乐于助人。

hen /hen/ [名词] 母鸡 *The hen laid three eggs.* 那只母鸡下了三个蛋。

her¹ /强 hɜː; 美 hɜːr; 弱 hə; 美 hər/ [代词] [**she** 的宾格] 她 *Give her the book.* 把书给她。

H

her[2] /强 hɜː; 美 hɜːr; 弱 hə; 美 hər/ [形容词] [**she**的所有格] 她的 *Her name is Alice.* 她的名字叫艾丽斯。

herd /hɜːd; 美 hɜːrd/ [名词] 一群(牛、鹿、大象等) *The farmer kept a herd of cattle.* 那个农民养了一群牛。

here /hɪə; 美 hɪr/ [副词] 这里，在这里 *Come here!* 到这里来！◇ *I live here.* 我住在这里。◇ *Put the box here.* 把箱子放在这里。

here you are [口语] 给你 [用于给某人所要之物] *'Can I borrow your pen?' 'Yes, here you are.'* '我可以借用一下你的钢笔吗？''可以，给你。'

H

hero /'hɪərəʊ; 美 'hiːroʊ/ [名词] [复数 **heroes**] 英雄 *Abraham Lincoln is a national hero of the United States.* 亚伯拉罕·林肯是美国的一位民族英雄。

hers /hɜːz; 美 hɜːrz/ [代词] [**she** 的物主代词] 她的(东西) *Are these keys hers?* 这些钥匙是她的吗？

herself /强 hɜː'self; 美 hɜːr-; 弱 hə'self; 美 hər-/ [代词] [**she** 的反身代词] 她自己 *Helen looked at herself in the mirror.* 海伦照了照镜子。

he's /强 hiːz; 弱 hiz/ **1 he is** 的缩写 *He's a doctor.* 他是医生。 **2 he has** 的缩写 *Henry can't come out to play — he's got a bad cold.* 亨利不能出来玩了，他得了重感冒。

hi /haɪ/ [感叹词] [非正式] [问候语] 喂，你好 *Hi Peter! How are you?* 喂，彼得！你好吗？

hid /hɪd/ **hide** 的过去式 *Alice hid behind a big tree.* 艾丽斯藏在一棵大树后面。

hide /haɪd/ [动词] [过去式 **hid** /hɪd/，过去分词 **hidden** /'hɪdn/] **1** 隐藏 *Where did you hide the money?* 你把钱藏在哪里了？ **2** 躲藏 *The child was hiding behind the door.* 那个孩子藏在门后。

hidden /'hɪdn/ **hide**的过去分词 *The three bears' house was hidden deep in the forest.* 那三只熊的房子藏在森林深处。

high /haɪ/ [形容词] **1** (指物)高的 *What's the highest mountain in the world?* 世界上哪座山最高？ [反] **low** 矮的 **2** (指高于通常的水平或数量)高的 *She's got a high temperature.* 她发高烧。 [反] **low** 低的 **3** 高声的 *She has a very high voice.* 她的嗓门很高。 [反] **low** 低声的

hill /hɪl/ [名词] 小山 *The car slowly*

climbed the hill. 汽车缓慢地爬上山坡。

him /hɪm/ [代词] [**he** 的宾格] 他 *Give him the book.* 把书给他。◇ *What did you say to him?* 你对他说了什么?

himself /hɪm'self/ [代词] [**he** 的反身代词] 他自己 *Peter introduced himself.* 彼得作了自我介绍。

his[1] /hɪz/ [形容词] [**he** 的所有格] 他的 *It's not his fault.* 这不是他的错。

his[2] /hɪz/ [代词] [**he** 的物主代词] 他的(东西) *Are these books yours or his?* 这些书是你的还是他的?

history /'hɪstri/ [名词] [无复数] 历史 *History is my favourite subject.* 历史是我最喜欢的科目。

hit /hɪt/ [动词] [现在分词 **hitting**, 过去式和过去分词**hit**] **1** 打,击 *He hit me on the head.* 他打我的头。◇ *He hit me in the face.* 他打我的脸。**2** 碰,撞 *The car hit a tree.* 小汽车撞在一棵树上。

hobby /'hɒbi; 美 'hɑː-/ [名词] [复数 **hobbies**] 爱好,嗜好 *'What hobbies do you have?' 'Swimming and stamp collecting.'* '你有什么爱好?' '游泳和集邮。'

hold /həʊld; 美 hoʊld/ [动词] [过去式和过去分词 **held** /held/] **1** 拿着;握着;抱着 *Henry was holding an umbrella.* 亨利拿着一把雨伞。◇ *She was holding a baby in her arms.* 她怀里抱着一个婴儿。**2** 举行 *The Olympic Games are held every four years.* 奥林匹克运动会每4年举行一次。**3** 可容纳;包含 *How much does this bottle hold?* 这个瓶子能装多少?

hole /həʊl; 美 hoʊl/ [名词] 洞 *There is a hole in the wall.* 墙上有个洞。

holiday /'hɒlədeɪ; 美 'hɑː-/ [名词] 假日 *Where are you going for your holidays this year?* 你今年去哪里度假?

hollow /'hɒləʊ; 美 'hɑːloʊ/ [形容词] 空心的 *The tree trunk is hollow inside.* 树干里面是空心的。

H

home /həʊm; 美 hoʊm/ [名词] 家 *We are going to stay at home today.* 我们今天打算待在家里。◇ *He left home at sixteen.* 他16岁离开了家。

homework /ˈhəʊmwɜːk; 美 ˈhoʊmwɜːrk/ [名词] [无复数] (家庭)作业 *I can't come out tonight because I have a lot of homework to do.* 我今晚不能出来，因为我有许多作业要做。

honest /ˈɒnɪst; 美 ˈɑːnəst/ [形容词] (指人)诚实的 *My father is an honest man.* 我父亲为人诚实。☞ [反] **dishonest** 不诚实的

honey /ˈhʌni/ [名词] [无复数] 蜂蜜 *Alice loves to eat honey on her bread.* 艾丽斯喜欢在面包上抹蜂蜜吃。

hoof /huːf/ [名词] [复数 **hoofs** 或 **hooves** /huːvz/] (马或其他动物的)蹄 *We heard the noise of a horse's hooves.* 我们听到了马蹄声。

hook /hʊk/ [名词] 钩，挂钩 *Hang your towel on the hook.* 把你的毛巾挂在挂钩上。

hope /həʊp; 美 hoʊp/ [动词] 希望 *I hope that you feel better soon.* 希望你早日康复。◇ *I hope to see you tomorrow.* 我希望明天能见到你。◇ *'Is Henry coming to the party?' 'I hope so.'* '亨利来参加聚会吗？' '希望他能来。' ◇ *'Are we going to be late?' 'I hope not.'* '我们要迟到了吗？' '希望不会。'

horn /hɔːn; 美 hɔːrn/ [名词] **1** (牛、羊等的)角 *Goats and bulls have horns.* 山羊和公牛头上长角。

2 (汽车等的)喇叭 *The taxi blew its horn.* 出租车鸣响了喇叭。**3** (乐器中的)号 *She plays the French horn in the school orchestra.* 她在校管弦乐队吹法国号。

horrible /ˈhɒrəbl; 美 ˈhɔːr-/ [形容词] [非正式] 糟糕的，讨厌的 *This coffee tastes horrible!* 这咖啡真难喝！◇ *Don't be so horrible!* 别这么讨厌！

horse /hɔːs; 美 hɔːrs/ [名词] 马 *I learnt to ride a horse when I was four.* 我4岁学骑马。

horse 马

hospital /ˈhɒspɪtl; 美 ˈhɑː-/ [名词] 医院 *His mother's in hospital.* 他母亲住院了。◇ *The ambulance took her to hospital.* 救护车把她送进了医院。

hot /hɒt; 美 hɑːt/ [形容词] [比较级 **hotter**，最高级 **hottest**] 热的；烫的 *Do you like this hot weather?* 你喜欢这种炎热的天气吗？◇ *This coffee is too hot to drink.* 这咖啡太烫，没法喝。☞ [反] **cold**[1] 冷的

hot dog /ˌhɒt ˈdɒg; 美 ˌhɑːt ˈdɔːg/ [名词] 热狗 *The children ate hot dogs at their friend's birthday party.* 孩子们在朋友的生日聚会上吃了热狗。

hotel /ˌhəʊˈtel; 美 ˌhoʊ-/ [名词] 旅馆，饭店 *They stayed in a hotel.* 他们住在一家旅馆里。

hour /ˈaʊə; 美 ˈaʊr/ [名词] 小时 *There are 24 hours in a day.* 1 天有 24 个小时。

house /haʊs/ [名词] 房子；住宅 *Where is your house?* 你们家在哪里？

how /haʊ/ [副词] **1** 怎样，如何 *How do you spell your name?* 你的名字怎么拼写？◇ *I can't remember how to get there.* 我记不得怎样去那里了。**2** [用以询问程度、数量、年龄] 多少 *How tall are you?* 你多高？◇ *How old are you?* 你多大了？◇ *How much does this cost?* 这个多少钱？◇ *How many students are there in your class?* 你们班有多少学生？

How are you? 你好吗？[见到熟人时用的问候语，常回答 **Fine**，**Good**，**Not so bad**等] *'How are you?' 'Fine, thanks.'* '你好吗？' '很好，谢谢。'

How do you do? 你好！[初次见面时用的问候语，对方也用同样的话回答]

hug /hʌg/ [动词] [现在分词**hugging**，过去式和过去分词 **hugged**] 拥抱 *He hugged his daughter.* 他抱了一下女儿。

huge /hjuːdʒ/ [形容词] 巨大的，庞大的 *They have a huge house in the country.* 他们在乡下有一栋大房子。

human /ˈhjuːmən/ [又作 **human being**] [名词] 人 *Dogs can hear much better than humans.* 狗的听觉比人的好得多。

hundred /ˈhʌndrəd/ [数词] 百 *There were a hundred people in the room.* 房间里有一百人。

hung /hʌŋ/ **hang** 的过去式和过去分词 *Mum hung the clean clothes up in the wardrobe.* 妈妈把干净衣服挂在了衣柜里。

hungry /ˈhʌŋgri/ [形容词] [比较级 **hungrier**，最高级 **hungriest**] 饥饿的 *I'm hungry. What's for supper?* 我饿了，晚饭吃什么？

hunt /hʌnt/ [动词] 追猎；猎取；猎食 *Lions sometimes hunt alone.* 狮子有时独自猎食。

hurry /ˈhʌri; 美 ˈhɜːri/ [动词] [现在分词 **hurrying**，过去式和过去分词 **hurried**] 赶快；急忙 *Don't hurry. There's plenty of time.* 别急，有的是时间。

hurry up [非正式] 赶紧 *Hurry up! We're going to be late.* 快点！我们要迟到了。

hurt /hɜːt; 美 hɜːrt/ [动词] [过去式和过去分词 **hurt**] **1** 弄痛，使受伤 *She hurt her leg when she fell.* 她摔倒时伤了腿。**2** 痛 *My leg hurts.* 我的腿痛。

husband /ˈhʌzbənd/ [名词] 丈夫 *Her husband is a doctor.* 她丈夫是医生。

hut /hʌt/ [名词] （简陋的）小屋 *They live in huts in the forest.* 他们住在森林里的小屋里。

I i

I /aɪ/ [代词] [主格] 我 *I want to go home.* 我想回家。◇ *I'm very glad to see you.* 很高兴见到你。◇ *My friend and I went to the cinema.* 我和朋友去看电影了。

ice /aɪs/ [名词] [无复数] 冰；冰块 *Henry slipped on the ice.* 亨利在冰上滑了一跤。◇ *He put some ice in his drink.* 他在饮料里加了些冰块。

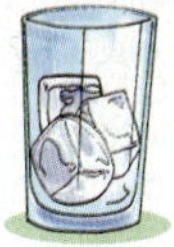

ice cream /ˌaɪs ˈkriːm/ [名词] 冰淇淋 *I ate some chocolate ice cream.* 我吃了一些巧克力冰淇淋。◇ *Who wants an ice cream?* 谁要冰淇淋？

I'd /aɪd/ **1 I had** 的缩写 *I couldn't remember where I'd seen the film.* 我记不得在哪里看过那部电影。**2 I would** 的缩写 *I'd love a piece of cake.* 我想吃块蛋糕。

idea /aɪˈdɪə; 美 -ˈdiːə/ [名词] 主意，想法 *I have an idea.* 我有个主意。◇ *That's a good idea!* 那是个好主意！

identical /aɪˈdentɪkl/ [形容词] 相同的，一样的 *Your shoes are identical to mine.* 你的鞋和我的一模一样。

if /ɪf/ [连词] **1** 如果 *If it rains tomorrow, I'll take the umbrella.* 如果明天下雨，我就带雨伞。**2** 是否 *I don't know if I'll be able to come.* 我不知道是否能来。

ill /ɪl/ [形容词] [不用于名词前] 生病的 *Helen can't go to school because she's ill.* 海伦因病不能去上学了。

illness /ˈɪlnəs/ [名词] 病；疾病 *Henry missed five days of school because of illness.* 亨利因病缺了5天课。

I'll /aɪl/ **I will** 的缩写 *I'll see you later.* 一会儿见。

I'm /aɪm/ **I am** 的缩写 *I'm ten today.* 我今天10岁了。

I

imagine /ɪ'mædʒɪn/ [动词] 想像 *Close your eyes and imagine that you're in a forest.* 闭上眼睛，想像你在森林里。

imitate /'ɪmɪteɪt/ [动词] 模仿 *Alice imitated the way her teacher talked.* 艾丽斯模仿老师说话的样子。

immediately /ɪ'mi:diətli/ [副词] 立即，马上 *Can you come home immediately?* 你能马上回家吗？ ☞ [同] **at once** 立刻，马上

impatient /ɪm'peɪʃnt/ [形容词] 不耐烦的 *Don't be so impatient! The bus will be here soon.* 别这么不耐烦，公共汽车马上就来。 ☞ [反] **patient** 耐心的

important /ɪm'pɔ:tnt; 美 -ɔ:r-/ [形容词] 重要的 *It is important to clean your teeth every day.* 每天刷牙很重要。

I

impossible /ɪm'pɒsəbl; 美-'pɑ:-/ [形容词] 不可能的 *That's impossible!* 那不可能！ ☞ [反] **possible** 可能的

improve /ɪm'pru:v/ [动词] 改进；进步 *His English has improved.* 他的英语进步了。

in[1] /ɪn/ [副词] **1** 进入 *Please come in.* 请进来。 ☞ [反] **out** 出去 **2** 在家 *Is Henry in?* 亨利在家吗？ ☞ [反] **out** 不在家

in[2] /ɪn/ [介词] **1** 在…里面 *She put her keys in her pocket.* 她把钥匙放在口袋里。**2** [表示地点] 在 *Henry lives in London.* 亨利住在伦敦。**3** [表示时间] 在…期间 *My birthday is in August.* 我的生日是在8月。◇ *He was born in 1996.* 他是1996年出生的。**4** [表示时间] 在…之后 *I'll be ready in a few minutes.* 我过几分钟就准备好。**5** 穿着 *Mr Brown was dressed in a suit.* 布朗先生穿着一套西装。**6** [表示语言、材料等] 用 *Say it in English.* 用英语说。◇ *Please write in pen.* 请用钢笔写。

inch /ɪntʃ/ [名词] [复数 **inches**] 英寸 *There are 12 inches in a foot.* 1英尺等于12英寸。

increase /ɪn'kri:s/ [动词] 增加，增长 *The population of this town has increased.* 这个城镇的人口增加了。

indoors /ˌɪn'dɔ:z; 美 -'dɔ:rz/ [副词] 在室内，在屋里 *It's raining — let's go indoors.* 下雨了，我们进屋吧。 ☞ [反] **outdoors** 在室外，在户外

infant /'ɪnfənt/ [名词] 婴儿，幼儿 *She could see two infants in the room.* 她看见房间里有两个婴儿。

infectious /ɪn'fekʃəs/ [形容词] (指疾病等)传染的 *Flu is very infectious.* 流感传染性很强。

information /ˌɪnfə'meɪʃn; 美 -ər-/ [名词] [无复数] 信息；资料；消息 *This book contains a lot of useful information.* 这本书里含有许多有用的

资料。

ingredient /ɪn'griːdiənt/ [名词] (烹调用的)配料，原料，成分 *Flour, milk, and eggs are the main ingredients of bread.* 面粉、牛奶和鸡蛋是面包的主要原料。

initial /ɪ'nɪʃl/ [名词] (姓名的)首字母 *His name is John Smith, so his initials are J. S.* 他的姓名是约翰·史密斯，所以英文首字母是 J.S.。

injure /'ɪndʒə; 美 -ər/ [动词] 使受伤；伤害 *Two people were injured in the accident.* 有两个人在这次事故中受了伤。

ink /ɪŋk/ [名词] [无复数] 墨水 *The letter was written in black ink.* 那封信是用黑墨水写的。

insect /'ɪnsekt/ [名词] 昆虫 *Ants, bees and beetles are all insects.* 蚂蚁、蜜蜂和甲虫都是昆虫。

insects 昆虫

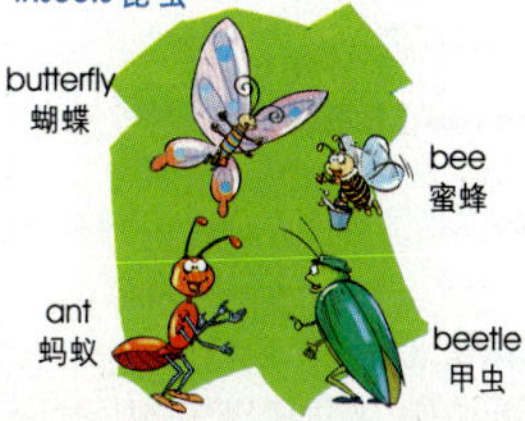

inside[1] /ˌɪn'saɪd/ [介词] 在…里面 *Is there anything inside the box?* 箱子里面有东西吗？ ☞ [反] **outside**[2] 在…外面

inside[2] /ˌɪn'saɪd/ [副词] 在里面 *'Where's Peter?' 'He's inside.'* '彼得在哪里？''他在里面。' ☞ [反] **outside**[1] 在外面

instead /ɪn'sted/ [副词] 代替 *I didn't have a pen, so I used a pencil instead.* 我没有钢笔，所以才用铅笔代替。

instead of /ɪn'sted əv/ [介词] 代替…，而不是… *Can you come on Saturday instead of Sunday?* 你别星期天来了，改在星期六行吗？

instructions /ɪn'strʌkʃnz/ [名词] [复数] 用法说明 *Read the instructions carefully.* 仔细看使用说明。

instrument /'ɪnstrəmənt/ [名词] **1** 器具；器械；仪器 *A telescope is a scientific instrument.* 望远镜是一种科学仪器。**2** 乐器 *'What instrument do you play?' 'The violin.'* '你演奏什么乐器？''小提琴。'

intelligent /ɪn'telɪdʒənt/ [形容词] 聪明的 *Peter is very intelligent.* 彼得非常聪明。

interested /'ɪntrəstɪd/ [形容词] 感兴趣的 *Henry is very interested in maths.* 亨利对数学很感兴趣。

interesting /'ɪntrəstɪŋ/ [形容词] 有趣的；引起兴趣的 *This book is very interesting.* 这本书很有趣。

I

Internet /ˈɪntənet; 美 -tər-/ [名词] [用作单数，与 the 连用] 互联网，因特网 *I get a lot of information from the Internet.* 我从互联网上获得很多信息。

interrupt /ˌɪntəˈrʌpt/ [动词] 打断(某人)讲话 *Please don't interrupt me when I'm speaking.* 请不要打断我的话。

into /强 ˈɪntuː; 弱 ˈɪntə; ˈɪntu/ [介词] 进，入 *Come into the house.* 到屋里来。◇ *He fell into the water.* 他掉进水里了。

invent /ɪnˈvent/ [动词] 发明 *They've invented a computer that can talk.* 他们发明了一台会说话的电脑。

invention /ɪnˈvenʃn/ [名词] 发明 *The telephone is a very useful invention.* 电话是一项十分有用的发明。

invisible /ɪnˈvɪzəbl/ [形容词] 看不见的 *Air is invisible.* 空气是看不见的。

I

invitation /ˌɪnvɪˈteɪʃn/ [名词] 邀请；请柬 *Did you get an invitation to the party?* 你有没有收到参加聚会的请柬？

invite /ɪnˈvaɪt/ [动词] 邀请 *Henry invited me to his party.* 亨利邀请我去参加他的聚会。

iron /ˈaɪən; 美 ˈaɪərn/ [名词] **1** [无复数] 铁 *The gates are made of iron.* 这些门是铁的。 **2** 熨斗 *Be careful — the iron is hot!* 小心，熨斗烫！

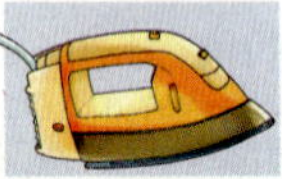

is /ɪz/ *My name is Henry.* 我的名字叫亨利。☞ 参见 **be**[1]。

island /ˈaɪlənd/ [名词] 岛 *An island is surrounded by water.* 岛四周环水。

isn't /ˈɪznt/ **is not** 的缩写 *Peter isn't at school today.* 彼得今天没来上学。

it /ɪt/ [代词] **1** 它，这，那 [指已提到过的事物或动物] *'Whose coat is this?' 'It's mine.'* '这是谁的外套？' '是我的。' **2** [作先行代词，引导后面的短语或从句] *It's nice to see you again.* 再次见到你真高兴。◇ *It's a pity that you forgot.* 真可惜你忘了。**3** [作主语，指时间、日期、距离、天气等] *It's six o'clock.* 6 点了。◇ *It's hot today.* 今天很热。◇ *It's 100 kilometres to London.* 到伦敦有 100 公里。◇ *It's raining.* 下雨了。

its /ɪts/ [形容词] [**it** 的所有格] 它的 *The dog hurt its leg.* 狗的腿受伤了。

it's /ɪts/ **1 it is** 的缩写 *It's me.* 是我。◇ *It's raining outside.* 外面下雨了。 **2 it has** 的缩写 *It's stopped raining.* 雨停了。

itself /ɪtˈself/ [代词] **1** [**it** 的反身代词] 它自己 *The cat was washing itself.* 猫在

给自己洗澡。**2** [用以加强语气] 自身，本身 *The garden is enormous, but the house itself is very small.* 花园很大，但房子本身却很小。

I've /aɪv/ **I have** 的缩写 *I've seen this film before.* 我以前看过这部电影。

I

J j

jacket /'dʒækɪt/ [名词] 夹克，短上衣 *Mum bought me a red jacket.* 妈妈给我买了一件红夹克。

jam /dʒæm/ [名词] 果酱 *Peter loves bread with jam.* 彼得喜欢吃抹了果酱的面包。

January /'dʒænjuəri; 美 -jueri/ [名词] 一月 *She was born in January.* 她是1月出生的。 ☞ ① 参见**August**的示例。② **Jan**是**January**的缩写。

Japan /dʒə'pæn/ [名词] 日本 *Japan is a country made up of many islands.* 日本是一个由许多岛屿组成的国家。

Japanese[1] /ˌdʒæpə'niːz/ [形容词] 日本(人)的 *Do you like Japanese food?* 你喜欢吃日本餐吗?

Japanese[2] /ˌdʒæpə'niːz/ [名词] **1** [复数 **Japanese**] 日本人 *Most Japanese live in cities.* 大多数日本人住在城里。 **2** 日语 *Do you speak Japanese?* 你说日语吗?

jar /dʒɑː; 美 dʒɑːr/ [名词] (通常指玻璃做成的)瓶；罐 *I bought a jar of honey.* 我买了一罐蜂蜜。

jaw /dʒɔː/ [名词] 颌；颚 *Our jaws move when we eat.* 我们吃东西时，上下颚会动。

jealous /'dʒeləs/ [形容词] 忌妒的 *I'm very jealous of your new bicycle.* 我很忌妒你的新自行车。

jeans /dʒiːns/ [名词] [复数] 牛仔裤 *These jeans are a bit too tight.* 这条牛仔裤紧了点儿。

jeep /dʒiːp/ [名词] 吉普车 *My uncle*

J

has a blue jeep. 我叔叔有一辆蓝色吉普车。

jelly /'dʒeli/ [名词] [复数 **jellies**] 果冻 *Henry likes jelly.* 亨利爱吃果冻。

jet /dʒet/ [名词] 喷气式飞机 *Most planes are jets now.* 现在大部分飞机是喷气式飞机。

jewel /'dʒuːəl/ [名词] 宝石 *She wore beautiful jewels round her neck.* 她脖子上戴着漂亮的珠宝。

jewellery /'dʒuːəlri/ [名词] [无复数] [总称] 珠宝；首饰 *She wears a lot of jewellery.* 她戴着许多珠宝首饰。

jewellery 珠宝

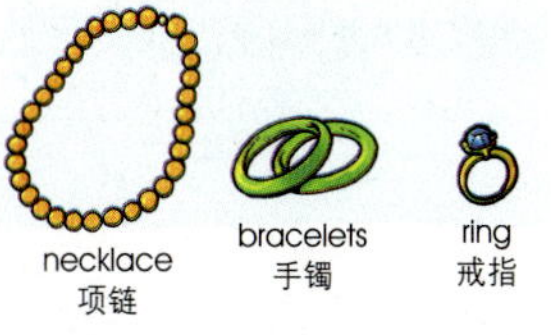

jigsaw /'dʒɪgsɔː/ [又作 **jigsaw puzzle**] [名词] 拼图 *Henry is doing a jigsaw.* 亨利正在拼拼图。

job /dʒɒb; 美 dʒɑːb/ [名词] **1** 职业；工作 *He's looking for a new job.* 他在寻找新的工作。**2** 活儿 *My mother does all the jobs around the house.* 我妈妈做所有的家务活儿。

join /dʒɔɪn/ [动词] **1** 连接 *This road joins the two villages.* 这条路把两个村庄连接起来。**2** 加入 *He joined the army.* 他参军了。

joke /dʒəuk; 美 dʒouk/ [名词] 笑话 *Our teacher told us a funny joke.* 老师给我们讲了一个滑稽的笑话。

journey /'dʒɜːni; 美 'dʒɜːrni/ [名词] 旅行，旅程 *Did you have a good journey?* 你旅行愉快吗？

jug /dʒʌg/ [名词] (有柄的)壶 *I'll fetch a jug of water.* 我去接一壶水。

juggle /'dʒʌgl/ [动词] 耍(球、盘等) *How many balls is the clown juggling?* 那个小丑在耍几个球？

juice /dʒuːs/ [名词] [无复数] 果汁 *Can I have a glass of orange juice?* 我可以

喝杯橙汁吗?

July /dʒu'laɪ/ [名词] 七月 *Last July we went to France.* 去年7月我们去了法国。☞ ① 参见**August**的示例。② **Jul** 是 **July** 的缩写。

jump /dʒʌmp/ [动词] 跳;跳跃 *How high can you jump?* 你能跳多高?

jumper /'dʒʌmpə; 美 -ər/ [名词] (套头)毛衣 *Alice is wearing a purple jumper.* 艾丽斯穿着一件紫毛衣。☞ **jumper**用于英国英语,**sweater**既可用于英国英语,也可用于美国英语。

June /dʒuːn/ [名词] 六月 *My mother's birthday is in June.* 我母亲的生日是在6月。☞ ① 参见**August**的示例。② **Jun** 是 **June** 的缩写。

jungle /'dʒʌŋgl/ [名词] (热带地区的)丛林,密林 *There were snakes in the jungle.* 丛林里有蛇。

just /dʒʌst/ [副词] **1** 刚刚,刚才 *I've just got home.* 我刚回到家里。◇ *He has just arrived.* 他刚到。**2** 正好,恰好 *It's just eight o'clock.* 正好8点。◇ *That's just what I meant.* 那正是我的意思。**3** 仅仅,只是 *I play tennis just for fun.* 我打网球只是为了好玩。◇ *He's just a child.* 他只是个孩子。

J

K k

kangaroo /ˌkæŋɡəˈruː/ [名词] [复数 **kangaroos**] 袋鼠 *A kangaroo can jump very far.* 袋鼠能跳很远。◇ *The kangaroo is an Australian animal.* 袋鼠是一种产于澳大利亚的动物。

keen /kiːn/ [形容词] 热切的；热心的；渴望的 *Alice is a keen swimmer.* 艾丽斯非常喜欢游泳。

be keen on sth 非常喜欢某事 *Alice is keen on swimming.* 艾丽斯非常喜欢游泳。

keep /kiːp/ [动词] [过去式和过去分词 **kept** /kept/] **1** 保留；保存；保持 *You can keep that book — I don't need it any more.* 那本书你可以留着，我用不着了。**2** 存放 *Where do you keep the keys?* 你把钥匙放在哪里了？**3** (使)保持(某种状态) *Paul kept his hands in his pockets.* 保罗把手揣在口袋里。◇ *I'm sorry to keep you waiting.* 对不起，让您久等了。**4** 继续不断 *I keep losing my keys.* 我老是丢钥匙。**5** 饲养，喂养 *What type of pet would you like to keep?* 你想养哪一类宠物？

kept /kept/ **keep** 的过去式和过去分词 *I didn't know that you kept rabbits.* 我不知道你养着兔子。

kettle /ˈketl/ [名词] (烧水用的)水壶 *The kettle is boiling.* 水壶开了。

key /kiː/ [名词] **1** 钥匙 *Henry turned the key and opened the door.* 亨利转动钥匙把门打开。◇ *Where's the key to the back door?* 后门的钥匙在哪里？**2** (钢琴、计算机等的)键 *Pianos have black and white keys.* 钢琴上有黑键和白键。◇ *Where's the 'Enter' key on your computer?* 你电脑上的回车键在哪里？

keyboard /ˈkiːbɔːd; 美 -bɔːrd/ [名词] (钢琴、计算机等的)键盘 *Computers have keyboards.* 计算机都有键盘。

kick /kɪk/ [动词] 踢 *Henry kicked the ball to Paul.* 亨利把球踢给保罗。

kid /kɪd/ [名词] [非正式] 孩子 *He's just a kid.* 他只是个孩子。

kill /kɪl/ [动词] 使丧生；杀死 *He was killed in a car crash.* 他在一次车祸中丧生。

kilo /ˈkiːləʊ; 美 -oʊ/ [名词] [复数**kilos**] 公斤，千克 *I'd like a kilo of apples, please.* 请给我称一公斤苹果。 ☞ = **kilogram** 或 **kilogramme**

kilogram /ˈkɪləgræm/ [又作 **kilo**] [名词] 公斤，千克 *Mum bought two kilograms of potatoes.* 妈妈买了两公斤土豆。 ☞ ① **kilogram**是美国英语拼法，英国英语拼写为**kilogramme**。② **kilogram** 的缩写为 **kg**。

kilometre /ˈkɪləˌmiːtə; 美 kəˈlɑːmətər/ [名词] 公里，千米 *They live 100 km from London.* 他们住在离伦敦100公里远的地方。 ☞ ① 美国英语拼写为**kilometer**。② **kilometre**的缩写为**km**。

kind[1] /kaɪnd/ [名词] 种类 *What kind of music do you like?* 你喜欢什么样的音乐？ ◇ *A butterfly is a kind of insect.* 蝴蝶是一种昆虫。

kind[2] /kaɪnd/ [形容词] 仁慈的；和蔼的 *Thank you. You're very kind.* 谢谢你，你真好。◇ *He was a very kind man.* 他是一个非常和蔼可亲的人。 ☞ [反] **unkind** 不仁慈的；刻薄的；残忍的

king /kɪŋ/ [名词] 国王 *The King of Spain is visiting England.* 西班牙国王正在访问英国。

kiss /kɪs/ [动词] 吻 *She kissed me on the cheek.* 她吻了一下我的面颊。◇ *They kissed each other goodbye.* 他们相互吻别。

kitchen /ˈkɪtʃən/ [名词] 厨房 *She's in the kitchen.* 她在厨房里。

kite /kaɪt/ [名词] 风筝 *Children love flying kites.* 孩子们喜欢放风筝。

kitten /ˈkɪtn/ [名词] 小猫 *These kittens are lovely.* 这些小猫真可爱。

K

knee /niː/ [名词] 膝；膝盖 *Helen fell and hurt her knee.* 海伦跌了一跤，伤了膝盖。◇ *Come and sit on my knee.* 过来坐在我的膝盖上。

kneel /niːl/ [动词] [过去式和过去分词 **knelt** /nelt/ 或 **kneeled**] 跪下，跪着 *She knelt down to pray.* 她跪下祈祷。

knelt /nelt/ **kneel** 的过去式和过去分词 *Henry knelt down and looked under the table.* 亨利跪下在桌子底下找。

knew /njuː; 美 nuː/ **know** 的过去式 *I knew I was right.* 我知道我是对的。

knife /naɪf/ [名词] [复数**knives** /naɪvz/] 刀 *I prefer to use a knife and fork.* 我更喜欢用刀叉。

knight /naɪt/ [名词] 骑士 *In the past, knights fought for their king.* 在过去，骑士为国王而战。

knit /nɪt/ [动词] [现在分词**knitting**，过去式和过去分词 **knitted**] 编织 *She is knitting a scarf.* 她正在织一条围巾。

knob /nɒb; 美 nɑːb/ [名词] (门、抽屉等的)圆形把手 *The knob came off the kitchen door.* 厨房门上的圆形把手掉了。

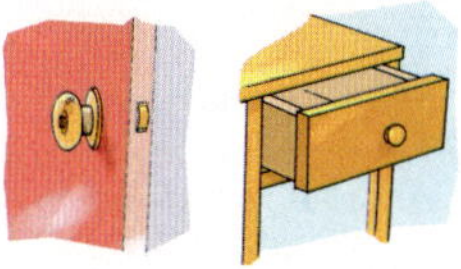

knock /nɒk; 美 nɑːk/ [动词] 敲 *There's someone knocking on the door.* 有人敲门。◇ *Please knock before entering.* 进来之前请先敲门。

knock sb down [又作**knock sb over**] 撞倒某人 *She was knocked down by a taxi.* 她被一辆出租车撞倒了。

knot /nɒt; 美 nɑːt/ [名词] (线、绳等

K

的)结 *Can you tie a knot at the end of the rope?* 你能在绳头上打个结吗?

know /nəʊ; 美 noʊ/ [动词] [过去式 **knew** /njuː; 美 nuː/, 过去分词 **known** /nəʊn; 美 noʊn/] **1** 知道 *'Where did he go?' 'I don't know.'* '他去哪里了?' '我不知道。' ◇ *Do you know his telephone number?* 你知道他的电话号码吗? **2** 认识 *I know that girl but I can't remember her name.* 我认识那个女孩, 但记不起她的名字了。 **3** 熟悉 *I don't know this part of London well.* 我不大熟悉伦敦的这一地区。

know how to do sth 会做某事 *Do you know how to use a computer?* 你会用电脑吗?

known /nəʊn; 美 noʊn/ **know**的过去分词 *I've known him very long.* 我认识他很久了。

K

L l

label /'leɪbl/ [名词] 标签 *Is there a label on the bottle?* 瓶子上有标签吗?

ladder /'lædə; 美 -ər/ [名词] 梯子 *Henry climbed up the ladder.* 亨利爬上梯子。

lady /'leɪdi/ [名词] [复数**ladies**] [礼貌用语] 女士，夫人，小姐 *That lady is my mother's friend.* 那位女士是我母亲的朋友。

laid /leɪd/ **lay** 的过去式和过去分词 *Have you laid the table?* 你把桌子摆好了吗?

lake /leɪk/ [名词] 湖 *We went for a swim in the lake.* 我们到湖里游泳去了。

lamb /læm/ [名词] **1** 羔羊，小羊 *There were some lambs in the field.* 田里有几只小羊。

2 [无复数] 羔羊肉，小羊肉 *We had roast lamb for dinner.* 我们晚餐吃烤羔羊肉。

lamp /læmp/ [名词] 灯 *I've got a table lamp on my desk at home.* 我家里的书桌上有一盏台灯。

land[1] /lænd/ [名词] [无复数] 陆地 *The elephant is the largest animal on land.* 大象是陆地上最大的动物。

land[2] /lænd/ [动词] (飞机)降落，着陆 *The plane landed at the airport at 10:15.* 飞机在10点15分降落在机场。
☞ [反] **take off** (飞机)起飞

lane /leɪn/ [名词] 1 (乡间)小路 *They walked down the lane.* 他们沿着小路走去。

2 (单行)车道 *The road has six lanes.* 这条公路有6个车道。

language /ˈlæŋgwɪdʒ/ [名词] 语言 *How many languages can you speak?* 你会说几门语言?

lantern /ˈlæntən; 美 -ərn/ [名词] 提灯; 灯笼 *Do you have a lantern?* 你有提灯吗? ☞ 灯笼为中国文化所特有, 因此, 指'灯笼', 一般用 **Chinese lantern**。

lap[1] /læp/ [名词] 大腿部 *The child sat quietly on his mother's lap.* 那个孩子静静地坐在母亲的怀里。

lap[2] /læp/ [动词] [现在分词 **lapping**, 过去式和过去分词 **lapped**] (动物)舔, 舔食 *The cat is lapping the milk.* 猫在舔食牛奶。

large /lɑːdʒ; 美 lɑːrdʒ/ [形容词] 大的 *Elephants and whales are the world's two largest animals.* 大象和鲸鱼是世界上最大的两种动物。 ☞ ① [同] **big** 大的 ② [反] **small** 小的

last /lɑːst; 美 læst/ [形容词] 1 最后的 *Please turn to the last page of the book.* 请翻到书的最后一页。2 上一个的 *I read three books last week.* 我上周读了三本书。

late[1] /leɪt/ [形容词] 迟的, 晚的 *Sorry I'm late.* 对不起, 我迟到了。◇ *I was five minutes late for school this morning.* 我今天早晨上学迟到了5分钟。☞ [反] **early**[1] 早的

late[2] /leɪt/ [副词] 迟, 晚 *I got up late.* 我起床晚了。☞ [反] **early**[2] 早

laugh /lɑːf; 美 læf/ [动词] 大笑

Cartoons make her laugh. 卡通片逗得她大笑。◇ *What are you laughing at?* 你在笑什么？

law /lɔː/ [名词] 法律 *It's against the law to drive without a seat belt.* 不系安全带驾车是违法的。

lawn /lɔːn/ [名词] 草地，草坪 *The children were playing on the lawn.* 孩子们正在草地上玩耍。

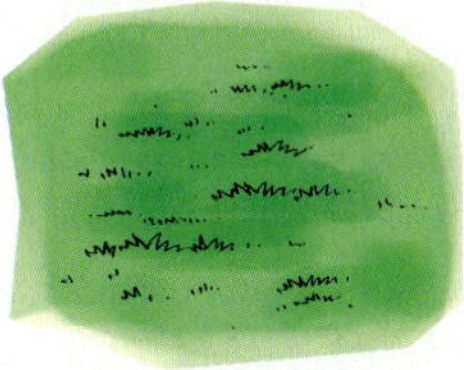

lay[1] /leɪ/ [动词] [过去式和过去分词 **laid** /leɪd/] **1** 放，搁 *She laid the baby on the bed.* 她把宝宝放在床上。**2** 下（蛋）*The hens laid six eggs last night.* 昨晚那几只母鸡下了6个蛋。

lay[2] /leɪ/ **lie**的过去式 *Helen lay on the bed listening to music.* 海伦躺在床上听音乐。

layer /ˈleɪə; 美 -ər/ [名词] 层 *This cake has got a layer of chocolate in the middle.* 这个蛋糕中间有一层巧克力。

lazy /ˈleɪzi/ [形容词] [比较级 **lazier**，最高级 **laziest**] 懒惰的 *Peter is so lazy. He never does any homework.* 彼得真懒，从来不做作业。

lead[1] /led/ [名词] 铅笔心 *The lead in my pencil has broken.* 我的铅笔心断了。

lead[2] /liːd/ [动词] [过去式和过去分词 **led** /led/] **1** 带领 *You lead the way, and we'll follow you.* 你带路，我们跟着你走。◇ *The teacher led the students back to the classroom.* 老师把学生们带回教室。**2** 通往 *This path leads to the church.* 这条小路通往教堂。

leaf /liːf/ [名词] [复数 **leaves** /liːvz/] 树叶 *In autumn the leaves turn yellow.* 秋天，树叶变黄。

leak /liːk/ [动词] 漏 *The roof leaks when it rains.* 这个屋顶下雨时漏雨。

L

lean /liːn/ [动词] [过去式和过去分词 **leant** /lent/ 或 **leaned**] **1** 倾斜 *Dad leaned back in his chair.* 爸爸斜靠在椅背上。**2** (使)倚，靠 *Paul was leaning on a tree.* 保罗倚在一棵树上。◇ *Can I lean my bike against the wall?* 我把自行车靠在墙上行吗?

learn /lɜːn; 美 lɜːrn/ [动词] [过去式和过去分词 **learnt** /lɜːnt; 美 lɜːrnt/ 或 **learned**] 学习 *Helen is learning to play the piano.* 海伦在学弹钢琴。◇ *Paul is learning French.* 保罗在学法语。

least /liːst/ [副词] 最(小程度地) *Which one is the least expensive?* 哪一个最便宜? ☞ [反] **most**³ 最(大程度地)

leather /'leðə; 美 -ər/ [名词] [无复数] 皮革 *Is your handbag real leather?* 你的手提包是真皮的吗?

L

leave /liːv/ [动词] [过去式和过去分词 **left** /left/] **1** 离开 *I leave home at seven in the morning.* 我早晨7点离开家。◇ *When does the next train leave?* 下一班火车什么时候开? **2** 丢下；遗忘 *Oh dear! I've left my umbrella on the bus!* 糟糕！我把雨伞忘在公共汽车上了！

led /led/ **lead**的过去式和过去分词 *He led his horse to the barn.* 他把马牵到马棚里。

left¹ /left/ **leave**的过去式和过去分词 *I'm afraid I've left my homework at home. Can I give it to you tomorrow?* 恐怕我把作业忘在家里了，明天交给你行吗?

left² /left/ [形容词] **1** 左边的 *Do you write with your right hand or your left hand?* 你用右手写字还是左手写字? ☞ [反] **right**¹ 右边的 **2** 剩下的，剩余的 *There is only a small piece of cake left.* 只剩下一小块蛋糕。

left³ /left/ [副词] 向左 *Turn left at the corner.* 在拐角处向左拐。☞ [反] **right**² 向右

left⁴ /left/ [名词] 左边 *The school is on the left of the road.* 学校在马路的左边。☞ [反] **right**³ 右边

leg /leg/ [名词] 腿 *An ant has six legs.* 蚂蚁有6条腿。

lemon /'lemən/ [名词] 柠檬 *Dad likes a slice of lemon in his tea.* 爸爸喜欢在茶里放一片柠檬。

lend /lend/ [动词] [过去式和过去分词 **lent** /lent/] 借出，借给 *I can lend you £10.* 我可以借给你10英镑。◇ *I've lent my bicycle to Helen.* 我把自行车

借给海伦了。☞ 参见**borrow**‘(向别人)借，借用’。

length /leŋθ/ [名词] 长度 *The swimming pool is 20 metres in length and 10 metres in width.* 这个游泳池长20米，宽10米。

lent /lent/ **lend** 的过去式和过去分词 *Henry lent me his bike.* 亨利把自行车借给我了。

less[1] /les/ [形容词] [与不可数名词连用] 更少的，较少的 *Small cars use less petrol than big cars.* 小汽车比大汽车耗油少。☞ [反] **more**[1] 更多的，较多的

less[2] /les/ [代词] 更少，较少 *You eat less than I do.* 你吃得比我少。☞ [反] **more**[2] 更多，较多

less[3] /les/ [副词] [用以构成形容词或副词的比较级] 更少，较少 *The red jacket is less expensive.* 这件红夹克便宜一些。◇ *You've done your homework less carefully than usual.* 你的作业没有平时做得仔细。☞ [反] **more**[3] 更多；更

lesson /'lesn/ [名词] 课 *Our first lesson tomorrow is maths.* 我们明天第一节课是数学。

let /let/ [动词] [现在分词 **letting**，过去式和过去分词 **let**] 让 *Paul won't let me play on his computer.* 保罗不让我玩他的电脑。

let's /lets/ **let us** 的缩写 *'Let's go and see what Henry is doing.' 'Okay. Let's go.'* ‘我们去看看亨利在干什么。’‘好，我们走吧。’

letter /'letə; 美 -ər/ [名词] **1** 信 *I'm writing a letter to my friend.* 我正在给朋友写信。**2** 字母 *How many letters are there in AUGUST?* AUGUST中有几个字母?

lettuce /'letɪs; 美 -əs/ [名词] 生菜 *We made a salad with tomatoes, lettuce and eggs.* 我们用西红柿、生菜和鸡蛋拌沙拉。

level /'levl/ [形容词] 平的 *We need a level piece of ground to play football on.* 我们需要一块平地踢足球。

library /'laɪbrəri; 美 -breri/ [名词] [复数 **libraries**] 图书馆 *Alice borrowed some books from the library.* 艾丽斯从图书馆借了几本书。

lick /lɪk/ [动词] 舔 *Henry licked his ice cream.* 亨利舔了舔冰淇淋。

lid /lɪd/ [名词] 盖子 *Where's the lid for this jar?* 这个罐子的盖子在哪里?

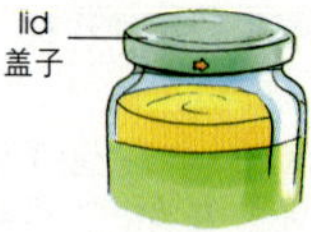

lie[1] /laɪ/ [动词] [现在分词 **lying**，过去式和过去分词 **lied**] 说谎 *He's lying.* 他在说谎。◇ *Don't lie to me!* 不要对我撒谎！

lie[2] /laɪ/ [动词] [现在分词 **lying**，过去式 **lay** /leɪ/，过去分词 **lain** /leɪn/] 躺 *Henry lay down on the floor.* 亨利在地板上躺下。

life /laɪf/ [名词] **1** [无复数] 生命 *Is there life on the moon?* 月球上有生命吗？ **2** [复数 **lives** /laɪvz/] 一生 *He has lived here all his life.* 他在这里住了一辈子。

lift[1] /lɪft/ [动词] 举起，抬起，提起 *Can you lift the other end of the table?* 你能抬起桌子的另一头吗？

lift[2] /lɪft/ [名词] 电梯 *I'm afraid the lift isn't working — we'll have to take the stairs.* 恐怕电梯坏了，我们得走楼梯了。 ☞ 英国英语用 **lift**，美国英语用 **elevator**。

light[1] /laɪt/ [名词] **1** 光，光线 *There's more light near the window.* 窗边的光线更亮一些。 **2** 灯 *Turn off the lights when you go to bed.* 上床睡觉时要关灯。

light[2] /laɪt/ [形容词] **1** 轻的 *You take the light bag and I'll take the heavy one.* 你拿轻包，我拿重包。 ☞ [反] **heavy** 重的 **2** 浅色的 *Helen wore a light blue dress.* 海伦穿着一条浅蓝色的连衣裙。 ☞ [反] **dark**[1] 深色的

light[3] /laɪt/ [动词] [过去式和过去分词 **lit** /lɪt/ 或 **lighted**] 点燃 *Paul lit the candle.* 保罗点着了蜡烛。

lighthouse /ˈlaɪthaʊs/ [名词] 灯塔 *Can you see the lighthouse out there?* 你能看见那边的灯塔吗？

lightning /ˈlaɪtnɪŋ/ [名词] [无复数] 闪电 *The lightning struck a tree near the school.* 闪电击中了学校附近的一棵树。

like[1] /laɪk/ [动词] 喜欢 *Do you like ice cream?* 你喜欢吃冰淇淋吗？◇ *I like* *swimming and horse-riding.* 我喜欢游泳和骑马。◇ *Henry likes to play football after school.* 亨利喜欢放学后踢足球。

like² /laɪk/ [介词] 像 *Helen is very like her mum.* 海伦长得很像妈妈。◇ *You should hold the brush like this.* 你应该这样拿牙刷。

line /laɪn/ [名词] **1** 线；线条 *Draw a straight line from A to B.* 从A到B画一条直线。**2** (人或物的)行，列，排 *The children all stood in a line.* 孩子们都排成一队站着。☞ 表示'行，列，排'，美国英语用 **line**，英国英语用 **queue**。

lion /'laɪən/ [名词] 狮子 *Lions are found in Africa.* 狮子产于非洲。

lip /lɪp/ [名词] 嘴唇 *Your bottom lip is bleeding.* 你的下唇流血了。

liquid /'lɪkwɪd/ [名词] 液体 *The bottle was full of blue liquid.* 瓶子里装满了蓝色液体。

list /lɪst/ [名词] 名单；清单 *Put oranges on the shopping list.* 在购物单上加上橙子。

listen /'lɪsn/ [动词] 听 *Listen to me.* 听我说。◇ *Alice is listening to the radio.* 艾丽斯正在听收音机。

lit /lɪt/ **light**的过去式和过去分词 *He lit a cigarette.* 他点了一枝香烟。

litter /'lɪtə; 美 -ər/ [名词] [无复数] 垃圾，杂物 *There was litter everywhere on the streets of the town.* 那座城镇的大街上到处都是垃圾。

little /'lɪtl/ [形容词] **1** 小的 *'Which do you want?' 'I'll take the little one.'* '你要哪个？''我要那个小的'。◇ *My little sister is three years old.* 我小妹妹3岁了。☞ [反] **big**大的 **2** [比较级**less** /les/，最高级**least** /liːst/] 很少的，不多的 *She eats very little.* 她吃得很少。**a little** 一些，一点 *I feel a little better today.* 今天我觉得好些了。◇ *She knows a little French.* 她懂一点儿法语。

live /lɪv/ [动词] **1** 生存，活着 *Is your grandmother still living?* 你奶奶还活着吗？**2** 居住 *Where do you live?* 你住在哪里？

living room /'lɪvɪŋ ruːm/ [名词] 起居室，客厅 *There's a sofa, two armchairs and a television in our living room.* 我们的客厅里有一个长沙发、两个单人沙发和一台电视。

lizard /'lɪzəd; 美 -ərd/ [名词] 蜥蜴 *A lizard is a reptile.* 蜥蜴是一种爬行动物。

load /ləʊd; 美 loʊd/ [名词] 负荷物 *The truck was carrying a load of sand.* 那辆货车载满了沙子。

loaf /ləʊf; 美 loʊf/ [名词] [复数 **loaves** /ləʊvz; 美 loʊvz/] 一条面包 *Helen bought a loaf of bread.* 海伦买了一条面包。

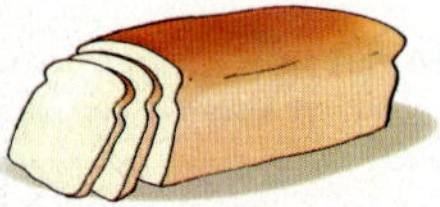

lobster /'lɒbstə; 美 'lɑːbstər/ [名词] 龙虾 *Last night we ate lobsters in a seafood restaurant.* 昨晚我们在一家海鲜馆吃了龙虾。

L

lock[1] /lɒk; 美 lɑːk/ [动词] 锁上 *Did you lock the door?* 你锁门了吗？

lock[2] /lɒk; 美 lɑːk/ [名词] 锁 *You can't open the lock without a key.* 没有钥匙你打不开锁。

log /lɒg; 美 lɔːg/ [名词] (伐下的)树干；原木 *Put another log on the fire.* 往火上再添根原木。

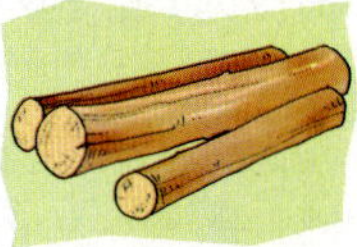

London /'lʌndən/ [名词] 伦敦 *London is the capital of the UK.* 伦敦是英国的首都。

lonely /'ləʊnli; 美 'loʊn-/ [形容词] [比较级 **lonelier**，最高级 **loneliest**] 孤独的 *She often feels lonely.* 她经常感到孤独。

long[1] /lɒŋ; 美 lɔːŋ/ [形容词] [比较级 **longer** /'lɒŋgə; 美 'lɔːŋgər/，最高级 **longest** /'lɒŋgɪst; 美 'lɔːŋgəst/] 长的 *Your hair is much longer than mine.* 你的头发比我的长多了。☞ [反] **short** 短的

no longer, not any longer 不再 *I can't wait any longer.* 我不能再等了。◇ *He no longer lives here.* 他不再住在

这里了。

long[2] /lɒŋ; 美 lɔːŋ/ [动词] 渴望，盼望 *I'm longing for a bicycle.* 我渴望有一辆自行车。◇ *He longed to go home.* 他盼望回家。

look[1] /lʊk/ [动词] 看，瞧 *What are you looking at?* 你在看什么？◇ *Look! There's a fox!* 瞧！有只狐狸！

look after 照料，照看 *Could you look after my watch while I'm swimming, please?* 我游泳时请你帮我照看一下手表好吗？

look for 寻找 *'What are you doing under the desk?' 'I'm looking for my pen.'* '你在桌子底下做什么呢？''我在找钢笔。'

look up （在词典、参考书等中）查寻 *Did you look up the word in the dictionary?* 你在词典里查那个词了吗？

look[2] /lʊk/ [名词] 看，瞧 *Have a look at this book.* 看一看这本书。

loop /luːp/ [名词] （线、绳等绕成的）圈，环 *She made the rope into a loop to place around the cow's neck.* 她系了一个绳圈套在牛的脖子上。

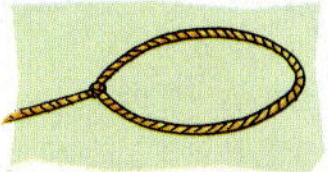

loose /luːs/ [形容词] **1** 松的 *My coat button is loose.* 我外套上的扣子松了。 [反] **tight** 紧的 **2** （衣服）宽松的，肥的 *These trousers are a bit loose. Have you got a smaller size?* 这条裤子有点儿肥，你有小一号的吗？ [反] **tight** 紧身的，瘦的

lorry /ˈlɒri; 美 ˈlɔːri/ [名词] [复数**lorries**] 货车，卡车 *On the back of the lorry there was a pile of sand.* 货车后部装了一堆沙子。 英国英语用**lorry**，美国英语用 **truck**。

lose /luːz/ [动词] [过去式和过去分词 **lost** /lɒst; 美 lɔːst/] **1** 丢失 *I've lost my keys.* 我把钥匙丢了。 [反] **find** 找到 **2** 输 *Our team lost the football match.* 我们队输了这场足球赛。 [反] **win** 赢

lost /lɒst; 美 lɔːst/ **lose** 的过去式和过去分词 *I've lost my watch. I can't find it anywhere.* 我把手表丢了，哪儿也找不到。

lot /lɒt; 美 lɑːt/ [名词] **a lot of**，**lots of** 很多的，大量的 *I eat a lot of vegetables.* 我蔬菜吃得很多。◇ *She spends a lot of money on clothes.* 她花很多钱买衣服。◇ *There are lots of good books in the library.* 图书馆里有许多好书。

loud /laʊd/ [形容词] 大声的；吵闹的 *Can you turn the television down? It's too loud.* 你能把电视开小点声吗？太吵了。☞ [反] **quiet** 安静的；轻声的

love /lʌv/ [动词] **1** 爱 *I love my mum and dad.* 我爱爸爸妈妈。 **2** 喜欢 *My mum loves music.* 我妈妈喜欢音乐。◇ *Most kids love climbing trees.* 多数孩子喜欢爬树。

lovely /ˈlʌvli/ [形容词] [比较级 **lovelier**，最高级 **loveliest**] 漂亮的；动人的；可爱的 *This is a lovely dress, but it's too small for me.* 这件连衣裙很漂亮，但对我来说太小了。

low /ləʊ; 美 loʊ/ [形容词] **1** (离地面) 低的；矮的 *Hang that picture a bit higher, it's much too low!* 把那幅画挂高一点，太低了！ ☞ [反] **high** 高的

2 (指低于通常的水平或数量) 低的 *Temperatures were very low last winter.* 去年冬天气温很低。☞ [反] **high** 高的 **3** 低声的 *Mum said in a low voice, 'Remember to say 'Happy Birthday' to Granny.'* 妈妈小声地说，'记住对奶奶说'生日快乐'。' ☞ [反] **high** 高声的

luck /lʌk/ [名词] [无复数] 运气 *She wished me good luck in the exam.* 她祝我考试运气好。

lucky /ˈlʌki/ [形容词] [比较级 **luckier**，最高级 **luckiest**] 幸运的 *Who will the lucky prizewinner be?* 谁将是幸运的获奖者？ ☞ [反] **unlucky** 不幸的；倒霉的；不吉利的

luggage /ˈlʌgɪdʒ/ [名词] [无复数] 行李 *May I carry some of your luggage for you?* 我帮你拿一些行李好吗？

lunch /lʌntʃ/ [名词] [复数 **lunches**] 午餐，午饭 *Have you had lunch yet?* 你吃过午饭了吗？ ◇ *What would you like for lunch?* 你午饭想吃什么？

lung /lʌŋ/ [名词] 肺 *Smoking is bad for your lungs.* 吸烟对肺不好。

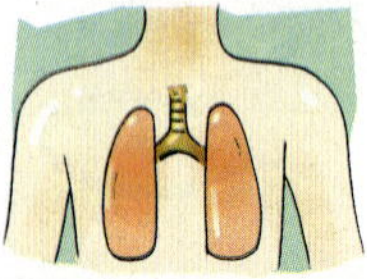

lying /ˈlaɪɪŋ/ **lie**的现在分词 *She's lying on the sofa.* 她正在沙发上躺着。

L

M m

machine /mə'ʃiːn/ [名词] 机器 *Put your dirty clothes in the washing machine.* 把你的脏衣服放到洗衣机里。

made /meɪd/ **make**的过去式和过去分词 *Dad made a cup of tea.* 爸爸沏了一杯茶。

magic /'mædʒɪk/ [名词] [无复数] 魔术 *The magician is doing some magic.* 魔术师在变魔术。

magician /mə'dʒɪʃn/ [名词] 魔术师 *Mr Green is a magician.* 格林先生是一位魔术师。

magnet /'mægnɪt/ [名词] 磁铁；磁石 *The magnet picked up the needles.* 磁铁把针吸了起来。

magnifying glass /'mægnɪfaɪɪŋ glɑːs; 美 'mægnɪfaɪɪŋ glæs/ [名词] [复数 **magnifying glasses**] 放大镜 *Grandma uses a magnifying glass to read the newspaper.* 奶奶用放大镜看报纸。

mail¹ /meɪl/ [名词] [无复数] 邮件 *Was there any mail for me this morning?* 今天上午有我的邮件吗？ ☞ 美国英语用 **mail**，英国英语用 **post**。

mail² /meɪl/ [动词] 邮寄 *Did you get the photo I mailed to you?* 你收到我寄给你的照片了吗？ ☞ 美国英语用 **mail**，英国英语用 **post**。

main /meɪn/ [形容词] [只用于名词前] 主要的 *Maths is the main subject I am studying.* 数学是我学习的主要科目。

make /meɪk/ [动词] [过去式和过去分词 **made** /meɪd/] **1** 做；制造 *'What are you doing?' 'I'm making a cake.'* '你在做什么？' '我在做蛋糕。' **2** 产生，出 *In the spelling test I made two mistakes.* 在拼写测验中我犯了两个错误。◇ *Try not to make a noise. The baby is asleep.* 尽量不要出声，宝宝在睡觉。**3** (迫)使 *Peter's really funny —*

he always makes me laugh. 彼得真有趣，他总是惹我发笑。**4** 等于 *Two and two make four.* 2 加 2 等于 4。

mammal /'mæml/ [名词] 哺乳动物 *Humans and dogs are mammals; birds and fish are not.* 人和狗是哺乳动物，鸟和鱼则不是。

man /mæn/ [名词] [复数 **men** /men/] 男人 *Is your teacher a man or a woman?* 你们老师是男的还是女的？

manage /'mænɪdʒ/ [动词] [常与 **can** 或 **could** 连用] 设法做到 *I can't manage this suitcase. It's too heavy.* 我提不动这个衣箱，它太重了。

manners /'mænəs; 美 -ərz/ [名词] [复数] 礼貌；规矩 *Some children have no manners.* 有些孩子没有礼貌。◇ *It's bad manners to talk with your mouth full.* 嘴里含着东西说话是不礼貌的。

many /'meni/ [形容词] [与复数可数名词连用] 许多的 *'Did I make many mistakes?' 'No, not many.'* ‘我犯的错误多吗？’‘不，不多。’ ☞ ① [反] **few** 很少的 ② 参见 **much**¹ ‘许多的’。

how many 多少 *How many girls are there in your class?* 你们班有几个女生？

map /mæp/ [名词] 地图 *Can you read a map?* 你会看地图吗？◇ *I can't find Australia on the map.* 我在地图上找不到澳大利亚。

marble /'mɑːbl; 美 'mɑːr-/ [名词] **1** [无复数] 大理石 *The statue was made of marble.* 这座雕像是大理石的。**2** (儿童玩的) 玻璃球 *Who wants to play marbles?* 谁想弹玻璃球？

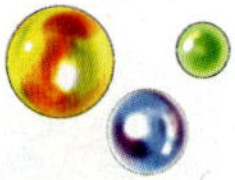

March /mɑːtʃ; 美 mɑːrtʃ/ [名词] 三月 *Peter's birthday is on the first of March.* 彼得的生日是3月1日。☞ ① 参见 **August** 的示例。② **Mar** 是 **March** 的缩写。

march /mɑːtʃ; 美 mɑːrtʃ/ [动词] (齐步) 行走，行进 *They made us march for hours.* 他们让我们齐步走了好几个小时。

margin /'mɑːdʒɪn; 美 'mɑːr-/ [名词] 页边空白 *The teacher wrote 'Good' in the margin.* 老师在页边空白处写了‘良’。

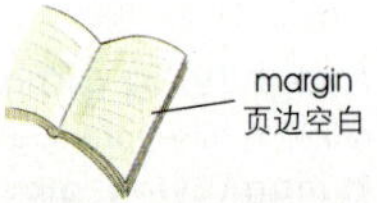

M

mark[1] /mɑːk; 美 mɑːrk/ [名词] **1** 痕迹；污点 *There's a dirty mark on this shirt.* 这件衬衣上有个污痕。**2** 成绩；分数 *'What mark did you get for your English homework?' 'I got an A.'* '你的英语作业得了多少分？' '得了个优。'

mark[2] /mɑːk; 美 mɑːrk/ [动词] 标示，标上…作为记号 *Helen marked her birthday on the calendar.* 海伦在日历上标出自己的生日。

market /'mɑːkɪt; 美 'mɑːrkət/ [名词] 市场；集市 *We bought some fruit and vegetables at the market.* 我们在市场买了些水果和蔬菜。

marry /'mæri/ [动词] [现在分词 **marrying**，过去式和过去分词 **married**] 娶；嫁；和…结婚 *She is going to marry John.* 她准备和约翰结婚。

marsh /mɑːʃ; 美 mɑːrʃ/ [名词] [复数 **marshes**] 沼泽(地带)；湿地 *Many birds and animals live on marshes.* 很多鸟和动物生活在沼泽地带。

mask /mɑːsk; 美 mæsk/ [名词] 面具；面罩；口罩 *Peter wore a mask.* 彼得戴着面具。

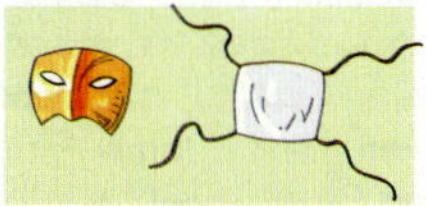

mat /mæt/ [名词] (放在地上的)席子；垫子 *Henry wiped his feet on the mat.* 亨利在垫子上蹭了蹭脚。

match[1] /mætʃ/ [名词] [复数 **matches**] **1** 火柴 *I need a box of matches.* 我需要一盒火柴。

2 比赛 *Are you going to the football match on Sunday?* 你星期天去看足球赛吗？

match[2] /mætʃ/ [动词] 相配 *Your jacket and trousers don't match.* 你的上衣和裤子不相配。

material /mə'tɪəriəl; 美 -'tɪr-/ [名词] **1** 布料 *'What material is this dress made of?' 'Cotton.'* '这件连衣裙是什么料子做的？' '棉布。' **2** 材料 *Stone is a very hard material.* 石头是非常坚硬的材料。

maths /mæθs/ [名词] [无复数] 数学 *Henry is very good at maths.* 亨利很擅长数学。☞ **maths** 是 **mathematics** /ˌmæθə'mætɪks/ 的缩写。

M

matter[1] /ˈmætə; 美 -ər/ [动词] 有关系，要紧 *'I'm really sorry I'm late.' 'That's OK — it doesn't matter.'* '真对不起，我迟到了。' '没关系，不要紧。'

matter[2] /ˈmætə; 美 -ər/ [名词] [单数，与 **the** 连用] 麻烦事，毛病 *'What's the matter with you?' 'I have a headache.'* '你怎么啦？' '我头痛。'

mattress /ˈmætrəs/ [名词] [复数 **mattresses**] 褥垫；床垫 *Do you like a soft mattress?* 你喜欢软床垫吗？

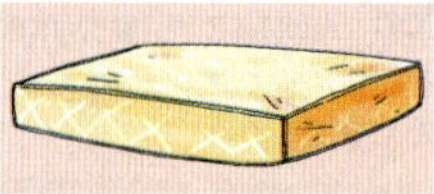

May /meɪ/ [名词] 五月 *My birthday is in May.* 我的生日在5月。 ☞ 参见 **August** 的示例。

may /meɪ/ [情态动词] [过去式 **might** /maɪt/] **1** [表示可能性] 可能，也许 *'Where's Helen?' 'She may be in the garden.'* '海伦在哪里？' '她也许在花园里。' **2** [表示许可] 可以 *May I borrow your pen?* 我可以借用一下你的钢笔吗？

maybe /ˈmeɪbi/ [副词] 也许，大概 *Maybe Dad will call this evening.* 也许爸爸今晚会打电话。◇ *'Do you think it will rain?' 'Maybe.'* '你觉得会下雨吗？' '也许会。' ☞ [同] **perhaps** 也许，可能

… mi:; 弱 mi/ [代词] [I的宾格] 我 … *see me?* 你能看见我吗？◇ … *oes are too small for me.* 这双鞋对我来说太小了。

meal /mi:l/ [名词] 餐；饭食 *We have three main meals a day — breakfast, lunch and dinner.* 我们每天主要吃三顿饭——早饭、午饭和晚饭。

mean[1] /mi:n/ [动词] [过去式和过去分词 **meant** /ment/] **1** 意思是，意味着 *What does this word mean?* 这个词是什么意思？◇ *The red light means stop.* 红灯意味着停。 **2** 想要，打算 *I meant to give the book to you today, but I forgot.* 我本打算今天把这本书给你的，但我忘了。

mean[2] /mi:n/ [形容词] 吝啬的 *Please lend me your calculator — don't be mean!* 请把你的计算器借我用一下，不要吝啬嘛！

meant /ment/ **mean**[1]的过去式和过去分词 *I meant to remind you.* 我本想提醒你。

measure /ˈmeʒə; 美 -ər/ [动词] 量，测量 *Which line is the longest? Use your ruler to measure them.* 哪条线最长？用尺子量一量。

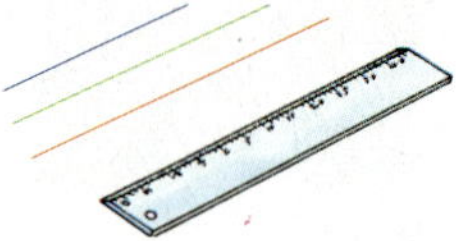

meat /mi:t/ [名词] [无复数] 肉 *'What sort of meat is this?' 'It's chicken.'* '这是什么肉？' '鸡肉。' ☞ **meat** 包括 **chicken** '鸡肉'，**lamb** '羔羊肉'，**mutton** '羊肉'，**beef** '牛肉'，**pork**

'猪肉'等。

medal /'medl/ [名词] 奖牌；奖章；勋章 *Paul won a gold medal for swimming.* 保罗获得了一枚游泳金牌。

medicine /'medsn/ [名词] 药 *Have you taken your medicine this morning?* 你今天早晨吃药了吗?

meet /miːt/ [动词] [过去式和过去分词 **met** /met/] **1** 遇见 *I met my teacher in the street today.* 我今天在街上遇见了我的老师。**2** 认识 *Pleased to meet you.* 很高兴认识你。**3** 接(人) *I'll come and meet you at the station.* 我会来车站接你。

meeting /'miːtɪŋ/ [名词] 会议 *There was a parents' meeting at the school.* 学校开了个家长会。

melt /melt/ [动词] 融化；熔化；溶化 *It's dangerous to skate on the lake — the ice is starting to melt.* 在湖上滑冰危险，冰已开始融化了。

member /'membə; 美 -ər/ [名词] 成员；会员 *Paul is a member of the school football club.* 保罗是学校足球俱乐部的会员。

memory /'meməri/ [名词] [复数 **memories**] 记忆力，记性 *Alice has a good memory for names.* 艾丽斯记名字记得好。

men /men/ **man** 的复数 *There are eleven men in a football team.* 一支足球队有11人。

mend /mend/ [动词] 修理，修补 *Henry is mending his shirt.* 亨利在缝补衬衫。

menu /'menjuː/ [名词] 菜单 *Can I have the menu, please?* 请给我看看菜单可以吗?

merry /'meri/ [形容词] [比较级 **merrier**，最高级 **merriest**] 欢乐的，愉快的 *Merry Christmas!* 圣诞快乐!

mess /mes/ [名词] [通常用作单数] 脏

乱，混乱 *This room is in a mess.* 这个房间乱七八糟。

message /ˈmesɪdʒ/ [名词] 信息；口信 *Did you get my message?* 你收到我的信息了吗？ ◇ *She's not here at the moment. Can I take a message?* 她这会儿不在这里，有话要我转告吗？

met /met/ **meet**的过去式和过去分词 *Guess who I met today in the supermarket?* 猜猜我今天在超市遇见了谁？

metal /ˈmetl/ [名词] 金属 *Are those buttons made of metal or plastic?* 那些纽扣是金属的还是塑料的？

metre /ˈmiːtə; 美 -ər/ [名词] 米，公尺 *This room is five metres long.* 这个房间有5米长。 ☞ 美国英语拼写为 **meter**。

M

mice /maɪs/ **mouse** 的复数 *Our cat is good at catching mice.* 我们的猫擅长捉老鼠。

microphone /ˈmaɪkrəfəʊn; 美 -foʊn/ [名词] 扩音器，话筒，麦克风 *Can you use a microphone?* 你会用麦克风吗？

microscope /ˈmaɪkrəskəʊp; 美 -skoʊp/ [名词] 显微镜 *The scientist looked through the microscope.* 科学家透过显微镜进行观察。

midday /ˌmɪdˈdeɪ/ [名词] [无复数] 正午，中午 *At midday, we go home for lunch.* 中午，我们回家吃午饭。

middle /ˈmɪdl/ [名词] 中部，中间，中央 *Henry put the cake in the middle of the table.* 亨利把蛋糕放在桌子中间。

midnight /ˈmɪdnaɪt/ [名词] [无复数] 半夜，午夜，子夜 *We stayed up until midnight.* 我们熬到了半夜。

might /maɪt/ **1 may** 的过去式 *Helen said she might come tomorrow.* 海伦说她明天可能会来。 **2** 也许 [表示可能性] *'Where's Peter?' 'He might be upstairs.'* '彼得在哪里？' '他也许在楼上。'

mile /maɪl/ [名词] 英里 *We walked about half a mile.* 我们走了大约半英里。

milk[1] /mɪlk/ [名词] [无复数] 牛奶 *Can I have a glass of milk, please?* 我可以

喝杯牛奶吗?

milk² /mɪlk/ [动词] 挤(牛、羊等的)奶 *They use a machine to milk the cows.* 他们用机器挤牛奶。

million /ˈmɪljən/ [数词] 百万 *There are nearly six million people living in this city.* 这座城市有将近600万居民。

mind¹ /maɪnd/ [名词] 头脑 *I can see him in my mind, but I can't remember his name.* 虽然他仍留在我的脑海里,但我记不起他的名字了。

mind² /maɪnd/ [动词] [通常用于疑问句或否定句] 介意, 在乎 *Do you mind if I use your phone?* 我用一下你的电话可以吗? ◇ *'Do you want to play tennis or watch television?' 'I don't mind.'* '你想打网球还是看电视?' '我无所谓。'

mine¹ /maɪn/ [代词] [I的物主代词] 我的(东西) *'Isn't this yours?' 'No, that isn't mine — it's Helen's.'* '这不是你的吗?' '是的,那不是我的,那是海伦的。' ◇ *Paul is a friend of mine.* 保罗是我的一位朋友。

mine² /maɪn/ [名词] 矿 *He works in a coal mine.* 他在煤矿工作。

minus /ˈmaɪnəs/ [介词] 减(去) *10 minus 2 is 8.* 10减2等于8。

minute /ˈmɪnɪt; 美 -ət/ [名词] 分 [1分钟等于60秒] *It's ten minutes to eight.* 现在是8点差10分。
in a minute 立刻, 马上 *I'll be back in a minute.* 我马上就回来。

mirror /ˈmɪrə; 美 -ər/ [名词] 镜子 *Sophie looked in the mirror and brushed her hair.* 索菲照着镜子梳理头发。

mischievous /ˈmɪstʃɪvəs/ [形容词] (通常指孩子) 调皮的, 淘气的 *She's a mischievous little girl.* 她是个淘气的小姑娘。

miserable /ˈmɪzrəbl/ [形容词] 痛苦的 *Oh dear, you look miserable. What's wrong?* 哎呀, 你看上去很痛苦, 怎么了?

Miss /mɪs/ [名词] **1** [用于姓名或姓之前对未婚女子的称呼] 小姐 *Is there a Miss Green here?* 这里有位格林小姐吗? **2** [用于小学生对女教师的称呼] 老师 *Good morning, Miss!* 老师, 早上好!

miss /mɪs/ [动词] **1** 未击中; 未抓住 *Henry threw the ball to me, but I missed it.* 亨利把球扔给我,可我没接住。**2** 赶不上, 错过 *If you don't hurry, we'll miss the bus.* 如果你不赶紧,我们就赶不上公共汽车了。**3** 惦念 *What did you miss most when you lived abroad?* 你在国外生活时最惦念的是什么?

missing /ˈmɪsɪŋ/ [形容词] 找不到的; 失去的 *Our cat's gone missing again.* 我们的猫又不见了。◇ *There's a page* *missing from this book.* 这本书缺了一页。

mist /mɪst/ [名词] [无复数] 薄雾 *There was a mist early this morning.* 今天清晨有薄雾。

mistake /mɪ'steɪk/ [名词] 错误 *This letter's full of mistakes.* 这封信错误百出。◇ *You have made a mistake here — this 3 should be 5.* 你在这里犯了个错误，这个3应该是5。

mix /mɪks/ [动词] 使混合，拌和 *Mix the flour and the eggs together.* 把面粉和鸡蛋搅拌在一起。

mixture /'mɪkstʃə; 美 -ər/ [名词] 混合物 *Air is a mixture of gases.* 空气是多种气体的混合物。

model /'mɒdl; 美 'mɑːdl/ [名词] **1** 模型 *Peter is making a model aeroplane.* 彼得在做飞机模型。**2** 模特儿 *Sarah wants to be a model.* 莎拉想当模特儿。

model aeroplane
飞机模型

model
模特儿

moment /'məʊmənt; 美 'moʊ-/ [名词] **1** 瞬间；片刻 *Can you wait a moment?* 你等一会儿行吗？ **2** [用作单数] 某一时刻 *At that moment, the phone rang.* 就在那时电话响了。

at the moment 此刻 *We're busy at the moment.* 我们此刻正在忙着。

in a moment 立刻，马上 *Just wait here. I'll be back in a moment.* 就在这儿等，我马上就回来。

Monday /'mʌndeɪ/ [名词] 星期一 *'What day is it today?' 'Monday.'* '今天星期几？''星期一。'◇ *They have piano lessons every Monday.* 他们每星期一上钢琴课。◇ *We play football on Mondays.* 我们每星期一踢足球。◇ *We'll meet on Monday.* 我们星期一见。◇ *Paul was born on a Monday.* 保罗是星期一出生的。

☞ **Mon** 是 **Monday** 的缩写。

money /'mʌni/ [名词] [无复数] 钱，金钱 *How much money have you got?* 你有多少钱？

monkey /'mʌŋki/ [名词] 猴子 *Monkeys are good at climbing trees.* 猴子擅长爬树。

monster /'mɒnstə; 美 'mɑːnstər/ [名词] 怪物 *The film was about monsters.* 这是一部关于怪物的电影。

month /mʌnθ/ [名词] 月(份) *'Which month were you born in?' 'August.'* '你是几月出生的?' '8月。'

mood /muːd/ [名词] 心情, 情绪 *She's in a good mood today.* 她今天心情不错。

moon /muːn/ [名词] [用作单数, 与 **the** 连用] 月亮 *The moon appeared slowly from behind the clouds.* 月亮从云后慢慢出现了。

more[1] /mɔː; 美 mɔːr/ [形容词] 更多的, 较多的 *In my class there are more girls than boys.* 我们班女孩儿比男孩儿多。 ☞ [反] **less**[1] 或 **fewer** 更少的, 较少的

more[2] /mɔː; 美 mɔːr/ [代词] 更多, 较多 *'Would you like some more of this cake?' 'Is there any more? I'd love some more.'* '你想不想再吃点儿这种蛋糕?' '还有吗? 我想再吃点儿。' ☞ [反] **less**[2] 或 **fewer** 更少, 较少

more[3] /mɔː; 美 mɔːr/ [副词] [用以构成形容词或副词的比较级] 更多; 更 *This story book is more interesting than that one.* 这本故事书比那本有趣。◇ *Please write more carefully.* 请写得再仔细些。 ☞ [反] **less**[3] 更少, 较少

morning /ˈmɔːnɪŋ; 美 ˈmɔːr-/ [名词] 早晨; 上午 *I usually get up at 6:30 in the morning.* 我通常早晨6点30分起床。◇ *See you tomorrow morning.* 明天早晨见。

good morning 早上好 *'Good morning, Mum.' 'Morning, Henry.'* '早上好, 妈。' '早上好, 亨利。' ☞ 在非正式场合说 '早上好', 也可以只用 **Morning**。

mosquito /məˈskiːtəʊ; 美 -toʊ/ [名词] [复数**mosquitoes**] 蚊子 *I've got two mosquito bites on my leg.* 我的腿被蚊子叮了两口。

most[1] /məʊst; 美 moʊst/ [形容词] **1** 最多的 *Who has the most pencils?* 谁的铅笔最多? **2** 大多数, 大部分 *Most children like animals.* 大多数孩子喜欢动物。

most[2] /məʊst; 美 moʊst/ [代词] **1** 最大量, 最多数 *Who ate the most?* 谁吃得最多? **2** 大多数, 大部分 *Most of the children love ice cream.* 大多数孩子喜欢吃冰淇淋。

most[3] /məʊst; 美 moʊst/ [副词] **1** [用以构成形容词或副词的最高级] 最 *This is the most beautiful butterfly I've ever seen.* 这是我见过的最美的蝴蝶。 **2** 最(大程度地) *What do you like most?* 你最喜欢什么? ☞ [反] **least** 最(小程度地)

moth /mɒθ; 美 mɔːθ/ [名词] 蛾 *Moths were flying round the lamp.* 蛾在围着灯飞舞。

mother /ˈmʌðə; 美 -ər/ [名词] 母亲，妈妈 *My mother works in a bank.* 我母亲在银行工作。

motorbike /ˈməʊtəbaɪk; 美 ˈmoʊtər-/ [名词] 摩托车 *He's old enough to ride a motorbike.* 他已经到了骑摩托车的年龄。

motorcycle /ˈməʊtəˌsaɪkl; 美 ˈmoʊtər-/ [名词] [正式] 摩托车 *My uncle goes to work on a motorcycle.* 我叔叔骑摩托车去上班。

motorway /ˈməʊtəweɪ; 美 ˈmoʊtər-/ [名词] 高速公路 *We took the motorway from London to Birmingham.* 我们从伦敦去伯明翰走的是高速公路。 ☞ 美国英语用 **expressway** 或 **freeway**。

mountain /ˈmaʊntɪn; 美 -tn/ [名词] 山 *Which is the highest mountain in the world?* 哪座山是世界上最高的山？

mouse /maʊs/ [名词] [复数 **mice** /maɪs/] **1** 老鼠 *Some mice live in people's houses and some mice live out in the fields.* 有些老鼠生活在人们的家里，有些生活在外面的田野里。 **2** 鼠标(器) *Do you use your right hand or left hand to operate the mouse?* 你操作鼠标用右手还是用左手？

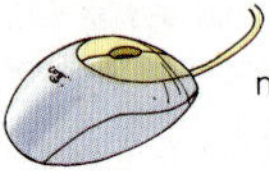

moustache /məˈstɑːʃ; 美 ˈmʌstæʃ/ [名词] 小胡子 *The man has a moustache.* 那个人留着小胡子。

mouth /maʊθ/ [名词] 嘴 *Her mouth was full of chocolate.* 她满嘴都是巧克力。

M

move /muːv/ [动词] **1** 移动；搬动 *Let's move the desk into my bedroom.* 我们把书桌搬进我的卧室吧。◇ *I can't move my legs.* 我的双腿动不了了。**2** 搬家；迁居 *We moved house last week.* 我们上星期搬家了。

movie /ˈmuːvi/ [名词] **1** 电影 *Shall we go and see a movie?* 我们去看电影好吗？◇ *When I grow up, I want to be a movie star.* 我长大后想当一名电影明星。☞ 美国英语用**movie**，英国英语用**film**。**2 the movies** [复数] 电影院 *Let's go to the movies.* 我们去看电影吧。☞ 美国英语用 **movies**，英国英语用 **cinema**。

Mr /ˈmɪstə; 美 -ər/ [用在男子姓名之前] 先生 *This is Mr Brown.* 这是布朗先生。

Mrs /ˈmɪsɪz/ [用在已婚女子姓名之前] 夫人，太太 *This is Mrs Brown.* 这是布朗太太。

Ms /mɪz/ [用在已婚或未婚女子姓名之前] 女士 *This is Ms Smith.* 这是史密斯女士。

much[1] /mʌtʃ/ [形容词] [与不可数名词连用，主要用于疑问句或否定句] 许多的；大量的 *I don't have much homework tonight.* 我今晚作业不多。◇ *'Have you got much rice?' 'Yes, I have plenty.'* '你的饭够吗？''够了，我吃了很多。' ☞ 参见 **many** '许多的'。

how much 多少 *How much is it?* 这个多少钱？◇ *How much money have you got?* 你有多少钱？

much[2] /mʌtʃ/ [副词] 非常，很 *Henry doesn't like apple juice very much.* 亨利不大喜欢喝苹果汁。

mud /mʌd/ [名词] [无复数] 泥 *After our walk in the woods, our boots were covered with mud.* 我们在树林里散完步后靴子上沾满了泥。

mug /mʌg/ [名词] (圆筒形有柄的)大杯子 *There is a coffee mug on the table.* 桌子上有一个咖啡杯。

multiply /ˈmʌltɪplaɪ/ [动词] [现在分词 **multiplying**，过去式和过去分词 **mutiplied**] 乘，使相乘 *If you multiply three by two, you get six.* 3 乘 2 得 6。☞ 参见 **times** '乘'。

mum /mʌm/ [名词] [非正式] 妈妈 *Mum, please can I go out to play?* 妈，我可以出去玩吗？

mummy /ˈmʌmi/ [名词] [复数 **mummies**] [非正式] 妈妈 [多用于儿语] *Mummy and daddy will be back soon.* 妈妈和爸爸很快就会回来。

muscle /ˈmʌsl/ [名词] 肌肉 *These exercises are good for your muscles.* 这些锻炼有益于肌肉健康。

museum /mjuˈziːəm/ [名词] 博物馆 *Have you been to the Science Museum in London?* 你去过伦敦科学

M

博物馆吗？

mushroom /ˈmʌʃrʊm; 美 -ruːm/ [名词] 蘑菇 *Some mushrooms are poisonous.* 有些蘑菇有毒。

music /ˈmjuːzɪk/ [名词] [无复数] 音乐 *What kind of music do you like?* 你喜欢什么样的音乐？◇ *I love listening to music.* 我喜欢听音乐。

musical /ˈmjuːzɪkl/ [形容词] 音乐的 *This shop sells musical instruments.* 这家商店出售乐器。

musical instrument /ˌmjuːzɪkl ˈɪnstrəmənt/ [又作**instrument**] [名词] 乐器 *Can you play a musical instrument?* 你会弹奏乐器吗？

musical instruments 乐器

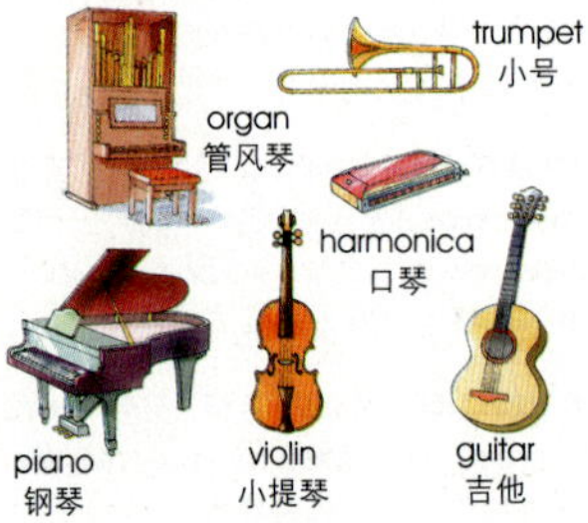

must /强 mʌst; 弱 məst/ [情态动词] 必须 *I must go now.* 我现在必须走了。

mustn't /ˈmʌsnt/ [**must not** 的缩略] [情态动词] 不得，不准 *You mustn't be late for school.* 上学不准迟到。

my /maɪ/ [形容词] [**I** 的所有格] 我的 *Has anyone seen my keys?* 有人看见我的钥匙吗？◇ *My favourite colour is blue.* 我最喜欢的颜色是蓝色。

myself /maɪˈself/ [代词] [**I** 的反身代词] 我自己 *I can look after myself.* 我能照顾自己。

mysterious /mɪˈstɪəriəs; 美 -ˈstɪr-/ [形容词] 神秘的；不可思议的 *We heard a mysterious sound.* 我们听到一种神秘的声音。

mystery /ˈmɪstri/ [名词] 神秘的事物；谜 *It's a mystery to me.* 这对我来说是个谜。

M

N n

nag /næg/ [动词] [现在分词**nagging**，过去式和过去分词 **nagged**] 唠叨 *My parents are always nagging me to work harder.* 我父母总是唠叨，要我加倍用功。

nail /neɪl/ [名词] **1** 指甲 *I like to keep my nails short.* 我喜欢把指甲留得短短的。 **2** 钉子 *Dad needs some nails to repair the chair.* 爸爸需要几个钉子来修理椅子。

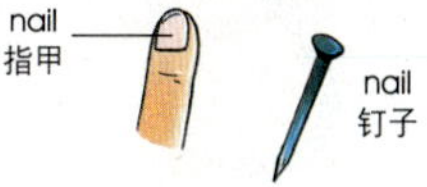

naked /'neɪkɪd/ [形容词] 裸体的 *The baby was crawling around naked.* 宝宝光着身子到处爬。

name[1] /neɪm/ [名词] 名字；姓名；名称 *'What's your name?' 'My name's Henry.'* ‘你叫什么名字？’‘我叫亨利。’◇ *Do you know the name of this flower?* 你知道这种花的名字吗？ ☞ 表示‘名’，用 **first name** 或 **given name**；表示‘姓’，用 **family name**，**last name** 或 **surname** /'sɜːneɪm; 美 'sɜːr-/。

name[2] /neɪm/ [动词] **1** 取名；命名 *They named the baby Ann.* 他们给宝宝取名叫安。**2** 说出…的名字 *Can you name three American presidents?* 你能说出三位美国总统的名字吗？

nap /næp/ [名词] (白天的)小睡，瞌睡 *He always has a nap in the afternoon.* 他总会在下午睡一小觉。

napkin /'næpkɪn/ [名词] 餐巾 *Paul wiped his mouth with a paper napkin.* 保罗用餐巾纸擦了擦嘴。

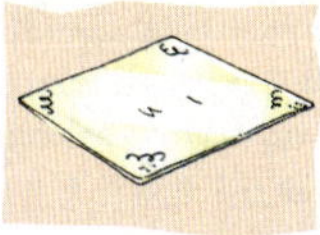

nappy /'næpi/ [名词] [复数**nappies**] 尿布 *The mother changed the baby's nappy.* 母亲给宝宝换了块尿布。

narrow /'nærəʊ; 美 -oʊ/ [形容词] 窄的，狭窄的 *The road was too narrow and the lorry had to go back.* 那条路太窄，货车只好倒了回去。 ☞ [反] **wide**，**broad** 宽的，宽阔的

nasty /'nɑːsti; 美 'næsti/ [形容词] [比较级 **nastier**，最高级 **nastiest**] **1** 令人厌恶的 *This coffee has a nasty taste.* 这种咖啡非常难喝。**2** 凶恶的 *Don't be so nasty to your brother.* 别对你弟弟这么凶。

nation /'neɪʃn/ [名词] **1** 国家 *All nations in the world should be equal.* 世界上所有国家都应该平等。**2** 民族 *The Chinese nation is a great nation.* 中华民族是一个伟大的民族。

N

national /'næʃnəl/ [形容词] 国家的，全国性的 *Next Monday is a national holiday.* 下星期一是全国假日。

nationality /ˌnæʃə'næləti/ [名词] [复数 **nationalities**] 国籍 *What is your nationality?* 你是什么国籍？◇ *He has British nationality.* 他有英国国籍。

natural /'nætʃrəl/ [形容词] [只用于名词前] 自然的，天然的 *Butter is a natural food.* 黄油是一种天然食品。

nature /'neɪtʃə; 美 -ər/ [名词] [无复数] 大自然 *The smoke from cars and trucks is very harmful to nature.* 小汽车和卡车排出来的烟对大自然非常有害。

naughty /'nɔːti/ [形容词] [比较级 **naughtier**，最高级 **naughtiest**] [尤用于英国英语] (指孩子) 调皮的，淘气的 *He's the naughtiest child in the class.* 他是班上最调皮的孩子。

near[1] /nɪə; 美 nɪr/ [形容词] 近的 *Let's walk to the shop. It's quite near.* 我们走着去商店吧，离这儿很近。◇ *Where's the nearest bank?* 最近的银行在哪里？
☞ [反] **far**[2] 远的

near[2] /nɪə; 美 nɪr/ [副词] 在附近 *A bomb exploded somewhere near.* 附近有颗炸弹爆炸了。

near[3] /nɪə; 美 nɪr/ [介词] 接近 *Do you live near here?* 你住的地方离这儿近吗？

nearly /'nɪəli; 美 'nɪrli/ [副词] 几乎，差不多，将近 *It's nearly six o'clock.* 快6点了。◇ *The little boy nearly fell into the river.* 那个小男孩差点掉进河里。

neat /niːt/ [形容词] 整洁的；整齐的 *Keep your room neat and tidy.* 要保持房间整洁。

neck /nek/ [名词] 脖子 *Helen wore a scarf round her neck.* 海伦脖子上围着一条围巾。

necklace /'nekləs/ [名词] [无复数] 项链 *She was wearing a beautiful necklace.* 她戴着一条漂亮的项链。
☞ 参见 **jewellery** ‘珠宝’。

need[1] /niːd/ [动词] **1** 需要 *You don't need your coat — it's not cold.* 你不需要穿大衣，天气不冷。**2** 必须 *We don't need to get up early.* 我们不必早起。◇ *I need to go to the library to return the books.* 我得去图书馆还书。

need[2] /niːd/ [情态动词] [通常用于疑问句或否定句] 必须 *Need I pay now?* 我是不是得现在付钱？◇ *You needn't apologize.* 你不必道歉。

needle /'niːdl/ [名词] 针 *Have you*

got a needle and thread? 你有针线吗?

needn't /'niːdnt/ **need not** 的缩写 *We needn't get up early tomorrow.* 我们明天不必早起。

neighbour /'neɪbə; 美 -ər/ [名词] 邻居 *All our friends and neighbours are coming to the party.* 我们所有的朋友和邻居都会来参加聚会。☞ 美国英语拼写为 **neighbor**。

neither[1] /'naɪðə; 美 'niːðər/ [形容词] (两者)都不的 *Neither answer is correct.* 两个答案都不对。

neither[2] /'naɪðə; 美 'niːðər/ [代词] (两者)都不 *'Would you like tea or coffee?' 'Neither, thank you. I'm not thirsty.'* '你想喝茶还是喝咖啡?''都不想喝，谢谢。我不渴。' ◇ *Neither of the children liked the film.* 两个孩子都不喜欢那部电影。

neither[3] /'naɪðə; 美 'niːðər/ [副词] 也不 *'I don't like fish.' 'Neither do I.'* '我不喜欢吃鱼。''我也不喜欢。' **neither...nor** 既不…也不… *Neither Paul nor I went to the party.* 保罗和我都没去参加聚会。◇ *He can neither swim nor ride a bicycle.* 他既不会游泳，也不会骑自行车。

nephew /'nefjuː/ [名词] 侄子；外甥 *My dad's brother Jack is my uncle and my brother and I are Uncle Jack's nephews.* 我爸爸的弟弟杰克是我的叔叔，我和我弟弟是杰克叔叔的侄子。

nervous /'nɜːvəs; 美 'nɜːr-/ [形容词] 紧张的 *People are usually nervous when they take exams.* 人们考试时通常会感到紧张。

nest /nest/ [名词] 鸟巢，鸟窝 *The young birds are still in their nest.* 小鸟仍在鸟巢里。

net /net/ [名词] 网 *They catch fish in nets.* 他们用网捕鱼。

never /'nevə; 美 -ər/ [副词] 从未；永不 *I've never been abroad.* 我从未出过国。◇ *You never help me.* 你从来不帮我。

new /njuː; 美 nuː/ [形容词] 新的 *'Give me the box, please.' 'Which one? The new one or the old one?'* '请把盒子给我。''哪一个？新的还是旧的？' ☞ [反] **old** 旧的

news /njuːz; 美 nuːz/ [名词] [无复数] 消息；新闻 *Henry's just told me an interesting piece of news.* 亨利刚告诉我一条有趣的新闻。◇ *That's great news.* 那是个好消息。

N

N

newspaper /'nju:zˌpeɪpə; 美 'nu:zˌpeɪpər/ [名词] 报纸 *I read about it in the newspaper.* 我在报纸上看到了有关报道。☞ [同] **paper** 报纸

new year /ˌnju: 'jɪə; 美 ˌnu: 'jɪr/ [又作 **New Year**] [名词] [用作单数] 新年，元旦 *Happy New Year!* 新年快乐！◇ *I'll see you in the new year.* 我们新年见。☞ 在西方人眼中，**New Year** 指公历或阳历新年；在中国人眼中，'新年'既指公历或阳历新年，也指中国农历或阴历新年。指'中国农历或阴历新年'，一般用 **Chinese New Year**。

next[1] /nekst/ [形容词] 下一个的 *Turn to the next page.* 翻到下一页。◇ *See you next week!* 下周见！

next[2] /nekst/ [副词] 然后；后来 *I'll do my English homework first, and next my maths.* 我先做英语作业，然后再做数学作业。

next to /'nekst tə/ [介词] 紧挨着；在…旁边 *Henry sat next to Peter on the sofa.* 亨利挨着彼得坐在沙发上。

nice /naɪs/ [形容词] **1** 令人愉快的，美好的 *Nice to meet you!* 很高兴认识你！◇ *Did you have a nice time?* 你玩得开心吗？◇ *It's such a nice day, why not go for a swim?* 今天天气这么好，为什么不去游泳呢？**2** 好心的，友善的 *She's a nice girl.* 她是个好姑娘。

nickname /'nɪkneɪm/ [名词] 绰号 *John's nickname is 'Tiny' because he is very small.* 约翰的绰号叫'小不点儿'，因为他个子矮小。

niece /ni:s/ [名词] 侄女；外甥女 *My dad's sister Kelly is my aunt and my sister and I are Aunt Kelly's nieces.* 我爸爸的妹妹凯莉是我的姑姑，我和我妹妹是凯莉姑姑的侄女。

night /naɪt/ [名词] **1** 夜，夜晚 *The baby cried all night.* 宝宝哭了一整夜。**2** 晚上 *Let's go out on Saturday night.* 我们星期六晚上出去吧。

good night 晚安 *Good night. See you tomorrow.* 晚安，明天见。☞ 在非正式场合说'晚安'，也可以只用 **Night**，如：Night! Sleep well.（晚安！睡个好觉。）

last night 昨晚 *I went to bed early last night.* 我昨晚很早就上床睡觉了。

nightmare /'naɪtmeə; 美 -mer/ [名词] 恶梦 *I had a terrible nightmare last night.* 我昨晚做了一个可怕的恶梦。

nine /naɪn/ [数词] 九 *Three times three is nine.* 3乘3得9。☞ 参见 **five** 的示例。

nineteen /ˌnaɪn'ti:n/ [数词] 十九 *Ten and nine make nineteen.* 10加9等于19。☞ 参见 **five** 的示例。

ninety /'naɪnti/ [数词] 九十 *Nine times ten is ninety.* 9乘10得90。☞ 参见

fifty 的示例。

ninth /naɪnθ/ [数词] 第九 *Today is the ninth of August.* 今天是8月9日。☞ 参见 **fifth** 的示例。

no[1] /nəʊ; 美 noʊ/ [形容词] **1** 没有 *I have no money.* 我没有钱。**2** 不准，禁止 *No smoking.* 禁止吸烟。◇ *No parking.* 禁止停车。

NO SMOKING
禁止吸烟

NO PARKING
禁止停车

no[2] /nəʊ; 美 noʊ/ [感叹词] [用以表示否定的回答] 不，不是 *Just say yes or no.* 只需说是或不是。◇ *'Would you like something to eat?' 'No, thank you.'* '你想不想吃点儿东西？' '不，谢谢。' ☞ [反] **yes** [用以表示肯定的回答] 是，是的

nobody /ˈnəʊbədi; 美 ˈnoʊ-/ [代词] 没有人 *There was nobody in the house.* 房子里没有人。☞ = **no one**

nod /nɒd; 美 nɑːd/ [动词] [现在分词 **nodding**，过去式和过去分词 **nodded**] 点头 *He nodded when I asked if he liked the film.* 当我问他是否喜欢这部电影时，他点了点头。

noise /nɔɪz/ [名词] 声音；喧闹声 *Don't make a noise. The baby's asleep.* 别出声，宝宝在睡觉。

noisy /ˈnɔɪzi/ [形容词] [比较级 **noisier**，最高级 **noisiest**] 吵闹的 *Don't be so noisy! The baby's asleep.* 别这么吵闹！宝宝在睡觉。

none /nʌn/ [代词] 一个也没有；毫无 *'How many mistakes did you make?' 'None.'* '你出了几个错？' '一个也没有。' ◇ *None of the children know the answer.* 没有一个孩子知道答案。

nonsense /ˈnɒnsns; 美 ˈnɑːnsens/ [名词] [无复数] 胡说；废话 *You're talking nonsense.* 你胡说八道。

noodle /ˈnuːdl/ [名词] 面条 *Have some more noodles.* 再吃点儿面条吧。

noon /nuːn/ [名词] [无复数] 中午，正午 *They arrived at noon.* 他们是中午到的。

no one /ˈnəʊ wʌn; 美 ˈnoʊ wʌn/ [又作 **nobody**] [代词] 没有人 *No one was at home.* 没有人在家。

normal /ˈnɔːml; 美 ˈnɔːr-/ [形容词] 正常的；平常的 *Her temperature is normal.* 她的体温正常。

north /nɔːθ; 美 nɔːrθ/ [名词] [用作单数，常与 **the** 连用] 北，北方 *They live in the north.* 他们住在北方。◇ *Which way is north?* 哪个方向是北？

nose /nəʊz; 美 noʊz/ [名词] 鼻子 *His nose is bleeding.* 他的鼻子在流血。

N

not /nɒt; 美 nɑːt/ [副词] 不；没有 *It's red, not pink.* 那是红色的，不是粉红色的。◇ *Henry is not here today. He's ill.* 亨利今天没有来，他病了。

note /nəʊt; 美 noʊt/ [名词] **1** 笔记，记录 *Can I borrow your notes?* 我可以借一下你的笔记吗？◇ *Please make a note of my new address.* 请把我的新地址记下来。**2** 便条 *If Paul's not at home we'll leave a note for him.* 如果保罗不在家，我们就给他留个便条。**3** 纸币 *I changed a five-dollar note for five one-dollar notes.* 我把1张5元的纸币换成了5张1元的纸币。

notebook /ˈnəʊtbʊk; 美 ˈnoʊt-/ [名词] **1** 笔记本 *'Open your notebooks and write down what I tell you,' said the teacher.* '打开你们的笔记本，记下我对你们说的话，'老师说。**2** [又作 **notebook computer**] 笔记本电脑 *Do you have a notebook computer?* 你有笔记本电脑吗？

nothing /ˈnʌθɪŋ/ [代词] 什么也没有 *There is nothing in this box — it's empty.* 这个箱子里面什么也没有，是空的。

notice /ˈnəʊtɪs; 美 ˈnoʊtəs/ [动词] 注意到，看到 *I noticed that the door was open.* 我注意到门是开着的。◇ *Sorry, I didn't notice you.* 对不起，我没看见你。

November /nəʊˈvembə; 美 noʊˈvembər/ [名词] 十一月 *He's going to Germany in November.* 他打算11月去德国。☞ ① 参见**August**的示例。② **Nov** 是 **November** 的缩写。

now /naʊ/ [副词] 现在 *We can't go for a walk now — it's raining.* 我们现在不能去散步，下雨了。

number /ˈnʌmbə; 美 -ər/ [名词] **1** 数，数字 *Choose a number between ten and twenty.* 在10与20之间选一个数字。**2** 号码 *What's your phone number?* 你的电话号码是多少？

nurse /nɜːs; 美 nɜːrs/ [名词] 护士 *She wants to be a nurse when she grows up.* 她长大后想当护士。

nursery /ˈnɜːsəri; 美 ˈnɜːr-/ [名词] [复数 **nurseries**] 托儿所 *Does your son go to nursery?* 你儿子上托儿所了吗？

nursery school /ˈnɜːsəri skuːl; 美 ˈnɜːr-/ [名词] 幼儿园 *My little brother goes to nursery school.* 我弟弟上幼儿园。

nut /nʌt/ [名词] 坚果(如胡桃、栗子等) *Do you like nuts?* 你喜欢吃坚果吗?

O o

oar /ɔː; 美 ɔːr/ [名词] 桨 *He pulled hard on the oars.* 他拼命地划桨。

obey /ə'beɪ; 美 oʊ-/ [动词] 服从；听从 *You should obey your teacher.* 你应该听老师的话。

object /'ɒbdʒekt; 美 'ɑːb-/ [名词] 实物，物体 *What is that big red object over there?* 那边那个红色的大东西是什么？

observe /əb'zɜːv; 美 -'zɜːrv/ [动词] 观察 *Children can learn to do things by observing other people.* 孩子们能通过观察别人学着做事情。

obtain /əb'teɪn/ [动词] [正式] 获得，得到 *I haven't been able to obtain the book that you wanted.* 我一直没能买到你想要的那本书。

obvious /'ɒbviəs; 美 'ɑːb-/ [形容词] 显然的；明显的 *It is obvious that he is wrong.* 显然他错了。

ocean /'əʊʃn; 美 'oʊ-/ [名词] 海洋，大海 *Our house is right beside the ocean.* 我们家就在海边。

o'clock /ə'klɒk; 美 ə'klɑːk/ [副词] …点钟 *'What time is it?' 'It's four o'clock.'* '现在几点？' '4点。' ☞ **o'clock** 只用于完整的一个小时，又如 **three o'clock**。但说 '3点半'，要用 *half past three*。

October /ɒk'təʊbə; 美 ɑːk'toʊbər/ [名词] 十月 *Tomorrow is the first of October.* 明天是10月1日。☞ ① 参见 **August** 的示例。② **Oct** 是 **October** 的缩写。

odd /ɒd; 美 ɑːd/ [形容词] **1** 奇怪的，古怪的 *Her father is an odd man.* 她父亲是个古怪的人。 **2** 奇数的，单数的 *One, three, five and seven are all odd numbers.* 1，3，5，7 都是奇数。 ☞ [反] **even** 偶数的，双数的

of / 强 ɒv; 美 ʌv; 弱 əv/ [介词] **1** (属于)…的 *He's a friend of mine.* 他是我的一位朋友。 **2** (关于)…的 *I've never heard of it.* 我从来没有听说过这件事。 **3** [表示数量] *I ate two pieces of chocolate.* 我吃了两块巧克力。 **4** [表示种类] *I like all kinds of music.* 我喜欢各种各样的音乐。**5** [表示包含某物] *This bag of rice is very heavy.* 这袋大米很沉。**6** [表示日期] *My birthday is on the sixteenth of May.* 我的生日是5月16日。

off[1] /ɒf; 美 ɔːf/ [副词] **1** 离开 *I called him but he ran off.* 我喊他，可他跑开

了。**2** 脱掉 *Take off your shoes.* 把鞋脱掉。**3**（机器、电灯等）不运转的；关上的 *Turn off the light.* 关灯。◇ *The TV is off.* 电视是关着的。☞ [反] **on**[1]（机器、电灯等）运转着的；开着的

off[2] /ɒf; 美 ɔːf/ [介词] 从…离开；从…向下 *Henry fell off his bicycle.* 亨利从自行车上摔了下来。◇ *We get off the bus at the next stop.* 我们在下一站下车。

offer /ˈɒfə; 美 ˈɔːfər/ [动词] **1** 提供 *Henry offered his seat on the bus to an old lady.* 亨利在公共汽车上把自己的座位让给了一位老太太。**2** 表示愿意（做某事）*Our neighbour offered to drive us to school.* 我们的邻居主动提出开车送我们上学。

office /ˈɒfɪs; 美 ˈɑːfəs/ [名词] 办公室 *My mother's office is on the second floor.* 我母亲的办公室在二层。

often /ˈɒfn; 美 ˈɔːfn/ [副词] 经常 *We often go swimming at the weekend.* 我们经常周末去游泳。

how often 每隔多久 [用于询问某事发生的次数] *How often do you wash your hair?* 你每隔多久洗一次头？

oh /əʊ; 美 oʊ/ [感叹词] [表示惊讶、恐惧等] 啊，哎呀 *Is that for me? Oh, you're so kind!* 那是给我的吗？哎呀，你真好！◇ *Oh no! I've forgotten to do my homework.* 哎呀！我忘了做作业。◇ *Oh dear! It's raining.* 哎呀！下雨了。

oil /ɔɪl/ [名词] [无复数] **1**（动物或植物）油 *My parents cook everything in vegetable oil.* 我父母烧什么菜都用菜子油。**2**（用作燃料等的）油 *Put some oil in the car.* 给汽车加点儿油。

OK[1] /ˌəʊˈkeɪ; 美 ˌoʊ-/ [又作 **okay**] [形容词] [非正式]（身体状况）好的 *'How's your mother?' 'She's OK.'* '你母亲好吗？' '她很好。'

OK[2] /ˌəʊˈkeɪ; 美 ˌoʊ-/ [感叹词] [非正式] 行，好，可以 *'Shall we go for a walk?' 'OK.'* '我们去散步好吗？' '好。'

old /əʊld; 美 oʊld/ [形容词] **1** 老的；年老的 *Old people sometimes find it difficult to hear.* 老年人有时听力有困难。☞ [反] **young** 年幼的；年轻的 **2** …岁的 *'How old are you?' 'I'm ten.'* '你几岁了？' '我10岁了。' **3** 旧的 *They sold my old bicycle and bought me a new one.* 他们把我的旧自行车卖掉，给我买了辆新的。☞ [反] **new** 新的

on[1] /ɒn; 美 ɑːn/ [副词] **1** 向前；（继续）下去 *Go on!* 往前走！（或：说下去！）**2** 穿上；戴上 *Put your coat on.* 穿上外套。◇ *I didn't have my glasses on.* 我没戴眼镜。**3**（机器、电灯等）运转着的；开着的 *The washing machine's still on.* 洗衣机还在转呢。◇ *Do you want the TV on?* 你想让电视开着吗？☞ [反] **off**[1]（机器、电灯等）不运转的；关上的

O

on² /ɒn; 美 ɑːn/ [介词] **1** 在…上 *Your pen is on your desk.* 你的钢笔在你的书桌上。◇ *We sat on the grass.* 我们坐在草地上。 **2** 在…的时候 [用于表示日期或星期几] *Her birthday is on 15th March.* 她的生日是在3月15日。◇ *I'll see you on Saturday.* 我们星期六见。 **3** 关于 *Henry loves reading books on animals.* 亨利喜欢看关于动物的书。 ☞ [同] **about¹** 关于

once /wʌns/ [副词] **1** 一次 *I've only been there once.* 我只去过那里一次。◇ *They go there once a week.* 他们每周去那里一次。 **2** 曾经；从前 *This book was famous once, but nobody reads it today.* 这本书从前很出名，但现在没人读了。

at once 立刻，马上 *Come here at once!* 立刻到这里来！ ☞ [同] **immediately** 立即，马上

once upon a time 从前 [用于儿童故事的开头] *Once upon a time there was a beautiful princess...* 从前有个美丽的公主…

one¹ /wʌn/ [数词] 一 *I have one brother and two sisters.* 我有一个弟弟两个妹妹。

one² /wʌn/ [代词] 一个 *'Give me the glass, please.' 'Which one? The full one or the empty one?'* '请把玻璃杯给我。''哪一个？满的那一个还是空的那一个？'

one another /ˌwʌn əˈnʌðə; 美 -ər/ [代词] 彼此，相互 *They all shook hands with one another.* 他们都彼此握手。 ☞ 参见 **each other** '彼此，相互'。

onion /ˈʌnjən/ [名词] 洋葱 *Do you like onions?* 你喜欢吃洋葱吗？

only¹ /ˈəʊnli; 美 ˈoʊn-/ [形容词] [只用于名词前] 惟一的，仅有的 *She is the only girl in her family.* 她是家里惟一的女孩。

only² /ˈəʊnli; 美 ˈoʊn-/ [副词] 只有；仅仅；才 *She only likes pop music.* 她只喜欢流行音乐。◇ *There are only a few biscuits left.* 只剩下几块饼干了。

open¹ /ˈəʊpən; 美 ˈoʊ-/ [形容词] **1** 开着的 *Don't leave the door open.* 不要让门开着。◇ *The windows are open.* 窗子都开着呢。 ☞ [反] **closed** 关着的 **2** 开门的；营业的 *When are the shops open?* 商店什么时候开门？◇ *Is the school open yet?* 学校开学了吗？ ☞ [反] **closed** 关门的；停止营业的

open² /ˈəʊpən; 美 ˈoʊ-/ [动词] **1** 开；打开；张开；睁开 *At that moment the door opened.* 就在那时门开了。◇ *Open your mouth.* 张开(你的)嘴。 ☞ [反] **close¹**，**shut** 关上；闭上；合上 **2** 开门；营业 *The shop opens at nine o'clock.* 商店9点开门。 ☞ [反] **close¹**，**shut** 关门；停止营业

operation /ˌɒpəˈreɪʃn; 美 ˌɑːp-/ [名词] 手术 *She needs an operation on her stomach.* 她的胃部需要动手术。

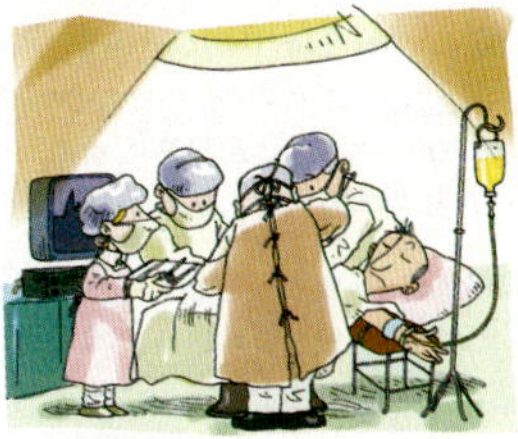

opposite[1] /ˈɒpəzɪt; 美 ˈɑːp-/ [形容词] 对面的 *I saw Henry on the opposite side of the road.* 我看见亨利在马路的对面。

opposite[2] /ˈɒpəzɪt; 美 ˈɑːp-/ [名词] 反义词 *Good and bad are opposites.* 好和坏是反义词。◇ *What is the opposite of heavy?* 重的反义词是什么？

opposite[3] /ˈɒpəzɪt; 美 ˈɑːp-/ [介词] 在…对面 *The bank is opposite the supermarket.* 银行在超市对面。

or /ɔː; 美 ɔːr/ [连词] **1** [表示选择] 或，或者；还是 *You can have lamb, beef or fish.* 你可以吃羔羊肉、牛肉或鱼肉。◇ *Are you coming or not?* 你来还是不来？◇ *Do you want to go to a restaurant or would you prefer to eat at home?* 你想去餐馆吃还是宁愿在家里吃？ **2** [用于否定句] 也不 *My little sister can't read or write.* 我的小妹妹不会看书写字。

orange[1] /ˈɒrɪndʒ; 美 ˈɔːr-/ [名词] 橙子；橘子 *Oranges are my favourite fruit.* 橙子是我最喜欢吃的水果。◇ *Who would like some orange juice?* 谁想喝橙汁？

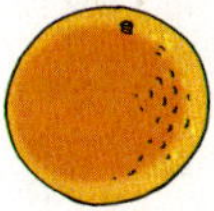

orange[2] /ˈɒrɪndʒ; 美 ˈɔːr-/ [形容词] 橙色的 *Helen is wearing an orange dress.* 海伦穿着一件橙色连衣裙。

orchestra /ˈɔːkɪstrə; 美 ˈɔːr-/ [名词] 管弦乐队 *Paul plays the violin in our school orchestra.* 保罗在我们校管弦乐队拉小提琴。

order[1] /ˈɔːdə; 美 ˈɔːrdər/ [名词] [用作单数] 次序，顺序 *The words in a dictionary are in alphabetical order.* 词典中的词是按字母顺序排列的。

order[2] /ˈɔːdə; 美 ˈɔːrdər/ [动词] **1** 命令 *I'm not asking you to do your homework. I'm ordering you!* 我不是在请求你做作业，我是在命令你！ **2** 点（饭菜等）*I ordered a hamburger and Peter ordered a pizza.* 我点了一个汉堡包，彼得点了一个比萨饼。

ordinary /ˈɔːdnri; 美 ˈɔːrdneri/ [形容词] 普通的，平常的 *I thought they were very ordinary people.* 我觉得他们都是非常普通的人。

organ /ˈɔːgən; 美 ˈɔːr-/ [名词] **1** 器官 *The disease spread to her other organs.* 疾病扩散到了她的其他器官。 **2** 管风琴 *Who can play the organ?* 谁

会弹管风琴?

organize /ˈɔːgənaɪz; 美 ˈɔːr-/ [又作 **organise**] [动词] 组织; 安排 *Our teacher has organized a trip to the zoo.* 我们老师已经组织过一次动物园之旅。

ostrich /ˈɒstrɪtʃ; 美 ˈɑː-/ [名词] [复数 **ostriches**] 鸵鸟 *The ostrich cannot fly, but it can run very fast.* 鸵鸟不会飞, 但跑得很快。

other[1] /ˈʌðə; 美 ˈʌðər/ [形容词] **1** 另外的, 其他的 *I don't like any other kind of music — only pop music.* 我不喜欢其他音乐, 只喜欢流行音乐。 **2** (两个中)另一的 *I've lost the other glove!* 我把另一只手套弄丢了!

other[2] /ˈʌðə; 美 ˈʌðər/ [代词] 另外的人(或物), 其他的人(或物) *Why don't you go and play in the garden with the others?* 你为什么不跟其他人一起去花园里玩?

ought /ɔːt/ [情态动词] [与**to**连用] 应该 *You ought to work harder at school.* 你在学校应该更加用功。

our /ˈaʊə; 美 ˈaʊr/ [形容词] [**we**的所有格] 我们的 *We all like our teacher; she's very friendly.* 我们都喜欢我们的老师, 她非常友好。

ours /ˈaʊəz; 美 ˈaurz/ [代词] [**we** 的物主代词] 我们的(东西) *His house is bigger than ours.* 他的房子比我们的大。

ourselves /aʊəˈselvz; 美 aʊr-/ [代词] [**we**的反身代词] 我们自己 *We could see ourselves in the mirror.* 我们可以在镜子里看到自己。◇ *We did it ourselves, without anyone's help.* 我们是自己干的, 没有别人帮忙。

out /aʊt/ [副词] **1** 出去 *Oh look — the sun's come out.* 瞧, 太阳出来了。 ☞ [反] **in**[1] 进入 **2** 不在家 *My mother's out — would you like to leave a message?* 我母亲不在家, 你要留口信吗? ☞ [反] **in**[1] 在家

outdoors /ˌaʊtˈdɔːz; 美 -ˈdɔːrz/ [副词] 在室外, 在户外 *We're not allowed to play outdoors when it's raining.* 下雨时我们不准在户外玩。☞ [反] **indoors** 在室内, 在屋里

outing /ˈaʊtɪŋ/ [名词] (尤指一群人的)短途旅游, 远足 *We're going for an outing tomorrow.* 我们明天去远足。

outside[1] /ˌaʊtˈsaɪd/ [副词] 在外面 *Please wait outside for a few minutes.*

请在外面等几分钟。☞ [反] inside²在里面

outside² /ˌaʊtˈsaɪd/ [介词] 在…外面 *Leave your empty bottles outside your door.* 把空瓶放在门外。☞ [反] inside¹ 在…里面

oval /ˈəʊvl; 美 ˈoʊ-/ [形容词] 卵形的；椭圆形的 *She has an oval face.* 她长着一副瓜子脸。

oven /ˈʌvn/ [名词] 烤箱；烤炉 *Take the cake out of the oven.* 把蛋糕从烤箱里取出来。

over¹ /ˈəʊvə; 美 ˈoʊvər/ [副词] **1** (越)过 *I went over and asked her name.* 我走过去问她的名字。**2** (倒)下 *I slipped and fell over.* 我滑了一跤摔倒了。**3** 结束 *I'm glad the exams are over.* 我很高兴，考试结束了。

over² /ˈəʊvə; 美 ˈoʊvər/ [介词] **1** 在…上面 *She put a blanket over the sleeping child.* 她在睡着的孩子身上盖了一条毯子。☞ [反] under 在…下面 **2** 越过 *Henry climbed over the wall.* 亨利爬过那堵墙。**3** (在数目、程度方面)超过，在…以上 *He's over sixty.* 他六十多岁了。☞ [反] under 少于，低于

overtake /ˌəʊvəˈteɪk; 美 ˌoʊvər-/ [动词] [过去式 **overtook** /ˌəʊvəˈtʊk; 美 ˌoʊvər-/，过去分词 **overtaken** /ˌəʊvəˈteɪkən; 美 ˌoʊvər-/] 超过 *A police car overtook us.* 一辆警车超过了我们。

overseas /ˌəʊvəˈsiːz; 美 ˌoʊvər-/ [副词] 在海外，在国外 *My dad is working overseas.* 我爸爸在国外工作。

owe /əʊ; 美 oʊ/ [动词] 欠 *How much do I owe you?* 我欠你多少钱？

owl /aʊl/ [名词] 猫头鹰 *An owl can see in the dark.* 猫头鹰在黑暗中能看见东西。

own /əʊn; 美 oʊn/ [形容词] 自己的 *I have my own bedroom.* 我有自己的卧室。

on your own **1** 单独地，独自地 *I don't want to go to the cinema on my own.* 我不想独自去看电影。**2** 独立地，无援地 *Did you write this story on your own?* 你是自己写的这个故事吗？

P p

P

pack /pæk/ [动词] 把…打包(或装箱等)；收拾行李 *Have you packed your toothbrush?* 你把牙刷装进行李包了吗？◇ *She went upstairs to pack.* 她上楼收拾行李去了。

package /ˈpækɪdʒ/ [名词] 包裹 *There's a large package for you on the table.* 桌子上有你一个大包裹。☞ 美国英语通常用 **package**，英国英语通常用 **parcel**。

packet /ˈpækɪt; 美 -ət/ [名词] 小包；小盒；小袋 *May I open this packet of sweets?* 我可以打开这袋糖果吗？

paddle /ˈpædl/ [动词] 涉水，蹚水 *The children paddled in the sea.* 孩子们在海边蹚着水。☞ **paddle** 用于英国英语，美国英语用 **wade**。

padlock[1] /ˈpædlɒk; 美 -lɑːk/ [名词] 挂锁，扣锁 *Henry has a padlock on his bicycle.* 亨利的自行车上有一把挂锁。

padlock[2] /ˈpædlɒk; 美 -lɑːk/ [动词] 用挂锁(或扣锁)把…锁上 *I padlocked my bicycle to a post.* 我用挂锁把自行车锁在一根柱子上。

page /peɪdʒ/ [名词] 页 *Turn to page 12.* 翻到第 12 页。◇ *The answers are on page 36.* 答案在第 36 页。

paid /peɪd/ **pay**的过去式和过去分词 *I paid £10 for the book.* 这本书我花了 10 英镑。

pain /peɪn/ [名词] 疼痛 *I've got a bad pain in my leg.* 我的腿痛得厉害。☞ 参见 **ache**[1] ‘疼痛’。

painful /'peɪnfl/ [形容词] 疼痛的 *Is your back still painful?* 你的背还痛吗?

paint¹ /peɪnt/ [名词] 油漆;涂料 *Dad bought a tin of blue paint.* 爸爸买了一罐蓝漆。

paint² /peɪnt/ [动词] **1** 油漆 *He painted the door red.* 他把门漆成了红色。

2 (用颜料)画 *She loves painting the sea.* 她喜欢画海。

paintbrush /'peɪntbrʌʃ/ [名词] [复数 **paintbrushes**] 画笔;漆刷 *Do you have a paintbrush?* 你有画笔吗?

painter /'peɪntə; 美 -ər/ [名词] **1** 油漆工 *The painters were painting the windows.* 那几个油漆工正在油漆窗户。**2** 画家 *Who's your favourite painter?* 你最喜爱的画家是谁?

painting /'peɪntɪŋ/ [名词] 油画 *Do you like this painting?* 你喜欢这幅油画吗?

pair /peə; 美 per/ [名词] **1** (由两件一起使用的相同的物品组成的)一对,一双 *I've got a new pair of shoes.* 我买了一双新鞋。**2** (由两个连在一起的部分组成的)一条,一把,一副 *I'd like to buy this pair of trousers.* 我想买这条裤子。

palace /'pæləs/ [名词] 皇宫,宫殿 *The Queen of England lives in the Buckingham Palace.* 英国女王住在白金汉宫。

pale /peɪl/ [形容词] (指人或脸色等)苍白的 *You look a bit pale — are you feeling OK?* 你的脸色有点苍白,你觉得还好吗?

palm /pɑːm; 美 pɑːlm/ [名词] **1** 手掌;掌心 *He put the insect on the palm of his hand.* 他把昆虫放在手掌心上。**2** [又作**palm tree**] 棕榈树 *A row of palms grew near the edge of the beach.* 海滩边上长着一排棕榈树。

pan /pæn/ [名词] (平底)锅 *Be careful! That pan is very hot!* 小心! 那口锅很热!

pancake /'pænkeɪk/ [名词] 薄煎饼

P

Henry likes pancakes for breakfast. 亨利早餐喜欢吃薄煎饼。

panda /'pændə/ [名词] (大)熊猫 *The panda is a rare animal.* 熊猫是稀有动物。

panic /'pænɪk/ [动词] [现在分词 **panicking**，过去式和过去分词 **panicked**] 恐慌，惊慌 *Stay calm and don't panic.* 保持镇静，不要惊慌。

pants /pænts/ [名词] [复数] **1** (男子穿的)内裤 *Where are my clean pants?* 我的干净内裤在哪里？ **2** 裤子，长裤 *I need to buy a new pair of pants.* 我需要买一条新裤子。 **pants** 在英国英语中指内裤，在美国英语中指长裤(= **trousers**)。

paper /'peɪpə; 美 -ər/ [名词] **1** [无复数] 纸 *She wrote her name and address on a piece of paper.* 她把姓名和地址写在一张纸上。**2** 报纸 *Where's today's paper?* 今天的报纸在哪里？ = **newspaper**

parcel /'pɑːsl; 美 'pɑːr-/ [名词] 包裹 *I wonder what's inside the parcel.* 我想知道包裹里面有什么。 英国英语通常用 **parcel**，美国英语通常用 **package**。

pardon[1] /'pɑːdn; 美 'pɑːrdn/ [感叹词] [口语] 对不起，请原谅 [用升调说，表示没听清楚对方的话，请他重复一遍] *Pardon? Could you say that again?* 对不起，你再说一遍好吗？ [同] **sorry**[2] 抱歉，对不起

pardon[2] /'pɑːdn; 美 'pɑːrdn/ [名词] 原谅，宽恕

I beg your pardon [口语，正式] 对不起，请原谅 *Oh, I beg your pardon, I didn't realize this was your chair.* 哎呀，对不起，我不知道这是你的椅子。

parent /'peərənt; 美 'per-/ [名词] [通常用作复数] 父亲；母亲 *My parents live in London.* 我父母住在伦敦。 指'父母'，要用 **parents**。

park[1] /pɑːk; 美 pɑːrk/ [名词] 公园 *Let's go to the park to fly our kites.* 我们去公园放风筝吧。

park[2] /pɑːk; 美 pɑːrk/ [动词] 停放(车辆)；停车 *You can't park there.* 你不

能在那里停车。

parrot /'pærət/ [名词] 鹦鹉 *The parrot imitates everything we say to it.* 我们说什么这只鹦鹉就模仿什么。

part /pɑːt; 美 pɑːrt/ [名词] **1** 部分 *Part of the building was destroyed in the fire.* 那栋楼的一部分被大火烧毁了。**2** (机器等的)零件，部件 *I need some new parts for my bicycle.* 我的自行车需要换一些新零件。**3** (戏剧、电影等中的)角色 *He played the part of a policeman in the play.* 他在剧中扮演警察这个角色。

take part (in sth) 参加(某事) *Would you like to take part in the school concert?* 你想参加学校音乐会吗?

particular /pə'tɪkjʊlə; 美 pər'tɪkjələr/ [形容词] [只用于名词前] 特别的，特殊的 *You need to pay particular attention to your spelling.* 你必须特别注意你的拼写。

partner /'pɑːtnə; 美 'pɑːrtnər/ [名词] 伙伴；舞伴 *Tell your partner what you can see in the picture.* 告诉你的伙伴你在画中看见的东西。

party /'pɑːti; 美 'pɑːrti/ [名词] [复数 **parties**] 聚会；宴会 *I'm sorry I can't come to your party.* 很抱歉，我不能来参加你的聚会了。

pass /pɑːs; 美 pæs/ [动词] **1** 经过 *We pass Henry's house on the way to school.* 我们上学经过亨利家。**2** (尤指用手)递，传给 *Could you pass me that book, please?* 请你把那本书递给我好吗? **3** 通过(考试)；及格 *Henry passed all his examinations.* 亨利所有的考试都及格了。 ☞ [反] **fail** 没有通过(考试)；不及格

passage /'pæsɪdʒ/ [名词] 通道；走廊 *The toilets are at the end of the passage on the left.* 厕所在左边走廊的尽头。☞ [同] **corridor** 走廊

passenger /'pæsɪndʒə; 美 -ər/ [名词] 乘客 *There were nine passengers in the bus.* 公共汽车上有9位乘客。

passport /'pɑːspɔːt; 美 'pæspɔːrt/ [名词] 护照 *You have to show your passport when you enter or leave a country.* 你出入一个国家时必须出示护照。

past[1] /pɑːst; 美 pæst/ [形容词] (指时间)过去的 *The time for discussion is past.* 讨论的时间过去了。

past[2] /pɑːst; 美 pæst/ [名词] [无复数] 以前；过去 *In the past, a lot of people couldn't read or write.* 从前很多人都不识字。

past[3] /pɑːst; 美 pæst/ [介词] **1** (指时间)超过，在…之后 *It's just past four o'clock.* 刚过4点。◇ *It's half past four.* 4点半了。**2** 经过 *Dad drove past me without seeing me.* 爸爸开车从我身旁经过，但没有看见我。

P

past[4] /pɑːst; 美 pæst/ [副词] 经过 *Dad drove past without stopping.* 爸爸开车经过，但没有停下来。

paste /peɪst/ [名词] [无复数] 糨糊 *You can make your own paste from flour and water.* 你可以用面粉和水自己做糨糊。

P

pat /pæt/ [动词] [现在分词 **patting**，过去式和过去分词**patted**] (用手)轻拍 *Henry patted the dog.* 亨利轻轻地拍了拍狗。

patch /pætʃ/ [名词] [复数 **patches**] 补丁 *Paul has patches on his jeans.* 保罗的牛仔裤上有几处补丁。

path /pɑːθ; 美 pæθ/ [名词] 小路，小道，小径 *We walked along the path through the woods.* 我们沿着小路步行穿过了树林。

patient[1] /ˈpeɪʃnt/ [形容词] 耐心的 *She's very patient with young children.* 她对小孩子非常有耐心。 ☞ [反] **impatient** 不耐烦的

patient[2] /ˈpeɪʃnt/ [名词] 病人 *The dentist examined the patient's teeth.* 牙医检查了病人的牙齿。

pattern /ˈpætn; 美 -tərn/ [名词] 图案 *The dress has a pattern of flowers on it.* 这件连衣裙上有印花图案。

pause /pɔːz/ [动词] 停顿，暂停 *He paused for a moment.* 他停了片刻。

pavement /ˈpeɪvmənt/ [名词] 人行道 *Keep on the pavement when you are walking down the street.* 你在大街上走时，要走在人行道上。 ☞ 英国英语用 **pavement**，美国英语用 **sidewalk**。

paw /pɔː/ [名词] (狗、猫等的)脚爪 *A dog has four paws.* 狗有 4 爪。

pay /peɪ/ [动词] [过去式和过去分词 **paid** /peɪd/] 付钱；付给 *You pay over there.* 你去那边付钱。 ◇ *How much did you pay for this book?* 这本书你花

了多少钱?

pea /piː/ [名词] 豌豆 *Mum put some peas in the soup.* 妈妈在汤里放了些豌豆。

peace /piːs/ [名词] [无复数] **1** 和平 *Everyone was tired of the war and was longing for peace.* 人人都厌倦战争，渴望和平。☞ [反] **war** 战争 **2** 平静，宁静 *I love the peace of this village.* 我喜欢这个村庄的宁静。

peaceful /ˈpiːsfl/ [形容词] 平静的，安静的 *The countryside is very peaceful.* 乡村很宁静。

peach /piːtʃ/ [名词] [复数**peaches**] 桃子 *Peter ate a peach.* 彼得吃了一个桃子。

peacock /ˈpiːkɒk; 美 -kaːk/ [名词] 孔雀 *The peacock has a beautiful tail.* 孔雀的尾巴很美丽。

peak /piːk/ [名词] 山顶；山峰 *Henry climbed to the peak.* 亨利登上了山顶。

peanut /ˈpiːnʌt/ [名词] 花生 *They were eating peanuts.* 他们在吃花生。

pear /peə; 美 per/ [名词] 梨 *Mum bought some pears at the market.* 妈妈在市场买了一些梨。

pebble /ˈpebl/ [名词] 卵石 *Henry found some smooth pebbles near the river.* 亨利在河边发现了一些光滑的卵石。

peculiar /pɪˈkjuːliə; 美 -ˈkjuːljər/ [形容词] 奇怪的 *There's a very peculiar smell in here.* 这里有一股很奇怪的味道。

pedal /ˈpedl/ [名词] (自行车的)踏板，脚蹬 *My feet slipped off the pedals and I nearly crashed into a tree.* 我的脚在脚蹬上滑了一下，差点撞在一棵树上。

pedestrian /pəˈdestriən/ [名词] 行人 *The pavements were full of pedestrians.* 人行道上挤满了行人。

pedestrian crossing /pəˌdestriən ˈkrɒsɪŋ; 美 pəˌdestriən ˈkrɔːsɪŋ/ [名词] 人行横道 *The cars stopped at the pedestrian crossing.* 汽

车在人行横道前停了下来。

peel[1] /piːl/ [动词] 削掉(或剥掉)…的皮 *Could you peel the potatoes, please?* 请你把土豆皮削掉好吗?

peel[2] /piːl/ [名词] [无复数] (水果或蔬菜的)皮 *Apples have red or green peel.* 苹果的皮有红色的，也有绿色的。

peep /piːp/ [动词] 偷看；窥视 *I peeped through the window to see if he was there.* 我透过窗户向外窥视，看他是否在那里。

peg /peg/ [名词] **1** (挂衣帽的)挂钩 *You can put your hat on the peg there.* 你可以把帽子挂在那边的挂钩上。**2** (晾衣服的)衣夹 *Here are some pegs. Could you please go and hang out the clothes?* 这儿有几个衣夹，请你去把衣服晾起来好吗?

pen /pen/ [名词] (用墨水的)笔；钢笔 *I need a pen and some paper.* 我需要一枝笔和一些纸。

pencil /ˈpensl/ [名词] 铅笔 *If you write in pencil, you can rub out what you have written.* 如果用铅笔写，可以把写的东西擦掉。

penguin /ˈpeŋgwɪn/ [名词] 企鹅 *Penguins cannot fly but use their wings for swimming.* 企鹅不会飞，但会用翅膀游泳。

penny /ˈpeni/ [名词] [复数 **pence** 或 **pennies**] 便士(1英镑等于100便士) *I found a penny on the floor.* 我在地板上发现了一便士。

people /ˈpiːpl/ [名词] [**person** 的复数] 人；人们 *Lots of people were waiting in the rain for the bus.* 许多人正在雨里等公共汽车。

pepper /ˈpepə; 美 -ər/ [名词] **1** [无复数] 胡椒粉 *The soup needs a little more salt and pepper.* 这汤需要再加点儿盐和胡椒粉。**2** 柿子椒 *I bought some green peppers for the salad.* 我买了一些柿子椒做沙拉。

per /强 pɜː; 美 pɜːr; 弱 pə; 美 pər/ [介词] 每，每一 *Rooms cost £50 per person per night.* 房费每人每夜50英镑。

per cent /pə 'sent; 美 pər 'sent/ [名词] 百分之一 *Sixty per cent of the pupils are boys.* 60% 的小学生是男生。 ☞ 美国英语通常合写为 **percent**。

perch /pɜːtʃ; 美 pɜːrtʃ/ [动词] (指鸟类在树枝上) 栖息，暂歇 *Birds perched on the branch.* 鸟在树枝上栖息。

perfect /'pɜːfɪkt; 美 'pɜːr-/ [形容词] 完美的；极好的 *She speaks perfect English (=Her English is perfect).* 她的英语完美无缺。

perform /pə'fɔːm; 美 pər'fɔːrm/ [动词] 表演；演戏 *At the end of the term our class performed a play in front of all the parents.* 我们班学期末在全体家长面前演了一出戏。◇ *Do you enjoy performing on stage?* 你喜欢舞台表演吗?

performance /pə'fɔːməns; 美 pər'fɔːr-/ [名词] 演出；表演 *What time does the performance start?* 演出什么时候开始?

perfume /'pɜːfjuːm; 美 'pɜːrfjuːm/ [名词] [无复数] 香水 *Are you wearing perfume?* 你喷香水了吗?

perhaps /pə'hæps; 美 pər-/ [副词] 也许，可能 *Perhaps he's forgotten.* 也许他忘了。 ☞ [同] **maybe** 也许，大概

period /'pɪəriəd; 美 'pɪr-/ [名词] 一段时间 *She will be in Australia for a period of six weeks.* 她要在澳大利亚待 6 个星期。

permission /pə'mɪʃn; 美 pər-/ [名词] [无复数] 允许，许可，准许 *Who gave you permission to leave early?* 谁允许你早走的?

permit /pə'mɪt; 美 pər-/ [动词] [现在分词 **permitting**，过去式和过去分词 **permitted**] 允许，许可，准许 *Smoking is not permitted in the hospital.* 医院里不准吸烟。

person /'pɜːsn; 美 'pɜːr-/ [名词] [复数**people**] 人 *She's a very kind person.* 她是一个非常善良的人。

persuade /pə'sweɪd; 美 pər-/ [动词] 说服，劝服 *Try to persuade him to come.* 尽量说服他来。

pest /pest/ [名词] **1** 害虫 *Insects which eat crops are pests.* 吃庄稼的昆虫是害虫。**2** [非正式] 讨厌的人，害人精 *That child is such a pest!* 那个孩子真讨厌!

pet /pet/ [名词] 宠物 *Do you have any pets?* 你养宠物了吗?

petrol /'petrəl/ [名词] [无复数] 汽油 *My father had to stop to fill the car up with petrol.* 我父亲不得不停下车加满

P

油。

phone[1] /fəʊn; 美 foʊn/ [名词] [非正式] 电话 *The phone is ringing — could you answer it?* 电话响了，你去接一下好吗？ ◇ *What's your phone number?* 你的电话号码是多少？ ☞ = **telephone**

phone[2] /fəʊn; 美 foʊn/ [动词] (给…) 打电话 *Did anyone phone while I was out?* 我不在家时有人打电话来吗？ ◇ *I phoned Henry last night.* 我昨晚给亨利打了个电话。

photo /ˈfəʊtəʊ; 美 ˈfoʊtoʊ/ [名词] [复数 **photos**] [非正式] 相片，照片 *I took a photo of the beach.* 我照了一张海滩的照片。☞ = **photograph**

photograph /ˈfəʊtəgrɑːf; 美 ˈfoʊtəgræf/ [又作 **photo**] [名词] 相片，照片 *She's taking photographs of the children.* 她在给孩子们照相。

piano /pɪˈænəʊ; 美 -oʊ/ [名词] [复数 **pianos**] 钢琴 *Mum is teaching me to play the piano.* 妈妈在教我弹钢琴。

pick /pɪk/ [动词] **1** 挑选，选择 *The child picked the biggest sweet.* 那个孩子挑了一块最大的糖。 **2** 采，摘(花朵、水果等) *Don't pick those apples — they're not ripe yet.* 别摘那些苹果，还没熟呢。

pick up 捡起，拾起 *Pick up your toys and put them in the cupboard.* 把你的玩具捡起来放在橱柜里。

picnic /ˈpɪknɪk/ [名词] 野餐 *We had a picnic on the beach.* 我们在海滩上吃了一顿野餐。

picture /ˈpɪktʃə; 美 -ər/ [名词] **1** 画，图画 *Who painted the picture on the wall?* 墙上那幅画是谁画的？ **2** 相片，照片 *That's a nice picture of Alice.* 那是艾丽斯的一张可爱的照片。

pie /paɪ/ [名词] (尤指肉或果子)馅饼，派 *Have another slice of pie.* 再吃一块派吧。

piece /piːs/ [名词] 片，块，件，张 *Would you like another piece of cake?* 你想再吃块蛋糕吗？ ◇ *I need a new piece of paper.* 我需要一张新纸。

pig /pɪg/ [名词] 猪 *The farmer was feeding the pigs.* 那位农民正在喂猪。

pigeon /'pɪdʒən/ [名词] 鸽子 *We fed the pigeons in the park.* 我们在公园里喂鸽子。

pile /paɪl/ [名词] 一堆 *There was a pile of books on the table.* 桌子上有一堆书。

pill /pɪl/ [名词] 药丸；药片 *Take one pill, three times a day after meals.* 每天吃三次药，饭后服用，每次吃一片。

pillow /'pɪləʊ; 美 -oʊ/ [名词] 枕头 *I'll be asleep as soon as my head hits the pillow.* 我头一挨着枕头就能睡着。

pilot /'paɪlət/ [名词] 飞行员 *The pilot landed the plane safely at the airport.* 飞行员把飞机安全地降落在机场。

pin /pɪn/ [名词] 大头针 *He fixed the card to his jacket with a pin.* 他用大头针把卡片别在夹克上。

pinch /pɪntʃ/ [动词] 捏，掐 *He pinched my brother and made him cry.* 他把我弟弟捏哭了。

pineapple /'paɪnæpl/ [名词] 菠萝 *Can I have another slice of pineapple?* 我可以再吃一块菠萝吗?

pink[1] /pɪŋk/ [形容词] 粉红色的 *What are these little pink flowers called?* 这些粉红色的小花叫什么花?

pink[2] /pɪŋk/ [名词] 粉红色 *Alice was dressed in pink.* 艾丽斯穿着粉红色的衣服。

pipe /paɪp/ [名词] 管子 *There is something blocking the water pipe.* 有东西把水管堵住了。

pirate /'paɪərət; 美 'paɪrət/ [名词] 海盗 *The pirates attacked the ship.* 海盗袭击了那艘船。

P

pit /pɪt/ [名词] 坑 *They dug a pit to bury the rubbish.* 他们挖了一个坑埋垃圾。

pitch /pɪtʃ/ [名词] [复数**pitches**] (板球、足球等的)球场 *The school has a football pitch.* 那所学校有个足球场。

pity /'pɪti/ [名词] [无复数] 同情，怜悯 *I felt great pity for people with nowhere to live.* 我很同情那些无家可归的人。

it's a pity, what a pity 真可惜，很遗憾 *It's a pity you can't come to the party.* 你不能来参加聚会，真可惜。◇ *What a pity you can't come and see us!* 你不能来看我们，真是遗憾！

pizza /'piːtsə/ [名词] 比萨饼 *Do you like pizza?* 你喜欢吃比萨饼吗？

place¹ /pleɪs/ [名词] 地方，地点 *That's a good place for a picnic.* 那是一个野餐的好地方。

take place 发生，举行 *The next match will take place on Saturday afternoon.* 下一场比赛将于星期六下午举行。

place² /pleɪs/ [动词] 放置，安放 *Helen placed a book on the table.* 海伦把一本书放在桌子上。

plain /pleɪn/ [形容词] **1** 清楚的，明白的 *It's plain that he doesn't agree.* 他显然不同意。 **2** 简单的，朴素的 *Mum wears plain clothes for work.* 妈妈穿着朴素的衣服上班。

plan¹ /plæn/ [名词] 计划 *Have you made any plans for the weekend?* 你这个周末订计划了吗？

plan² /plæn/ [动词] [现在分词 **planning**，过去式和过去分词 **planned**] 计划，打算 *We're planning to go to Australia for our holidays.* 我们打算去澳大利亚度假。

plane /pleɪn/ [名词] 飞机 *It's time to get on the plane.* 到上飞机的时间了。◇ *I love travelling by plane.* 我喜欢坐飞机旅行。☞ = **aeroplane**

planet /'plænɪt/ [名词] 行星 *The Earth is one of the planets.* 地球是行星之一。

plant¹ /plɑːnt; 美 plænt/ [名词] 植物 *Don't forget to water the plants.* 别忘了给植物浇水。

plant² /plɑːnt; 美 plænt/ [动词] 种植 *We planted an apple tree in the yard.* 我们在院子里种了一棵苹果树。

plastic /ˈplæstɪk/ [名词] 塑料 *These toys are made of plastic.* 这些玩具是塑料的。

plate /pleɪt/ [名词] 盘子，碟子 *Put the plates on the dining table.* 把盘子放在餐桌上。

platform /ˈplætfɔːm; 美 -fɔːrm/ [名词] **1** (火车站的)站台 *There are a lot of people waiting on the platform.* 有很多人在站台上等车。 **2** 讲台；舞台 *The teacher stood on a platform at the front of the classroom.* 老师站在教室前面的讲台上。

play¹ /pleɪ/ [动词] **1** 玩耍，玩 *Do you want to play with my car?* 你想玩我的小汽车吗？ **2** 打（球），踢(球)，下(棋) *After lunch we played badminton in the garden.* 午饭后我们在花园里打羽毛球。◇ *Do you know how to play chess?* 你会下棋吗？ **3** 演奏，弹奏，吹奏 *I'm learning how to play the piano.* 我在学弹钢琴。 **4** 放(唱片、磁带等) *Dad often plays CDs while he drives.* 爸爸开车时经常放激光唱片。 **5** 扮演(某人) *Who does he play in the film?* 他在这部电影里扮演谁？

play² /pleɪ/ [名词] 戏剧 *We went to see a play last night.* 昨晚我们去看了一出戏。

player /ˈpleɪə; 美 -ər/ [名词] 运动员，选手，队员 *She's an excellent tennis player.* 她是一名出色的网球手。

playground /ˈpleɪgraʊnd/ [名词] 操场；游乐场 *Peter fell over in the school playground and hurt his knee.* 彼得在学校操场上摔了一跤，把膝盖摔伤了。

pleasant /ˈpleznt/ [形容词] 令人愉快的 *The weather here is very pleasant.* 这里天气宜人。☞ [反] **unpleasant** 令人不愉快的

please¹ /pliːz/ [感叹词] **1** [表示有礼貌地请求对方] 请 *What's the time, please?* 请问现在几点了？ ◇ *Please come in.* 请进来。 **2** [表示客气地接受对方的东西或邀请] 好，谢谢 *'Would you like some more soup?' 'Yes, please.'* ‘再来点汤好吗？’‘好，谢谢。’

please² /pliːz/ [动词] 使高兴；使满意 *You can't please everybody.* 你不可能让所有的人都满意。

pleased /pliːzd/ [形容词] 高兴的；满意的 *I'm really pleased that you're feeling better.* 我真的很高兴你身体好些了。

plenty /ˈplenti/ [代词] 充足，大量

When we go to the park, we always take plenty of water with us. 我们去公园时总是带着充足的水。◇ *'Is there any milk left?' 'Yes, plenty.'* '有牛奶剩下吗?' '有，有很多。'

plug /plʌg/ [名词] **1** 插头 *The television is not working because the plug has been pulled out of the wall.* 电视不亮了，因为插头从墙上拔出来了。 **2** (塞浴缸、洗脸池等的)塞子 *Where is the bath plug?* 浴缸的塞子在哪里?

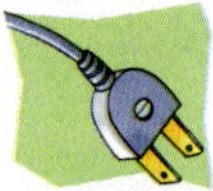

plum /plʌm/ [名词] 李子，梅子 *These plums are very good to eat.* 这些李子很好吃。

plus /plʌs/ [介词] 加，加上 *Three plus five equals eight.* 3 加 5 等于 8。

pocket /'pɒkɪt; 美 'pɑːkət/ [名词] 衣袋，口袋 *I put my hands in my pockets.* 我把手放在口袋里。

pocket money /'pɒkɪt ˌmʌni; 美 'pɑːkət ˌmʌni/ [名词] [无复数] (家长给孩子的)零花钱 *What are you going to buy with your pocket money?* 你打算用零花钱买什么?

poem /'pəʊɪm; 美 'poʊəm/ [名词] 诗 *There are two poems on this page of the book.* 在书的这一页上有两首诗。

point¹ /pɔɪnt/ [名词] **1** (物体的)尖 *The point of this knife is very sharp.* 这把刀的尖儿很锋利。**2** (比赛中的)分 *Henry needs two more points to win the match.* 亨利再得两分就能赢得这场比赛。

point² /pɔɪnt/ [动词] 指，指向 *'That's where my mother works,' she said, pointing to the bank.* '那是我母亲工作的地方，' 她指着银行说。

poisonous /'pɔɪzənəs/ [形容词] 有毒的 *The leaves of this plant are poisonous.* 这种植物的叶子有毒。

polar bear /ˌpəulə 'beə; 美 ˌpoulər 'ber/ [名词] 北极熊 *The polar bear is a large white bear that lives near the North Pole.* 北极熊是一种生活在北极附近的大白熊。

pole /pəul; 美 poul/ [名词] **1** 杆，柱 *Henry put a flag on the pole.* 亨利在杆上挂起一面旗子。

2 (地球的南北两端)极 *It's very cold at the North Pole.* 北极非常寒冷。

police /pə'liːs/ [名词] [常用作 **the police**] [复数] 警察机关，警方 *Quick! Call the police!* 快！报警！

policeman /pə'liːsmən/ [名词] [复数 **policemen** /pə'liːsmən/] (男)警察 *I told the policeman everything I had seen.* 我把自己看到的一切都告诉了那名警察。

policewoman /pə'liːsˌwumən/ [名词] [复数 **policewomen** /pə'liːsˌwɪmɪn/] (女)警察 *The thief was taken away by two policewomen.* 那个小偷被两名女警察带走了。

polish /'pɒlɪʃ; 美 'pɑː-/ [动词] 擦亮 *Your shoes need polishing.* 你的鞋需要擦了。

polite /pə'laɪt/ [形容词] 有礼貌的 *A polite child always says 'thank you'.* 有礼貌的孩子总会说‘谢谢你’。

pollution /pə'luːʃn/ [名词] [无复数] 污染 *We must prevent further pollution.* 我们必须防止进一步污染。

pond /pɒnd; 美 pɑːnd/ [名词] (尤指人造的)池塘 *There are lots of fish in the pond.* 池塘里有很多鱼。

pool /puːl/ [名词] 游泳池 *I hate swimming in an indoor pool.* 我不喜欢在室内游泳池游泳。☞ = **swimming pool**

P

poor /pɔː; 美 pʊr/ [形容词] **1** 贫穷的 *The old man was very poor.* 那个老人很穷。☞ [反] **rich** 富有的 **2** 不好的，差的 *His writing is poor.* 他的字写得不好。

pop music /ˈpɒp ˌmjuːzɪk; 美 ˈpɑːp ˌmjuːzɪk/ [名词] 流行音乐 *He likes pop music.* 他喜欢流行音乐。

P

popular /ˈpɒpjʊlə; 美 ˈpɑːpjələr/ [形容词] 流行的；受大众喜爱的 *Henry is very popular at school.* 亨利在学校很受欢迎。

pork /pɔːk; 美 pɔːrk/ [名词] 猪肉 *Do you like pork?* 你喜欢吃猪肉吗？

porridge /ˈpɒrɪdʒ; 美 ˈpɔː-/ [名词] [无复数] 粥 *Peter does not like porridge.* 彼得不喜欢喝粥。

port /pɔːt; 美 pɔːrt/ [名词] 港口，海港 *The ferry sailed into the port.* 那艘渡轮驶进了港口。☞ [同] **harbour** 港口，海港

position /pəˈzɪʃn/ [名词] **1** 位置 *Are you happy with the position of the chairs?* 你对椅子摆放的位置满意吗？ **2** (某人的) 姿势 *You should lie in a comfortable position.* 你应该舒舒服服地躺着。

possible /ˈpɒsəbl; 美 ˈpɑː-/ [形容词] 可能的 *Is it possible to get to the city by train?* 能坐火车到那个城市去吗？ ☞ [反] **impossible** 不可能的

post[1] /pəʊst; 美 poʊst/ [名词] [无复数] 邮件 *Is there any post for me today?* 今天有我的邮件吗？ ☞ 英国英语用 **post**，美国英语用 **mail**。

post[2] /pəʊst; 美 poʊst/ [动词] 邮寄 *Could you post this letter for me, please?* 请你替我寄这封信好吗？ ☞ 英国英语用 **post**，美国英语用 **mail**。

postbox /ˈpəʊstbɒks; 美 ˈpoʊstbɑːks/ [名词] [复数**postboxes**] 邮筒，邮箱 *Henry dropped the letter into the postbox.* 亨利把信投进了邮筒。

postcard /ˈpəʊstkɑːd; 美 ˈpoʊstkɑːrd/ [名词] 明信片 *Helen sent me a postcard from France.* 海伦从法国给我寄来一张明信片。

poster /ˈpəʊstə; 美 ˈpoʊstər/ [名词] 招贴，海报 *There is a new poster about Harry Potter in our school.* 我们学校贴了一张有关哈利·波特的新海报。

postman /ˈpəustmən; 美 ˈpoust-/ [名词] [复数 **postmen** /ˈpəustmən; 美 ˈpoust-/] 邮递员 *Our postman usually brings the post before eight o'clock in the morning.* 我们的邮递员通常在早晨8点以前把邮件送来。

post office /ˈpəust ˌɒfɪs; 美 ˈpoust ˌɑːfəs/ [名词] 邮局 *Our post office sells pens, postcards, writing paper and stamps.* 我们邮局出售钢笔、明信片、信纸和邮票。

pot /pɒt; 美 pɑːt/ [名词] **1** (煮饭用的)锅 *There was a big pot of soup on the stove.* 炉子上有一大锅汤。**2** 罐，壶，盆 *He sat down and ordered a pot of tea.* 他坐下点了一壶茶。

potato /pəˈteɪtəu; 美 -ou/ [名词] [复数 **potatoes**] 马铃薯，土豆 *Have you peeled the potatoes yet?* 你削完土豆皮了吗？

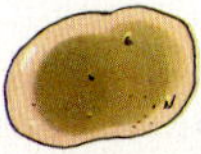

pottery /ˈpɒtəri; 美 ˈpɑː-/ [名词] [无复数] 陶器 *This shop sells beautiful pottery.* 这家商店出售精美的陶器。

pound /paund/ [名词] **1** 英镑 [英国货币单位，符号为 £] *These shoes cost me twenty pounds.* 这双鞋花了我20英镑。**2** 磅 [重量单位] *These apples cost 40p a pound.* 这些苹果40便士一磅。

pour /pɔː; 美 pɔːr/ [动词] 倒(液体) *He poured me a glass of orange juice.* 他给我倒了一杯橙汁。

powder /ˈpaudə; 美 -ər/ [名词] 粉，粉末 *I often wash my clothes with washing powder.* 我常用洗衣粉洗衣服。

power /ˈpauə; 美 ˈpaur/ [名词] [无复数] **1** 力量；能力 *After the accident she lost the power of speech.* 那次事故之后她失去了说话的能力。**2** 动力，电力 *The television and the computer both use electrical power.* 电视和电脑

P

都使用电力。

practice /'præktɪs/ [名词] 练习 *Speaking a foreign language takes lots of practice.* 说外语需要大量练习。

practise /'præktɪs/ [动词] 练习 *You will never play the piano well if you don't practise.* 你如果不练习就永远弹不好钢琴。☞ 用作动词时，美国英语拼写为 **practice**。

P

praise /preɪz/ [动词] 称赞，赞扬，表扬 *The teacher praised my work.* 老师表扬了我的作业。

pray /preɪ/ [动词] 祈祷；祈求 *Let us pray for peace.* 让我们为和平祈祷吧。

precious /'preʃəs/ [形容词] 贵重的；宝贵的 *Gold and silver are precious metals.* 金和银是贵重金属。◇ *You're wasting precious time!* 你在浪费宝贵的时间！

prefer /prɪ'fɜː; 美 -'fɜːr/ [动词] [现在分词 **preferring**，过去式和过去分词 **preferred**] 宁愿(选择)，更喜欢 *I prefer English to maths.* 我喜欢英语胜过数学。◇ *Do you prefer reading or watching television?* 你更喜欢看书还是看电视？

prepare /prɪ'peə; 美 -'per/ [动词] 准备 *The whole class is working hard preparing for the exams.* 全班都在用功准备考试。

present[1] /'preznt/ [形容词] **1** [不用于名词前] 在场的，出席的 *There were 200 people present at the meeting.* 有200人出席了会议。☞ [反] **absent** 不在的，缺席的 **2** [只用于名词前] 现在的，目前的 *Our present head teacher is much younger than our last one.* 我们现在的校长比上一任校长年轻多了。

present[2] /'preznt/ [名词] 礼物，赠品 *Dad gave me a birthday present.* 爸爸送给我一件生日礼物。☞ [同] **gift** 礼物

at present 现在 *I'm a bit busy at present — I'll phone you later.* 我现在有点忙，过会儿给你打电话。

president /'prezɪdənt/ [名词] 总统 *The first American president was George Washington.* 美国第一任总统是乔治·华盛顿。

press /pres/ [动词] 按 *Which button do you press to start recording?* 开始录音按哪个钮？

pretend /prɪ'tend/ [动词] 假装，装作 *Henry pretended to be asleep.* 亨利假装睡着了。

pretty /'prɪti/ [形容词] [比较级 **prettier**，最高级 **prettiest**] 漂亮的，好看的 *His younger sister is very pretty.* 他妹妹长得很漂亮。

prevent /prɪ'vent/ [动词] 防止；阻止 *This fence is to prevent the animals* *getting out.* 这道围栏是防止动物跑出去的。

price /praɪs/ [名词] 价格，价钱 *What's the price of this bike?* 这辆自行车的价钱是多少？

prick /prɪk/ [动词] 刺(破)，扎(穿) *I pricked my finger on a thorn.* 我的手指被刺扎破了。

prince /prɪns/ [名词] 王子 *Sleeping Beauty was rescued by a handsome prince.* 睡美人被一位英俊的王子救了。

princess /ˌprɪnˈses; 美 ˈprɪnsəs/ [名词] [复数**princesses**] 公主 *Do you know*

the fairy story about the princess and the pea? 你知道豌豆公主的童话故事吗？

print /prɪnt/ [动词] 印刷 *How much did it cost to print the posters?* 印刷这些海报花了多少钱？

printer /ˈprɪntə; 美 -ər/ [名词] 打印机 *Press this button to make the printer work.* 按这个按钮打印。

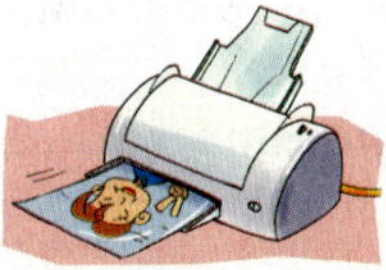

prison /ˈprɪzn/ [名词] 监狱，牢房 *He was in prison for five years.* 他坐了5年牢。

private /ˈpraɪvət/ [形容词] 私人的 *That is a private garden.* 那是个私人花园。

prize /praɪz/ [名词] 奖品，奖赏 *I won first prize in the competition.* 我在比赛中获得了一等奖。

probably /ˈprɒbəbli; 美 ˈprɑː-/ [副词] 大概，很可能 *I'm going to the library — I'll probably be back in an hour.* 我去图书馆，大概一小时后回来。

problem /ˈprɒbləm; 美 ˈprɑː-/ [名词] 问题；难题 *This is a very serious problem.* 这是个非常严重的问题。◇ *I can't do this maths problem.* 我不会做这道数学题。

no problem [口语] 没问题 *'Can I*

P

bring a friend?' 'Sure, no problem.' '我可以带朋友来吗?' '当然,没问题。'

produce /prə'djuːs; 美 -'duːs/ [动词] 生产, 制造 *This factory produces 5 000 cars a week.* 这家工厂每星期生产 5 000 辆小汽车。

program /'prəʊgræm; 美 'proʊ-/ [名词] (电脑的)程序 *He wrote a program for a game.* 他编写了一个游戏程序。

programme /'prəʊgræm; 美 'proʊ-/ [名词] (电视或广播的)节目 *What's your favourite television programme?* 你最喜欢什么电视节目? ☞ 美国英语用 **program**。

progress /'prəʊgres; 美 'prɑːgrəs/ [名词] [无复数] 进步, 进展 *You have made good progress with your English.* 你的英语取得了很大的进步。

promise[1] /'prɒmɪs; 美 'prɑːməs/ [动词] 允诺, 答应 *She promised to give me the book back tomorrow.* 她答应明天把书还给我。

promise[2] /'prɒmɪs; 美 'prɑːməs/ [名词] 许诺, 诺言 *If you make a promise, you should keep it.* 你如果许了诺言, 就应该信守诺言。

pronounce /prə'naʊns/ [动词] 发…的音 *How do you pronounce your name?* 你的名字怎么念?

pronunciation /prəˌnʌnsi'eɪʃn/ [名词] 发音 *Is that the correct pronunciation?* 那个发音对吗?

proper /'prɒpə; 美 'prɑːpər/ [形容词] [只用于名词前] 适当的, 合适的; 正确的 *If you're going skiing you must have the proper clothes.* 如果你去滑雪, 必须穿上合适的衣服。

protect /prə'tekt/ [动词] 保护 *We are doing our best to protect the environment from pollution.* 我们正在尽最大努力保护环境不受污染。

proud /praʊd/ [形容词] 自豪的, 引以为荣的 *He is proud of his daughter's ability to speak four languages.* 他为女儿能讲四种语言而引以为荣。

provide /prə'vaɪd/ [动词] 提供 *The school provides lunch for pupils.* 学校为学生提供午餐。

public /'pʌblɪk/ [形容词] [只用于名词前] 公共的, 公用的 *Where's the nearest public telephone?* 最近的公用电话在哪里?

pull /pʊl/ [动词] 拉, 拖 *You pull the table and I'll push.* 你拉桌子, 我推。 ☞ [反] **push** 推

push 推 pull 拉

pump /pʌmp/ [名词] 泵；抽水机；打气筒 *A bicycle pump puts air into the tyres.* 自行车打气筒能把气打到轮胎里去。

punch /pʌntʃ/ [动词] (用拳)猛击 *He punched John on the nose.* 他用拳猛击约翰的鼻子。

punish /'pʌnɪʃ/ [动词] 惩罚，处罚 *My parents used to punish me by not letting me watch TV.* 我父母过去常常不让我看电视，以此来惩罚我。

pupil /'pjuːpl/ [名词] 小学生 *How many pupils are there in your class?* 你们班有多少名学生？

puppy /'pʌpi/ [名词] [复数**puppies**] 小狗 *The dog had two puppies.* 那条狗生了两条小狗。

purple[1] /'pɜːpl; 美 'pɜːr-/ [形容词] 紫色的 *Helen is wearing a purple skirt.* 海伦穿着一条紫色的裙子。

purple[2] /'pɜːpl; 美 'pɜːr-/ [名词] 紫色 *Purple is one of my favourite colours.* 紫色是我最喜欢的颜色之一。

purpose /'pɜːpəs; 美 'pɜːr-/ [名词] 目的，意图 *The teacher told the students the purpose of the exercise.* 老师告诉学生们做这个练习的目的。
on purpose 故意地 *She did not break the cup on purpose.* 她不是故意打破杯子的。

purse /pɜːs; 美 pɜːrs/ [名词] 钱包 *I had very little money in my purse.* 我钱包里的钱很少。

push /pʊʃ/ [动词] 推 *They had to push the car to the nearest petrol station.* 他们不得不把小汽车推到最近的加油站。◇ *Alice pushed the door open.* 艾丽斯推开门。☞ [反] **pull** 拉

put /pʊt/ [动词] [现在分词**putting**，过去式和过去分词 **put**] 放 *Put the books on the shelf, please.* 请把书放在书架上。◇ *Where did I put my keys?* 我把钥匙放在哪里了？
put on 穿上 *He put on his coat and went out.* 他穿上外套出去了。☞ [反] **take off** 脱下
put out 扑灭 *The firemen soon put out the fire.* 消防队员们很快扑灭了大火。

puzzle[1] /'pʌzl/ [名词] (测验智力的)游戏 *Can you do this jigsaw puzzle?* 你

P

会拼这个拼图吗？◇ *Henry does a crossword puzzle every day.* 亨利每天都做纵横填字游戏。

puzzle² /'pʌzl/ [动词] 使迷惑，使为难 *English spelling really puzzles me.* 英语拼写真让我伤脑筋。

pyjamas /pə'dʒɑːməz/ [名词] [复数] 睡衣 *Your pyjamas are under your pillow.* 你的睡衣在你的枕头底下。

Q q

quantity /'kwɒntəti; 美 'kwɑːn-/ [名词] [复数 **quantities**] 量，数量 *Paul ate a small quantity of rice.* 保罗吃了少量米饭。

quarrel¹ /'kwɒrəl; 美 'kwɑː-/ [名词] 争吵，吵架 *They had a quarrel about money.* 他们因钱的问题吵了一架。

quarrel² /'kwɒrəl; 美 'kwɑː-/ [动词] [现在分词 **quarrelling**，过去式和过去分词 **quarrelled**] 争吵，吵架 *They're always quarrelling.* 他们总是争吵不休。

quarter /'kwɔːtə; 美 'kwɔːrtər/ [名词] 四分之一 *She cut the cake into four quarters.* 她把蛋糕切成了 4 份。

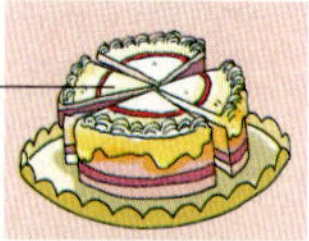

queen /kwiːn/ [名词] 女王 *Queen Elizabeth is the queen of the UK.* 伊丽莎白女王是英国女王。

question /'kwestʃən/ [名词] 问题 *Who can answer the question?* 谁能回答这个问题？◇ *What's the answer to Question 5?* 第 5 道题的答案是什么？

queue /kjuː/ [名词] (人或物的)行，列，排 *There was a long queue outside the cinema.* 电影院门外排着长队。☞ 英国英语用 **queue**，美国英语用 **line**。

quick /kwɪk/ [形容词] 快的，迅速的 *Taxis are quicker than buses.* 出租车比公共汽车快。

quickly /'kwɪkli/ [副词] 快，迅速地 *Henry runs away very quickly.* 亨利迅速跑掉了。

quiet /'kwaɪət/ [形容词] 安静的；轻声的 *Please be quiet. I've got a headache.* 请安静，我头疼。☞ [反] **loud** 大声的；吵闹的

quietly /'kwaɪətli/ [副词] 静静地，静悄悄地 *You'll have to play quietly while the baby is asleep.* 宝宝睡觉时，你必须静静地玩。

quilt /kwɪlt/ [名词] 被子 *Henry has a quilt on his bed in winter.* 冬天亨利的床上放着被子。

quite /kwaɪt/ [副词] **1** 相当，颇 *The film's quite good.* 这部电影相当不错。◇ *It's quite a good film.* 这是一部相当不错的电影。**2** 完全，十分，非常 *I quite agree — you're quite right.* 我完全同意，你非常对。

quiz /kwɪz/ [名词] [复数**quizzes**] 问答比赛 *Alice won the spelling quiz.* 艾丽斯在拼写比赛中获胜。

R r

rabbit /'ræbɪt; 美 -ət/ [名词] 兔子 *Peter has a pet rabbit.* 彼得养了一只宠物兔子。

race /reɪs/ [名词] (人、马、车等的) 速度比赛 *Who won the 100-metre race?* 谁赢了 100 米赛跑? ◇ *Henry came first in this race.* 亨利赛跑得了第一。

racket /'rækɪt; 美 -ət/ [名词] (网球、羽毛球等的) 球拍 *Do you have a tennis racket?* 你有网球拍吗?

radio /'reɪdiəʊ; 美 -oʊ/ [名词] [复数 **radios**] 收音机 *Turn on the radio. It's time for the news.* 打开收音机，到听新闻的时间了。

rag /ræg/ [名词] 破布，抹布 *Clean the lamp with a rag.* 用抹布把灯擦一擦。

raid /reɪd/ [动词] 袭击，突袭 *They raided the village.* 他们袭击了那个村庄。

rail /reɪl/ [名词] **1** (楼梯的) 扶手 *The steps are slippery, so hold on to the rail.* 台阶很滑，所以要扶着扶手。

2 [通常用作复数] 铁轨 *Don't walk on the rails.* 不要在铁轨上走。

railroad /'reɪlrəʊd; 美 -roʊd/ [名词] [美国英语] = **railway**

railway /'reɪlweɪ/ [名词] 铁路，铁道 *You mustn't walk across the railway.* 不得横穿铁路。☞ 英国英语用 **railway**，美国英语用 **railroad**。

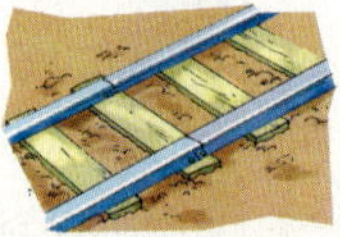

R

railway station /ˈreɪlweɪ ˌsteɪʃn/ [名词] 火车站 *We went to meet my grandmother at the railway station.* 我们去火车站接我外婆了。☞ = **station** (1)

rain[1] /reɪn/ [名词] [无复数] 雨 *You'll get wet if you go out in the rain.* 如果下雨出去，你会淋湿的。

rain[2] /reɪn/ [动词] 下雨 *Oh no! It's raining again.* 哎呀！又下雨了。

rainy /ˈreɪni/ [形容词] 下雨的；多雨的 *On rainy days I have to stay indoors.* 下雨时我不得不待在屋里。

R

rainbow /ˈreɪnbəʊ; 美 -boʊ/ [名词] 彩虹 *Look! There's a rainbow!* 瞧！有一道彩虹！

raincoat /ˈreɪnkəʊt; 美 -koʊt/ [名词] 雨衣 *Have you brought your raincoat?* 你带雨衣了吗？

raise /reɪz/ [动词] 举起，抬起 *If you have a question, raise your hand.* 有问题的请举手。

ran /ræn/ **run** 的过去式 *Henry ran to the shop for some milk.* 亨利跑到商店买了些牛奶。

rang /ræŋ/ **ring** 的过去式 *Mum rang the school to say I was ill.* 妈妈给学校打电话说我病了。

rare /reə; 美 rer/ [形容词] 稀有的，罕见的 *This kind of bird is becoming very rare.* 这种鸟变得越来越稀少了。

rat /ræt/ [名词] (大)老鼠 *Rats sometimes spread disease.* 老鼠有时会传播疾病。

rather /ˈrɑːðə; 美 ˈræðər/ [副词] 很，相当 *It's rather cold today.* 今天天气相当冷。

would rather 宁愿，宁可 *I don't want to go tomorrow. I'd rather go today.* 我不想明天去，我宁愿今天去。

raw /rɔː/ [形容词] 生的；未煮过的 *Raw vegetables are good for your teeth.* 生吃蔬菜对牙齿有益。

reach /riːtʃ/ [动词] **1** 到达，抵达 *They reached London on Saturday.* 他们星期六抵达伦敦。☞ [同] **arrive**，**get** 到达 **2** 伸(手)去拿 *Henry reached out his hand and caught the ball.* 亨利伸手接住球。

read /riːd/ [动词] 读，阅读 *Do you enjoy reading?* 你喜欢看书吗？ ◇ *My father likes to read the newspaper before dinner.* 我爸爸喜欢在饭前看报。

ready /'redi/ [形容词] 准备好的 *Are you ready to go shopping with me?* 你准备跟我一起去购物吗？ ◇ *Go and wash your hands. The dinner's ready.* 去洗手，饭好了。

real /'rɪəl; 美 riːl/ [形容词] **1** 真的，真实的，真正的 *Is Joe Brown his real name?* 乔·布朗是他的真实姓名吗？ ◇ *Tell me the real reason.* 告诉我真正的原因。**2** 天然的，真的 *My schoolbag is real leather, not plastic.* 我的书包是真皮的，不是塑料的。

really /'rɪəli; 美 'riːli/ [副词] **1** 事实上；真正地 *You're not really sleeping — you're just pretending.* 你不是真的在睡觉，你只是在装睡。 **2** 非常 *I'm really hungry.* 我饿极了。**3** [表示兴趣、惊讶、怀疑等] 真的？ *'We're going to America for our holidays!' 'Really?'* ‘我们要去美国度假了！’‘真的？’

reason /'riːzn/ [名词] 原因，理由 *What's your reason for being so late?* 你迟到这么长时间的原因是什么？ ◇ *He said he couldn't come but he didn't give a reason.* 他说他不能来，但没说明原因。

receive /rɪ'siːv/ [动词] 收到，接到 *How many birthday cards did you receive?* 你收到多少张生日贺卡？

recent /'riːsnt/ [形容词] 最近的，近来的 *This is a recent photograph of my daughter.* 这是我女儿最近的一张照片。

R

recently /'riːsntli/ [副词] 最近，近来 *Have you seen Paul recently?* 你最近见过保罗吗？

recite /rɪ'saɪt/ [动词] 背诵 *Alice recited a poem in class.* 艾丽斯在班上背诵了一首诗。

recognize /'rekəgnaɪz/ [又作 **recognise**] [动词] 认出 *I recognized him but I couldn't remember his name.* 我认出了他，但记不起他的名字了。

record /rɪ'kɔːd; 美 -'kɔːrd/ [动词] 录音；录像 *Quiet, please! We're recording.* 请安静！我们在录音。

recorder /rɪ'kɔːdə; 美 -'kɔːrdər/ [名词] 录音机 *Henry has a cassette recorder.* 亨利有一台盒式录音机。

recover /rɪ'kʌvə; 美 -ər/ [动词] 康复，痊愈 *Have you recovered from your cold yet?* 你感冒好了吗？

rectangle /'rektæŋgl/ [名词] 长方形，矩形 *Do you know how to draw a rectangle?* 你会画长方形吗？

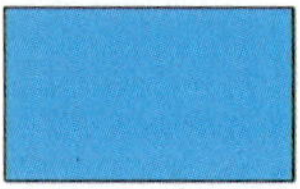

red[1] /red/ [形容词] [比较级 **redder**，最高级 **reddest**] 红色的 *Helen wore a red dress.* 海伦穿着一件红色连衣裙。

R

red[2] /red/ [名词] 红色 *'What's your favourite colour?' 'Red.'* '你最喜欢什么颜色？''红色。'

referee /ˌrefə'riː/ [名词] 裁判 *Just at that moment the referee blew his whistle.* 就在那个时候裁判吹哨了。

reflection /rɪ'flekʃn/ [名词]（镜中或水中的）映像，倒影 *We looked at our reflections in the lake.* 我们看着自己在湖中的倒影。

refrigerator /rɪ'frɪdʒəreɪtə; 美 -ər/ [名词] [正式] 冰箱 *Put the milk in the refrigerator.* 把牛奶放在冰箱里。
☞ = **fridge**

refuse /rɪ'fjuːz/ [动词] 拒绝 *I asked my brother to help me with my homework but he refused.* 我请哥哥帮我做作业，但他拒绝了。◇ *She refused to eat vegetables.* 她拒绝吃蔬菜。

region /'riːdʒən/ [名词] 地区 *We don't get very much snow in this region.* 我们这个地区不大下雪。

register /'redʒɪstə; 美 -ər/ [名词] 名单，名册 *The teacher calls the register first thing in the morning.* 老师早晨第一件事是点名。

regular /'regjʊlə; 美 -jələr/ [形容词] 有规律的；定期的 *Regular exercise is good for you.* 有规律的锻炼有益于健康。

regularly /'regjʊləli; 美 -jələrli/ [副词] 经常地；定期地 *Alice eats fruit regularly.* 艾丽斯经常吃水果。

regulation /ˌregju'leɪʃn; 美 -jə-/ [名词] 规则；条例 *All pupils must obey school regulations.* 所有学生都要遵守校规。

relative /'relətɪv/ [名词] 亲戚 *We'll be visiting relatives at Christmas.* 我们圣诞节要看望亲戚。

relax /rɪ'læks/ [动词] 休息，放松 *Don't worry about it — just try to relax.* 别担心，尽量放松。

remain /rɪ'meɪn/ [动词] **1** 逗留，留下 *I decided to remain at home.* 我决

定留在家里。 **2** 保持不变，仍然是 *Children can't remain quiet for long.* 儿童不可能长时间保持安静。

remember /rɪ'membə; 美 -ər/ [动词] 记得；记住 *I can't remember his phone number.* 我不记得他的电话号码了。◇ *Remember to bring your swimming things tomorrow!* 记住明天把你游泳的东西带来！ ☞ [反] **forget** 忘记

remind /rɪ'maɪnd/ [动词] 提醒 *Remind me to write to my uncle.* 提醒我给我叔叔写信。

remove /rɪ'muːv/ [动词] **1** 移开；拿走 *Will you remove your books from my desk?* 把你的书从我的桌子上拿走好吗？ **2** 脱掉；摘下 *He removed his hat and sat down.* 他摘下帽子坐了下来。

rent /rent/ [动词] 租用 *I'd like to rent a room.* 我想租一间房。

repair /rɪ'peə; 美 -'per/ [动词] 修理 *Can you repair my bike?* 你给我修修自行车行吗？

repeat /rɪ'piːt/ [动词] 重复 *Could you repeat it please?* 请你重复一遍好吗？

replace /rɪ'pleɪs/ [动词] **1** 更换，替换 *His watch broke so he replaced it with a new one.* 他的手表坏了，所以他换了一块新的。 **2** 把…放回原处 *He replaced the book on the shelf.* 他把书放回到书架上。

reply[1] /rɪ'plaɪ/ [动词] [现在分词 **replying**，过去式和过去分词 **replied**] 答复；回答 *Peter didn't reply to my question.* 彼得没有答复我的问题。

reply[2] /rɪ'plaɪ/ [名词] [复数 **replies**] 答复；回答 *Peter made no reply.* 彼得没有答复。

reptile /'reptaɪl; 美 -tl/ [名词] 爬行动物 *Do all reptiles lay eggs?* 所有爬行动物都下蛋吗？

reptiles 爬行动物

require /rɪ'kwaɪə; 美 -'kwaɪr/ [动词] 需要 *These plants need a lot of light.* 这些植物需要充足的光线。

rescue /'reskjuː/ [动词] 营救，救出 *They rescued the boy from the river.* 他们把那个男孩从河里救了上来。

respect[1] /rɪ'spekt/ [名词] 尊敬，敬

R

重 *Henry has great respect for the teacher.* 亨利非常尊敬老师。

respect² /rɪ'spekt/ [动词] 尊敬，敬重 *Students should respect their teacher.* 学生应该尊敬老师。

responsible /rɪ'spɒnsəbl; 美 rɪ'spɑːn-/ [形容词] [不用于名词前] 负责的 *Who is responsible for watering the flowers this week?* 这个星期谁负责浇花？

rest¹ /rest/ [动词] 休息 *I rested for an hour before I went out.* 我休息了一小时才出门。

rest² /rest/ [名词] **1** 休息 *We all need sleep and rest.* 我们都需要睡觉和休息。**2** [用作单数，与 **the** 连用，后跟单数或复数动词] 其余的人(或物) *Have you seen the rest of the children?* 你看见其余的孩子了吗？

restaurant /'restərɒnt; 美 -rənt/ [名词] 饭馆，餐馆 *We ate at the Chinese restaurant.* 我们在那家中餐馆吃的饭。

result /rɪ'zʌlt/ [名词] 结果；成绩 *What was the result of your examination — did you pass or fail?* 你的考试成绩怎么样，及格了还是没及格？

return /rɪ'tɜːn; 美 -'tɜːrn/ [动词] **1** 返回，回来 *When did you return from France?* 你什么时候从法国回来的？**2** 还，归还 *Could you return the book I lent you?* 你能否把我借给你的书还给我？

rhinoceros /raɪ'nɒsərəs; 美 -'nɑː-/ [名词] [复数 **rhinoceroses**] 犀牛 *The rhinoceros is an African or Asian animal.* 犀牛是一种产于非洲或亚洲的动物。

rhyme /raɪm/ [动词] 押韵 *'Tail' rhymes with 'mail'.* tail 和 mail 押韵。

rhythm /'rɪðəm/ [名词] 节奏 *People can dance to all sorts of rhythms.* 人们能伴随着各种各样的节奏跳舞。

ribbon /'rɪbən/ [名词] 丝带，缎带 *Alice wore a red ribbon in her hair.* 艾丽斯头发上系着一条红丝带。

rice /raɪs/ [名词] [无复数] 大米；米饭

Would you like boiled rice or fried rice? 你想吃煮饭还是炒饭?

rich /rɪtʃ/ [形容词] 富有的 *She's one of the richest people in the world.* 她是世界上最富有的人之一。☞ [反] **poor** 贫穷的

riddle /'rɪdl/ [名词] 谜语 *Do you know the answer to the riddle?* 你知道谜底吗?

ride[1] /raɪd/ [动词] [过去式 **rode** /rəʊd; 美 roʊd/, 过去分词 **ridden** /'rɪdn/] 骑(马、自行车等) *Henry loves riding his horse.* 亨利喜欢骑马。◇ *When did you learn to ride a bicycle?* 你什么时候学会骑自行车的?

ride[2] /raɪd/ [名词] 骑马;骑车 *We went for a ride on our bikes.* 我们去骑自行车了。

right[1] /raɪt/ [形容词] **1** 正确的, 对的 *The right answer is 12.* 正确答案是12。☞ ① [同] **correct**[1] 正确的, 对的 ② [反] **wrong** 错误的 **2** 右边的 *I write with my right hand.* 我用右手写字。☞ [反] **left**[2] 左边的

right[2] /raɪt/ [副词] **1** 正确地 *You guessed right.* 你猜对了。**2** 向右 *Turn right at the next traffic lights.* 在下一个红绿灯向右拐。☞ [反] **left**[3] 向左

right[3] /raɪt/ [名词] 右边 *My house is on the right of the road.* 我家在马路的右边。☞ [反] **left**[4] 左边

ring[1] /rɪŋ/ [名词] **1** 戒指 *She's wearing a diamond ring.* 她戴着一枚钻戒。**2** 圆圈 *The children sat in a ring.* 孩子们围坐成一圈。

ring[2] /rɪŋ/ [动词] [过去式 **rang** /ræŋ/, 过去分词 **rung** /rʌŋ/] **1** (给…)打电话 *What time will you ring tomorrow?* 你明天几点打电话? **2** (铃、电话等)响 *We were just going out when the telephone rang.* 我们正准备出去, 电话响了。**3** 按(门铃) *He rang the bell but no one came to the door.* 他按了门铃, 但没有人来开门。

ripe /raɪp/ [形容词] (水果、谷物等)成熟的 *This apple is not ripe yet — you can't eat it.* 这个苹果还没熟, 你不能吃。

rise /raɪz/ [动词] [过去式 **rose** /rəʊz; 美 roʊz/, 过去分词 **risen** /'rɪzn/] 升起 *The sun rises in the east and sets in the west.* 太阳从东方升起, 在西方落下。☞ [反] **set**[1] 落下

risk /rɪsk/ [名词] 危险, 风险 *Don't take any risks when you go swimming.* 游泳时不要冒险。

river /'rɪvə; 美 -ər/ [名词] 河, 江 *The*

R

longest river in Asia is the Yangtze. 亚洲最长的河流是长江。

road /rəʊd; 美 roʊd/ [名词] 路，道路，公路 *It's safer to cross this road by the pedestrian crossing.* 过这条马路时走人行横道更安全。

roar /rɔː; 美 rɔːr/ [动词] (狮、虎等)吼叫，咆哮 *The lion opened its huge mouth and roared.* 那头狮子张开大嘴吼叫起来。

R

roast /rəʊst; 美 roʊst/ [形容词] 烘烤的 *Henry likes roast duck.* 亨利喜欢吃烤鸭。

rob /rɒb; 美 rɑːb/ [动词] [现在分词 **robbing**，过去式和过去分词 **robbed**] 抢劫，盗窃 *The men robbed the bank.* 那几个人抢劫了银行。

robber /ˈrɒbə; 美 ˈrɑːbər/ [名词] 抢劫者，强盗，盗贼 *The robbers were sent to prison for robbing a bank.* 那几个抢劫犯因抢劫银行而入狱。

robot /ˈrəʊbɒt; 美 ˈroʊbɑːt/ [名词] 机器人 *Most of the work in the factory is now done by robots.* 现在工厂里大部分工作由机器人来做。

rock[1] /rɒk; 美 rɑːk/ [名词] 大石块 *We sat on a large rock.* 我们坐在一块巨石上。

rock[2] /rɒk; 美 rɑːk/ [动词] 摇摆 *I rocked the baby to sleep.* 我把宝宝摇睡了。

rocket /ˈrɒkɪt; 美 ˈrɑːkət/ [名词] 火箭 *In future we may be able to fly to the moon in a rocket.* 将来我们也许能坐火箭上月球。

rode /rəʊd; 美 roʊd/ **ride** 的过去式 *Paul jumped on his bike and rode off.* 保罗跳上自行车骑走了。

roll[1] /rəʊl; 美 roʊl/ [名词] 一卷 *I only had one roll of film left.* 我只剩下一卷胶卷。

roll[2] /rəʊl; 美 roʊl/ [动词] 滚动 *The pencil rolled off the table.* 那枝铅笔从桌子上滚了下来。
roll up 卷起 *Roll the paper up — don't fold it.* 把纸卷起来，不要折。

roof /ruːf/ [名词] [复数**roofs**] 屋顶 *The*

house has a flat roof. 这栋房子的屋顶是平的。

room /ruːm/ [名词] 房间 *His mother opened the door and came into the room.* 他妈妈打开门进了房间。

root /ruːt/ [名词] (植物的)根 *Plants take in water through their roots.* 植物通过根吸收水分。

rope /rəʊp; 美 roʊp/ [名词] 绳子 *They tied up the boat with rope.* 他们用绳子把船拴好。

rose[1] /rəʊz; 美 roʊz/ **rise**的过去式 *The sun rose at five o'clock.* 太阳5点升起。

rose[2] /rəʊz; 美 roʊz/ [名词] 玫瑰(花) *My father bought some red roses for my mother.* 我父亲给我母亲买了几朵红玫瑰。

rough /rʌf/ [形容词] **1** (表面)粗糙的 *I have rough skin on my hands.* 我的手皮肤粗糙。☞ [反] **smooth** 平滑的，光滑的 **2** 粗鲁的，粗野的，粗暴的 *He's a rough child.* 他是个粗野的孩子。

round[1] /raʊnd/ [形容词] 圆的 *CDs are round.* 激光唱片是圆的。◇ *This is a round table.* 这张桌子是圆的。

round[2] /raʊnd/ [副词] 朝另一方向(通常指反方向) *Turn your chair round.* 把你的椅子转过来。◇ *You're going the wrong way — you need to turn round and go back.* 你走错路了，应该转身往回走。

round[3] /raʊnd/ [介词] 围绕，环绕 *We sat round the table.* 我们围着桌子坐着。

row[1] /rəʊ; 美 roʊ/ [名词] (人或物的)(一)排，(一)行 *There are six desks in each row.* 每一排有6张书桌。◇ *Let's sit in the back row.* 我们坐在后排吧。

row[2] /rəʊ; 美 roʊ/ [动词] 划(船) *We often go rowing on the lake.* 我们常去湖里划船。

royal /'rɔɪəl/ [形容词] 国王的，女王的，王室的 *The royal family live in a palace.* 王室成员住在王宫里。

rub /rʌb/ [动词] [现在分词 **rubbing**，过去式和过去分词 **rubbed**] 擦；搓 *I rubbed my hands together to keep them warm.* 我来回搓着手取暖。

R

rub out (用橡皮或布)擦掉 *I rubbed the word out and wrote it again.* 我把字擦掉，又写了一个。

rubber /ˈrʌbə; 美 -ər/ [名词] **1** [无复数] 橡胶 *Do you know that tyres are made of rubber?* 你知道轮胎是橡胶做的吗？ **2** 橡皮；黑板擦 *If you need a rubber, there's one in my pencil box.* 如果你需要橡皮，我的铅笔盒里有一块儿。☞ **rubber** (**2**) 用于英国英语，美国英语通常用 **eraser**。

rubbish /ˈrʌbɪʃ/ [名词] [无复数] 垃圾，废物 *Could you put this rubbish outside in the dustbin?* 你把这些垃圾扔进外面的垃圾箱里好吗？

rude /ruːd/ [形容词] 粗鲁的，无礼的 *Don't be so rude to your father.* 不要对你父亲这么无礼。

rug /rʌg/ [名词] 小地毯 *The cat was asleep on the rug.* 猫在地毯上睡着了。

rugby /ˈrʌgbi/ [名词] [无复数] (英式) 橄榄球(运动) *Do you play rugby?* 你玩橄榄球吗？

rugby
(英式)橄榄球

American football
美式足球，美式橄榄球

ruin /ˈruːɪn/ [动词] 毁坏 *The storm ruined the crops.* 暴风雨毁坏了庄稼。

rule[1] /ruːl/ [名词] 规则 *You must always obey the school rules.* 你必须时刻遵守校规。

rule[2] /ruːl/ [动词] 统治 *Queen Victoria ruled England for 64 years.* 维多利亚女王统治了英国64年。

ruler /ˈruːlə; 美 -ər/ [名词] **1** 统治者 *The queen is the ruler of the country.* 女王是这个国家的统治者。**2** 尺，直尺 *Do you have a ruler?* 你有尺子吗？

run /rʌn/ [动词] [现在分词 **running**，过去式 **ran** /ræn/，过去分词 **run**] **1** 跑 *How fast can you run?* 你能跑多快？

2 (指水、液体等)流 *The water was running off the roof.* 水正从屋顶上流下来。

rung /rʌŋ/ **ring**的过去分词 *Have you rung the restaurant to book a table yet?* 你给餐馆打电话订餐桌了吗?

rush /rʌʃ/ [动词] 冲,奔 *She rushed to the phone.* 她冲向电话。

S s

sack /sæk/ [名词] 口袋，麻袋 *Dad bought a sack of rice.* 爸爸买了一袋大米。

sad /sæd/ [形容词] [比较级 **sadder**，最高级 **saddest**] 悲哀的，伤心的，难过的 *Peter was sad because the holiday was nearly over.* 彼得觉得不开心，因为假期快结束了。☞ [反] **happy** 高兴的，快乐的

saddle /ˈsædl/ [名词] （马的）鞍子；（自行车的）车座 *The man put a saddle on the horse.* 那个男人把马鞍装在马背上。

safe /seɪf/ [形容词] 安全的 *Don't sit on that chair. It isn't safe.* 不要坐那把椅子，不安全。☞ [反] **dangerous** 危险的

safely /ˈseɪfli/ [副词] 安全地 *The plane landed safely.* 飞机安全着陆了。

said /sed/ **say**的过去式和过去分词 *He said he wanted to see you.* 他说他想见你。

sail[1] /seɪl/ [动词] （坐船）航行 *They sail for America next week.* 他们下周坐船去美国。

sail[2] /seɪl/ [名词] 帆 *Does that boat have sails?* 那艘船有帆吗？

salad /ˈsæləd/ [名词] 色拉，沙拉 *For dessert we had fruit salad and ice cream.* 我们甜食吃的是水果沙拉和冰淇淋。

sale /seɪl/ [名词] 卖，出售 *He made a lot of money from the sale of his house.* 他卖了自己的房子，赚了不少钱。

for sale 待售 *Are these books for sale?* 这些书卖吗？

salt /sɔːlt/ [名词] [无复数] 盐 *The chicken soup needs a bit more salt.* 鸡汤需要再放点儿盐。

same[1] /seɪm/ [形容词] [与 **the** 连用] 相同的，同一的 *My sister and I go to the same school.* 我和妹妹上同一所学校。☞ [反] **different** 不同的

same[2] /seɪm/ [代词] [与 **the** 连用] 同样的事物 *Your pen is the same as mine.* 你的笔和我的一样。

sand /sænd/ [名词] [无复数] 沙，沙子 *The children were playing in the sand.* 孩子们正在沙滩上玩。

sandwich /ˈsænwɪdʒ/ [名词] [复数 **sandwiches**] 三明治 *These sandwiches are delicious.* 这些三明治很好吃。

sang /sæŋ/ **sing** 的过去式 *They sang three songs at the concert.* 他们在音乐会上唱了 3 首歌。

sank /sæŋk/ **sink** 的过去式 *The stone sank to the bottom of the pond.* 石头沉到了池塘底。

sat /sæt/ **sit** 的过去式和过去分词 *Henry sat down on the floor.* 亨利在地板上坐下来。

satellite /ˈsætəlaɪt/ [名词] **1** 卫星 *The moon is a satellite of the earth.* 月亮是地球的卫星。**2** 人造卫星 *Do you have satellite television?* 你有卫星电视吗?

satisfy /ˈsætɪsfaɪ/ [动词] [现在分词 **satisfying**，过去式和过去分词 **satisfied**] 使满意 *Henry works hard because he wants to satisfy his mother.* 亨利非常用功，因为他想让母亲感到满意。

Saturday /ˈsætədeɪ; 美 -ər-/ [名词] 星期六 *It's Saturday tomorrow.* 明天是星期六。☞ ① 参见 **Monday** 的示例。② **Sat** 是 **Saturday** 的缩写。

sauce /sɔːs/ [名词] 调味汁；酱 *I like tomato sauce with my chips.* 我喜欢吃薯条蘸番茄酱。

saucer /ˈsɔːsə; 美 -ər/ [名词] 茶碟 *There are three cups but only two saucers.* 有三个茶杯，但只有两个茶碟。

sausage /ˈsɒsɪdʒ; 美 ˈsɔː-/ [名词] 香肠 *I have sausages and eggs for breakfast.* 我早餐吃香肠和鸡蛋。

save /seɪv/ [动词] **1** 救，挽救 *The doctor saved his life.* 医生救了他的命。

S

2 保留，留下 *Save some of the cake for tomorrow.* 留点儿蛋糕明天吃。

saw[1] /sɔː/ **see** 的过去式 *I saw Henry this morning but he didn't see me.* 我今天早晨看见亨利了，但他没看见我。

saw[2] /sɔː/ [名词] 锯 *He cut the wood with a saw.* 他用锯把木头锯开。

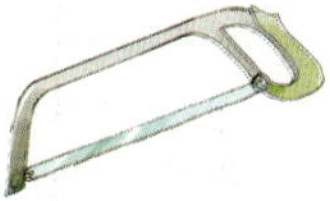

say /seɪ/ [动词] [过去式和过去分词 **said** /sed/] 说 *What did he say to you?* 他对你说什么啦？◇ *He said he was going home.* 他说他要回家。

scales /skeɪlz/ [名词] [复数] 天平；磅秤 *I weighed myself on the scales.* 我在磅秤上秤了秤体重。

scar /skɑː; 美 skɑːr/ [名词] 伤痕，伤疤 *He has some scars on his leg.* 他的腿上有几处伤疤。

scare /skeə; 美 sker/ [动词] 吓，使恐惧，使害怕 *That noise scared me!* 那响声把我吓坏了！

scared /skeəd; 美 skerd/ [形容词] 受到惊吓的，感到害怕的 *Are you scared of snakes?* 你怕蛇吗？

scarf /skɑːf; 美 skɑːrf/ [名词] [复数 **scarfs** 或 **scarves** /skɑːvz; 美 skɑːrvz/] 围巾，头巾 *You need a warm scarf if you visit Britain in the winter.* 如果你冬天访问英国，需要带一条暖和的围巾。

scatter /'skætə; 美 -ər/ [动词] 撒；撒播 *We scattered the seeds in the garden.* 我们把种子撒在园子里。

school /skuːl/ [名词] 学校 *Which school does your sister go to?* 你妹妹上哪所学校？

science /'saɪəns/ [名词] [无复数] 科学；理科 *Henry is good at science.* 亨利擅长科学。

scientist /'saɪəntɪst; 美 -əst/ [名词] 科学家 *Newton was one of the greatest scientists in the world.* 牛顿是世界上最伟大的科学家之一。

scissors /'sɪzəz; 美 -ərz/ [名词] [复数] 剪刀 *Be careful with these scissors — they're very sharp.* 小心这把剪刀，很锋利。

scold /skəʊld; 美 skoʊld/ [动词] 责骂，训斥 *Don't scold the child. It's not*

S

his fault. 不要训斥孩子，这不是他的错。

score[1] /skɔː; 美 skɔːr/ [名词] 分数；比分 *What's your score?* 你得了多少分？

score[2] /skɔː; 美 skɔːr/ [动词] 得(分) *Each correct answer scores five points.* 每个正确答案得5分。◇ *Henry scored the highest marks in the exam.* 亨利在这次考试中得了最高分。

scrape /skreɪp/ [动词] **1** 刮掉，擦掉 *Scrape all the mud off your shoes before you come in.* 把你鞋子上的泥都刮掉然后再进来。**2** 擦伤，刮坏 *Henry fell and scraped his knee.* 亨利摔了一跤，擦伤了膝盖。

scratch /skrætʃ/ [动词] **1** 抓伤，划破 *The cat scratched me!* 猫把我抓伤了！ **2** 挠，搔 *Could you scratch my back for me?* 你给我挠挠背行吗？

scream /skriːm/ [动词] 尖叫 *Peter screamed when he saw the rat.* 彼得看见那只老鼠时尖叫了起来。

screen /skriːn/ [名词] (电视、电脑等的)屏幕；荧光屏 *Henry pressed the wrong key and the screen went blank.* 亨利按错了键，屏幕变成一片空白。

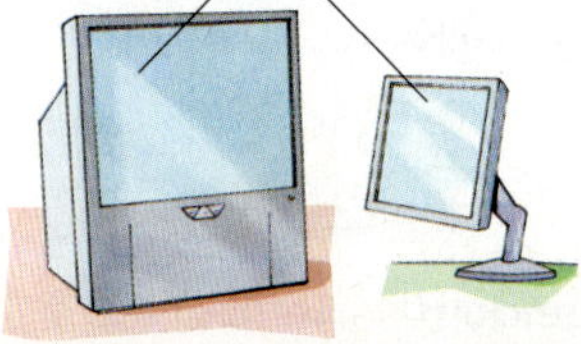

screw /skruː/ [名词] 螺丝(钉) *This screw is loose.* 这个螺丝松了。

scrub /skrʌb/ [动词] [现在分词 **scrubbing**，过去式和过去分词 **scrubbed**] 擦洗 *Mum scrubbed the floor.* 妈妈擦洗了地板。

sea /siː/ [名词] [无复数，常与 **the** 连用] 海，海洋 *Let's go for a swim in the sea.* 我们去海里游泳吧。

seafood /ˈsiːfuːd/ [名词] [无复数] 海味，海鲜 *You can eat seafood in this restaurant.* 你可以在这家餐馆吃海鲜。

S

seagull /ˈsiːgʌl/ [名词] 海鸥 *There are lots of seagulls near the fishing boats.* 渔船附近聚集了许多海鸥。

seal[1] /siːl/ [名词] 海豹 *I saw some seals at the zoo.* 我在动物园里看见了几只海豹。

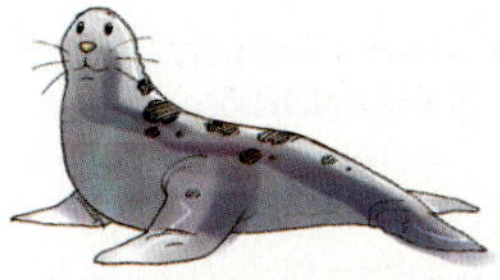

seal[2] /siːl/ [动词] 封 *Henry sealed the envelope.* 亨利把信封封上了。

search /sɜːtʃ; 美 sɜːrtʃ/ [动词] 寻找，搜寻 *They are still searching for the missing child.* 他们仍在寻找那个失踪的孩子。

seaside /ˈsiːsaɪd/ [名词] [用作单数，常与 **the** 连用] 海边，海滨 *Let's go to the seaside.* 我们去海边吧。

season /ˈsiːzn/ [名词] 季(节) *Summer is the hottest season.* 夏天是最热的季节。

seat /siːt/ [名词] 座位 *The teacher told us all to go back to our seats.* 老师让我们都回到自己的座位上。

second[1] /ˈsekənd/ [数词] 第二 *Tuesday is the second day of the week.* 星期二是一个星期的第二天。◇ *I came second in the race.* 我在赛跑中得了第二名。

second[2] /ˈsekənd/ [名词] **1** 秒 *There are 60 seconds in one minute.* 1分钟有60秒。**2** 一会儿；片刻 *Wait a second!* 等一会儿！

secret[1] /ˈsiːkrət/ [名词] 秘密 *You mustn't tell anyone — it's a secret.* 你不要告诉任何人，这是一个秘密。◇ *Can you keep a secret?* 你能保密吗？

secret[2] /ˈsiːkrət/ [形容词] 秘密的 *They made a secret plan.* 他们制订了一个秘密计划。

see /siː/ [动词] [过去式 **saw** /sɔː/，过去分词**seen** /siːn/] **1** 看见，看到 *It's too dark in here — I can't see anything.* 这里太暗，我什么也看不见。**2** 观看(电影等) *What film shall we go and see?* 我们去看什么电影？ **3** 理解，领会 *Do you see what I mean?* 你懂我的意思吗？ **4** 会见；看望 *You should go and see a doctor.* 你应该去看医生。

seed /siːd/ [名词] 种(子)；籽 *Where did you plant the seeds?* 你把种子种在哪里了？

seem /siːm/ [动词] 似乎，好像 *She seems tired.* 她好像累了。◇ *He seems a nice man.* 他像是个不错的人。

seen /siːn/ **see** 的过去分词 *Have you seen Alice this morning?* 你今天上午看见艾丽斯了吗？

seesaw /ˈsiːsɔː/ [名词] 跷跷板 *The children were playing on the seesaw.* 孩子们正在玩跷跷板。

seldom /ˈseldəm/ [副词] 不常，很少

He seldom goes out. 他很少出去。

selfish /'selfɪʃ/ [形容词] 自私的 *Mark is a selfish boy and won't let anyone play with his computer games.* 马克是个自私的男孩，他不让任何人玩他的电脑游戏。

sell /sel/ [动词] [过去式和过去分词**sold** /səʊld; 美 soʊld/] 卖 *Does that shop sell ice cream?* 那个商店卖冰淇淋吗？ ☞ [反] **buy** 买

send /send/ [动词] [过去式和过去分词 **sent** /sent/] 发送；寄 *Do you know how to send emails?* 你会发电子邮件吗？ ◇ *Don't forget to send me a postcard.* 别忘了给我寄一张明信片。

sense /sens/ [名词] **1** 感官；官能(指视觉、听觉、嗅觉、味觉和触觉) *Dogs have a good sense of smell.* 狗的嗅觉很灵敏。**2** 意思；意义 *This word has four senses.* 这个词有四个意思。

sensible /'sensəbl/ [形容词] 明智的；合理的 *It's sensible to stay at home when you have a bad cold.* 得了重感冒待在家里是明智的。

sent /sent/ **send**的过去式和过去分词 *I sent Peter a postcard.* 我给彼得寄了一张明信片。

sentence /'sentəns/ [名词] 句子 *A sentence should end with a full stop, a question mark or an exclamation mark.* 句子应该用句号、问号或感叹号结尾。

separate[1] /'sepərət/ [形容词] 分开的 *Cut the cake into six separate pieces.* 把蛋糕切成6块。

separate[2] /'sepəreɪt/ [动词] 把…分开 *The teacher separated the pupils into three groups.* 老师把学生分成了三组。

September /sep'tembə; 美 -ər/ [名词] 九月 *She was born in September.* 她是9月出生的。 ☞ ① 参见**August**的示例。② **Sep**是**September**的缩写。

series /'sɪəriːz; 美 'sɪr-/ [名词] [复数 **series**] 连续，系列 *Have you been watching the series about dinosaurs?* 你一直在看恐龙系列片吗？

serious /'sɪəriəs; 美 'sɪr-/ [形容词] **1** 严重的 *Pollution is a very serious problem.* 污染是一个非常严重的问题。**2** 严肃的；认真的 *John is a serious child.* 约翰是个严肃的孩子。

serve /sɜːv; 美 sɜːrv/ [动词] **1** (为…)服务；(为…)服役 *He served in the army for ten years.* 他在军队服了10年役。**2** 为…端上(或摆出)食物(或饮料等)；端上，摆出(食物或饮料等) *I'm going to serve the soup now.* 我现在就把汤端上来。

set[1] /set/ [动词] [现在分词 **setting**,

S

过去式和过去分词**set**] **1** 放 *She set the flowers on the table.* 她把花放在桌子上。**2** (日、月等)落下 *The sun sets early in winter.* 冬天日落早。☞ [反] **rise** 升起

set² /set/ [名词] **1** (一)套;(一)组 *I have a set of American stamps.* 我有一套美国邮票。 **2** 电视机;收音机 *They have two television sets in the house.* 他们家里有两台电视机。

seven /'sevn/ [数词] 七 *Three and four is seven.* 3加4等于7。 ☞ 参见 **five** 的示例。

S

seventeen /ˌsevn'tiːn/ [数词] 十七 *Ten and seven make seventeen.* 10加7等于17。 ☞ 参见 **five** 的示例。

seventh /'sevnθ/ [数词] 第七 *Today is the seventh of July.* 今天是7月7日。 ☞ 参见 **fifth** 的示例。

seventy /'sevnti/ [数词] 七十 *Ten times seven is seventy.* 10乘7得70。 ☞ 参见 **fifty** 的示例。

several /'sevrəl/ [形容词] 几个的,数个的 *Several pupils got full marks in the exam.* 有几个学生在这次考试中得了满分。

sew /səʊ; 美 soʊ/ [动词] [过去式

sewed,过去分词**sewn** /səʊn; 美 soʊn/ 或 **sewed**] 缝,缝制,缝补 *Granny has sewn some clothes for my doll.* 奶奶给我的洋娃娃缝了几件衣服。

shade /ʃeɪd/ [名词] [无复数] 荫;阴凉处 *Let's sit in the shade and keep cool.* 我们坐在阴凉处乘乘凉吧。

shadow /'ʃædəʊ; 美 -oʊ/ [名词] 阴影;影子 *The dog is chasing its own shadow.* 狗在追自己的影子。

shake /ʃeɪk/ [动词] [过去式 **shook** /ʃʊk/,过去分词 **shaken** /'ʃeɪkən/] 摇,摇动 *Shake the bottle before you open it.* 把瓶子摇一摇再打开。

shake hands (with sb) (与某人)握手 [表示问候或道别等] *The two men shook hands.* 那两个男人握了握手。

shake your head 摇头 [表示不同意] *'Are you coming?' I asked. Paul shook his head.* '你来吗?' 我问道。保罗摇了摇头。

shall /强 ʃæl; 弱 ʃəl/ [情态动词] **1** [旧

式用法] 将要，会 *This time next week I shall be in London.* 下个星期的这个时候我就在伦敦了。**2** [表示提议或建议等] …好吗? *Shall I help you carry that box?* 我帮你提那个箱子好吗?

shallow /'ʃæləʊ; 美 -oʊ/ [形容词] 浅的 *The sea is shallow here.* 这里的海水浅。☞ [反] **deep** 深的

shampoo /ʃæm'puː/ [名词] 洗发剂，洗发液，洗发膏 *I wash my hair with shampoo.* 我用洗发膏洗头。

shape /ʃeɪp/ [名词] 形状 *What shape is an orange, round or oval?* 橙子是什么形状的，圆的还是椭圆的?

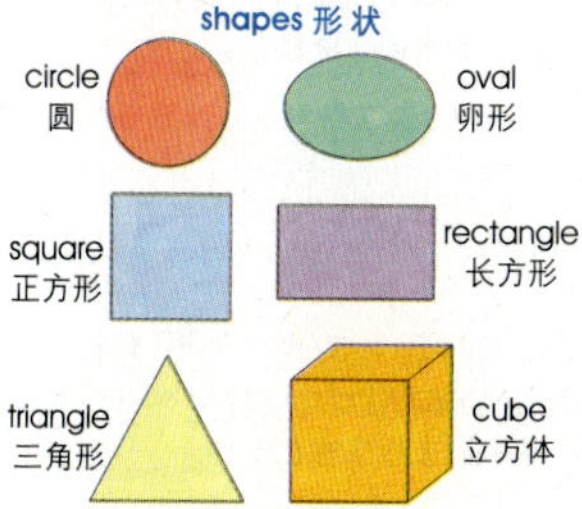

share /ʃeə; 美 ʃer/ [动词] **1** 均分；分享 *We shared the cake between us.* 我们俩人把蛋糕分了。**2** 共有；共用 *The twins share a bedroom.* 这对双胞胎共用一间卧室。

shark /ʃɑːk; 美 ʃɑːrk/ [名词] 鲨鱼 *Most sharks live in the sea, but some sharks live in rivers, too.* 大多数鲨鱼生活在海里，但也有一些鲨鱼生活在河里。

sharp /ʃɑːp; 美 ʃɑːrp/ [形容词] 锋利的，锐利的；尖的 *Be careful, Peter — that knife's very sharp.* 小心，彼得——那把刀很锋利。◇ *I need a ruler and a sharp pencil.* 我需要一把尺子和一枝削尖的铅笔。☞ [反] **blunt** 钝的

sharpen /'ʃɑːpən; 美 'ʃɑːr-/ [动词] (把…) 削尖 *Helen helped me to sharpen all my pencils.* 海伦帮我把所有的铅笔都削尖了。

sharpener /'ʃɑːpnə; 美 'ʃɑːrpnər/ [名词] 铅笔刀 *I can't find my pencil sharpener.* 我找不着我的铅笔刀了。

shave /ʃeɪv/ [动词] 剃须；刮胡子；刮脸 *My dad shaves every morning.* 我爸爸每天早晨都刮胡子。

she /强 ʃiː; 弱 ʃi/ [代词] [主格] 她 *Who does she look like?* 她长得像谁?

sheep /ʃiːp/ [名词] [复数 **sheep**] 绵羊 *There were some sheep in the field.* 地里有几只绵羊。

sheet /ʃiːt/ [名词] **1** 被单，床单 *I change the sheets on my bed every week.* 我每周都换床单。 **2** 一张(纸) *Give me a sheet of paper, please.* 请给我一张纸。

shelf /ʃelf/ [名词] [复数 **shelves** /ʃelvz/] (墙上的)架子 *He took a cup from the shelf.* 他从架子上取下一个杯子。

shell /ʃel/ [名词] 壳；贝壳 *Where shall I put the empty shells?* 这些空壳放哪里? ◇ *The crab has a hard shell.* 螃蟹长有硬壳。

she'll /强 ʃiːl; 弱 ʃil/ **she will** 的缩写 *She'll be back in a minute.* 她马上就回来。

shelter /ˈʃeltə; 美 -ər/ [名词] 隐蔽处，躲避处，避难所 *He waited in the bus shelter for the next bus.* 他在候车亭里等下一班公共汽车。

she's /强 ʃiːz; 弱 ʃiz/ **1 she is** 的缩写 *She's very tall.* 她个子很高。 **2 she has** 的缩写 *She's got a new car.* 她有一辆新车。

shine /ʃaɪn/ [动词] [过去式和过去分词 **shone** /ʃɒn; 美 ʃoʊn/] 照耀；发光 *The sun is shining today.* 今天阳光灿烂。

ship /ʃɪp/ [名词] 船，轮船 *Do you love travelling by ship?* 你喜欢坐船旅行吗?

shirt /ʃɜːt; 美 ʃɜːrt/ [名词] (男式)衬衫 *Remember to put on a clean shirt.* 别忘了穿上一件干净衬衫。

shiver /ˈʃɪvə; 美 -ər/ [动词] 颤抖，哆嗦 *The cold wind made us shiver.* 寒风冻得我们直打哆嗦。

shoe /ʃuː/ [名词] 鞋 *What size are your shoes?* 你的鞋是多大号的？ ◇ *Where's my other shoe?* 我的另一只鞋在哪里？

shone /ʃɒn; 美 ʃoʊn/ **shine**的过去式和过去分词 *The sea shone in the light of the moon.* 大海在月光下闪闪发光。

shook /ʃʊk/ **shake** 的过去式和过去分词 *When they met, the two men shook hands.* 那两名男子见面时握了握手。

shoot /ʃuːt/ [动词] [过去式和过去分词**shot** /ʃɒt; 美 ʃaːt/] **1** 开（枪）；射（箭） *Don't shoot!* 不要开枪！ ◇ *He shot an arrow at the target, but missed it.* 他朝靶子射了一箭，但没射中。

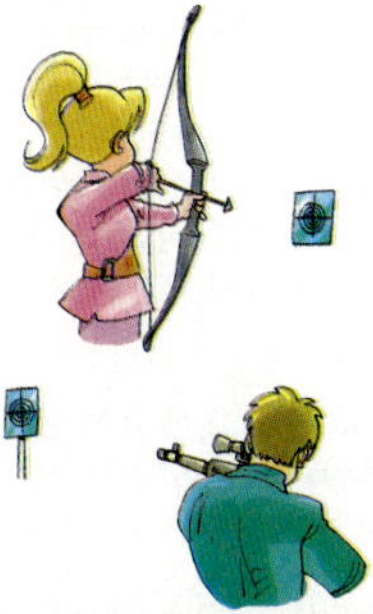

2 用枪射击 *The policeman was shot in the arm.* 警察的胳膊中了一枪。 **3** 射门；投篮 *Henry shot and scored.* 亨利射门得分。

shop /ʃɒp; 美 ʃaːp/ [名词] 商店；店铺 *Please go to the shop and buy some milk.* 请到商店里买些牛奶。 ☞ 英国英语用 **shop**，美国英语用 **store**。

shopping /ˈʃɒpɪŋ; 美 ˈʃaː-/ [名词] [无复数] **1** 买东西，购物 *We usually go shopping on Saturday afternoon.* 我们通常星期六下午去购物。 **2** 买的东西 *Put the shopping on the table.* 把买的东西放在桌子上。

shore /ʃɔː; 美 ʃɔːr/ [名词] (海、河、湖的)岸，滨 *We searched along the sea shore for shells.* 我们沿着海岸寻找贝壳。

short /ʃɔːt; 美 ʃɔːrt/ [形容词] **1** 短的 *The film was quite short. It was over in less than an hour.* 那部电影相当短，不到一小时就结束了。 ☞ [反] **long** 长的 **2** 矮的 *Peter is a lot shorter than you.* 彼得比你矮多了。 ☞ [反] **tall** 高的

shorts /ʃɔːts; 美 ʃɔːrts/ [名词] [复数] 短裤 *She was wearing a red T-shirt and a pair of white shorts.* 她穿着一件红 T 恤衫和一条白短裤。

shot /ʃɒt; 美 ʃaːt/ **shoot** 的过去式和过去分词 *He was shot in the back.* 他的

S

背中了一枪。

should /强 ʃʊd; 弱 ʃəd/ [情态动词] 应该 *You should finish your homework before you go out and play.* 你应该做完作业再出去玩。

shoulder /'ʃəʊldə; 美 'ʃoʊldər/ [名词] 肩，肩膀 *He carried the child on his shoulders.* 他把孩子驮在肩上。

shout /ʃaʊt/ [动词] 喊，喊叫，大叫 *I can hear you — there's no need to shout.* 我能听见你，没必要喊叫。

show[1] /ʃəʊ; 美 ʃoʊ/ [动词] [过去式 **showed**，过去分词 **shown** /ʃəʊn; 美 ʃoʊn/ 或 **showed**] **1** 给…看，出示，展示 *Show me the picture you drew.* 给我看看你画的画。**2** 示范，解释，说明 *Can you show me how to use your camera?* 你能给我示范一下怎样使用你的相机吗？

show[2] /ʃəʊ; 美 ʃoʊ/ [名词] 演出；表演；节目 *What television shows do you usually watch?* 你通常看什么电视节目？

shower /'ʃaʊə; 美 'ʃaʊr/ [名词] **1**（淋浴用的）喷头，淋浴器 *Press this button to turn the shower on.* 按这个按钮把喷头打开。◇ *Is there anybody in the shower?* 有人在洗淋浴吗？ **2** 淋浴 *He's having a shower.* 他在洗淋浴。

3 阵雨 *We may have some showers today.* 今天可能有阵雨。

shown /ʃəʊn; 美 ʃoʊn/ **show** 的过去分词 *Have you shown her the photos?* 你给她看过这些照片吗？

shrink /ʃrɪŋk/ [动词] [过去式 **shrank** /ʃræŋk/ 或 **shrunk** /ʃrʌŋk/，过去分词 **shrunk**] 收缩，缩水 *Henry's T-shirt shrank when he washed it.* 亨利的T恤衫一洗就缩水了。

shut /ʃʌt/ [动词] [现在分词 **shutting**，过去式和过去分词 **shut**] **1** 关上；闭上；合上 *Can you shut the door, please?* 请把门关上好吗？◇ *Shut your books, please.* 请把书本合上。☞ ① [同] **close**[1] 关上；闭上；合上 ② [反] **open**[2] 开；打开；张开；睁开 **2** 关门；停止营业 *The shops shut at six o'clock today.* 商店今天6点关门。☞ ① [同] **close**[1] 关门；停止营业 ② [反] **open**[2] 开门；营业

shy /ʃaɪ/ [形容词] 害羞的，腼腆的 *The child was shy and hid behind his mother.* 这孩子害羞，躲在了母亲身后。

sick /sɪk/ [形容词] 生病的 *Her mother's very sick.* 她母亲病得很重。☞ 参见**ill**‘生病的’。

feel sick 恶心的，作呕的 *I felt sick*

S

when the ship started to move. 轮船一开，我就觉得要呕吐了。

side /saɪd/ [名词] 1 (物体的)面 *A cube has six sides.* 立方体有6个面。 2 边 *Henry is sitting at my right side and Peter is on my left side.* 亨利坐在我的右边，彼得坐在我的左边。3 (比赛的)队 *My side won again!* 我们队又赢了！

sidewalk /'saɪdwɔːk/ [名词] [美国英语] = **pavement**

sigh /saɪ/ [动词] 叹息，叹气 *'I'll wait,' he said with a sigh.* '我等，' 他叹了口气说。

sight /saɪt/ [名词] 1 [无复数] 视力；视觉 *She has very good sight.* 她的视力很好。◇ *He lost his sight in a car accident.* 他在一次车祸中失明了。2 [用作复数] 名胜；风景 *We're going to Paris for the weekend to see the sights.* 我们打算周末去巴黎观光。

sign¹ /saɪn/ [名词] 标志；标记；指示牌 *The sign said 'No Smoking'.* 指示牌上写着 '禁止吸烟'。

sign² /saɪn/ [动词] 签(名)；签(字)；在…上签名(或签字) *Sign here, please.* 请在这里签字。◇ *Sign your name here, please.* 请在这里签名。◇ *Have you signed the letter?* 你在信上签字了吗？

signal /'sɪgnəl/ [名词] 信号 *Don't start until I give the signal.* 等我发出信号再开始。

silent /'saɪlənt/ [形容词] 1 沉默的 *Henry was silent for a moment.* 亨利沉默了片刻。2 无声的，寂静的 *The streets were silent at night.* 夜里街道上一片寂静。

silk /sɪlk/ [名词] [无复数] 丝；丝绸 *Is your scarf made of silk?* 你的围巾是丝的吗？

silly /'sɪli/ [形容词] [比较级 **sillier**，最高级 **silliest**] 愚蠢的；傻的 *What a silly question!* 多么傻的问题！◇ *Don't be so silly!* 别这么傻了！

silver /'sɪlvə; 美 -ər/ [名词] [无复数] 银 *Is your chain silver?* 你的项链是银的吗？◇ *Her ring is made of silver.* 她的戒指是银的。

similar /'sɪmələ; 美 -ər/ [形容词] 相似的，类似的 *Our dresses are similar.* 我们的连衣裙很相似。◇ *His interests are similar to mine.* 他的兴趣和我的相似。

simple /'sɪmpl/ [形容词] 简单的 *It's a simple question — do you want to come or not?* 这个问题很简单，你想来还是不想来？

S

since /sɪns/ [介词] 自从…以来 *He has lived in London since 2000.* 他自2000年以来就住在伦敦。

sing /sɪŋ/ [动词] [过去式 **sang** /sæŋ/, 过去分词 **sung** /sʌŋ/] 唱；唱歌 *Alice likes to sing and dance.* 艾丽斯喜欢唱歌跳舞。◇ *She's going to sing a song at the school concert.* 她要在学校音乐会上唱一首歌。

singer /'sɪŋə; 美 -ər/ [名词] 歌唱家，歌手 *Who's your favourite singer?* 你最喜爱的歌手是谁？

single /'sɪŋgl/ [形容词] **1** [只用于名词前] 单一的，单个的 *She didn't say a single word.* 她一句话都没说。**2** 单人的 *I sleep in a single bed.* 我睡单人床。**3** 单身的，独身的 *Are you married or single?* 你是已婚还是单身？ **4** 单程的 *How much is a single ticket to London, please?* 请问，到伦敦的单程票多少钱一张？

sink[1] /sɪŋk/ [动词] [过去式 **sank** /sæŋk/, 过去分词 **sunk** /sʌŋk/] 下沉，沉没 *The ship is sinking.* 船在下沉。

sink[2] /sɪŋk/ [名词] (厨房的) 洗涤槽 *Put the dishes in the sink.* 把碟子放在洗涤槽里。

sink
洗涤槽

sip /sɪp/ [动词] [现在分词 **sipping**，过去式和过去分词 **sipped**] 小口地喝；抿 *He sipped the hot tea.* 他抿着热茶。

sir /强 sɜː; 美 sɜːr; 弱 sə; 美 sər/ [名词] [用作单数] [对男士的尊称] 先生；[英国小学生对男教师的称呼] 老师 *'Good morning, children.' 'Good morning, sir.'* '同学们，早上好。' '老师，早上好。'

sister /'sɪstə; 美 -ər/ [名词] 姐；妹 *I've got one brother and two sisters.* 我有一个弟弟两个妹妹。

sit /sɪt/ [动词] [现在分词 **sitting**，过去式和过去分词 **sat** /sæt/] 坐 *Come and sit next to me.* 来坐在我旁边。

sit down 坐下 *Would you like to sit down?* 你坐下好吗？

six /sɪks/ [数词] 六 *Three and three make six.* 3加3等于6。☞ 参见 **five** 的示例。

sixteen /ˌsɪks'tiːn/ [数词] 十六 *Ten and six make sixteen.* 10加6等于16。☞ 参见 **five** 的示例。

sixth /sɪksθ/ [数词] 第六 *Today is the sixth of May.* 今天是5月6日。☞ 参见 **fifth** 的示例。

sixty /'sɪksti/ [数词] 六十 *Ten times six is sixty.* 10乘6得60。☞ 参见 **fifty** 的示例。

size /saɪz/ [名词] **1** 大小；尺寸 *His room is the same size as mine.* 他的房间跟我的一样大。**2** (服装、鞋等)号，码 *'What size shoes do you take?' 'Size 36.'* '你穿多大号的鞋？' '36号。'

skate[1] /skeɪt/ [名词] 滑冰鞋 *Do you have skates?* 你有滑冰鞋吗？

skate[2] /skeɪt/ [动词] 滑冰，溜冰 *Can you skate?* 你会滑冰吗？

skeleton /'skelɪtn/ [名词] (人体或动物的)骨骼，骨架 *The human skeleton consists of 206 bones.* 人体骨骼由206块骨头组成。

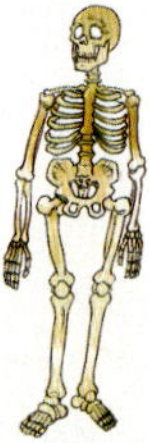

sketch /sketʃ/ [动词] 画…的素描，画…的速写 *I sketched the house.* 我画了一幅那栋房子的素描。

ski[1] /skiː/ [名词] 滑雪板 *She put on her skis.* 她穿上滑雪板。

ski[2] /skiː/ [动词] [现在分词 **skiing**，过去式和过去分词 **skied**] 滑雪 *How well do you ski?* 你滑雪滑得怎么样？

skid /skɪd/ [动词] [现在分词**skidding**，过去式和过去分词 **skidded**] 打滑 *The car skidded on the ice.* 汽车在冰上打滑。

skill /skɪl/ [名词] 技能；技巧；技术 *Listening, speaking, reading and writing are four different skills.* 听、说、读、写是四种不同的技能。

skin /skɪn/ [名词] **1** (人或动物的)皮；皮肤 *She has pale skin.* 她皮肤白皙。**2** (水果或蔬菜的) 皮 *Peter slipped on a banana skin.* 彼得踩在香蕉皮上滑倒了。

skip /skɪp/ [动词] [现在分词**skipping**，过去式和过去分词 **skipped**] **1** 蹦蹦跳跳地走 *A little girl came skipping along the road.* 一个小女孩沿着马路蹦蹦跳跳地走来。**2** 跳绳 *The girls were skipping in the playground.* 女孩子们正在操场上跳绳。☞ 在美国英语中，说'跳绳'用 **jump rope**。

S

skirt /skɜːt; 美 skɜːrt/ [名词] 裙子 *She wore a white blouse and a blue skirt.* 她穿着白衬衫蓝裙子。

sky /skaɪ/ [名词] [复数 **skies**，通常用作单数] 天；天空 *There wasn't a cloud in the sky.* 天上没有云彩。

S

slap /slæp/ [动词] [现在分词**slapping**，过去式和过去分词**slapped**] 用巴掌打，拍打 *He slapped me in the face.* 他打了我一个耳光。

sleep[1] /sliːp/ [动词] [过去式和过去分词**slept** /slept/] 睡；睡觉 *Did you sleep well?* 你睡得好吗？ ◇ *The baby's sleeping.* 宝宝在睡觉。

sleep[2] /sliːp/ [名词] 睡觉，睡眠 *Did you have a good sleep?* 你睡得好吗？
go to sleep 入睡 *Henry went to sleep when he closed his eyes.* 亨利一闭上眼睛就睡着了。

sleepy /ˈsliːpi/ [形容词] 困倦的；欲睡的 *You look sleepy — it's time for bed.* 你好像困了，该上床睡觉了。

sleeve /sliːv/ [名词] 袖子 *Dad's wearing a shirt with short sleeves.* 爸爸穿着一件短袖衬衫。

slept /slept/ **sleep**的过去式和过去分词 *Have you ever slept in a tent?* 你在帐篷里睡过吗？

slice /slaɪs/ [名词] 一片（食物） *Cut the bread in thin slices.* 把面包切成薄片。

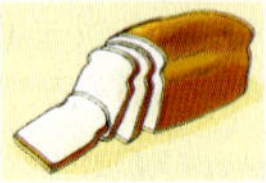

slide[1] /ˈslaɪd/ [动词] [过去式和过去分词 **slid** /slɪd/] （使）滑动 *The children were sliding on the ice.* 孩子们正在冰上滑。

slide[2] /ˈslaɪd/ [名词] 滑梯 *My dad has put up a small slide in our garden.* 我爸爸在我们家的花园里搭建了一个小滑梯。

slim /slɪm/ [形容词] 苗条的，细长的 *Our English teacher is tall and slim.* 我们英语老师身材高挑儿。

slip /slɪp/ [动词] [现在分词 **slipping**，

过去式和过去分词 **slipped**] 滑；滑倒 *I slipped and fell downstairs.* 我滑了一跤，从楼梯上摔了下来。

slipper /ˈslɪpə; 美 -ər/ [名词] 拖鞋，便鞋 *Where are my slippers?* 我的拖鞋在哪里？

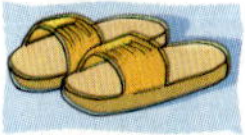

slippery /ˈslɪpəri/ [形容词]（指表面或物体）滑的，滑溜的 *Be careful — the floor is very slippery.* 小心，地板很滑。

slope /sləʊp; 美 sloʊp/ [名词] 斜坡 *This slope is too steep.* 这个斜坡太陡了。

slot /slɒt; 美 slɑːt/ [名词]（机器或工具上的）狭长口；投币口；投信口 *Put the coins in this slot.* 把硬币放入这个投币口。

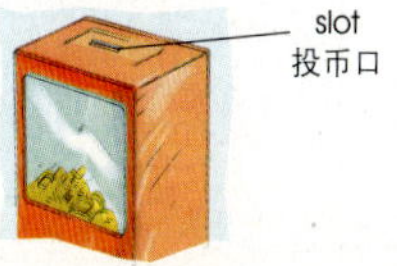

slow /sləʊ; 美 sloʊ/ [形容词] **1** 慢的 *Trains are slower than planes.* 火车比飞机慢。☞ [反] **fast**[1] 快的 **2** [用于名词后]（钟表）走得慢的 *My watch is five minutes slow.* 我的表慢了 5 分钟。☞ [反] **fast**[1]（钟表）走得快的

slowly /ˈsləʊli; 美 ˈsloʊli/ [副词] 慢 *He speaks very slowly.* 他说话很慢。☞ [反] **fast**[2] 快

small /smɔːl/ [形容词] 小的 *Our house is quite small.* 我们的房子很小。◇ *Would you like a small apple or a big one?* 你想吃个小苹果还是大苹果？☞ [反] **big**, **large** 大的

smash /smæʃ/ [动词] 打碎 *I dropped the cup and it smashed.* 我把杯子掉在地上摔碎了。

smell[1] /smel/ [动词] [过去式和过去分词 **smelt** /smelt/ 或 **smelled**] **1** 闻到，嗅出 *Come and smell these flowers.* 来闻闻这些花。**2** 有…的气味，发出…的气味 *This fish smells bad.* 这条鱼有臭味儿了。◇ *The flowers smell sweet.* 这些花闻起来很香。

smell[2] /smel/ [名词] 气味 *I hate the smell of cigarettes.* 我讨厌烟味儿。

S

smile /smaɪl/ [动词] 微笑 *Alice is always smiling.* 艾丽斯总是在微笑。

smoke[1] /sməʊk; 美 smoʊk/ [名词] [无复数] 烟 *The kitchen was full of smoke.* 厨房里到处都是烟。

smoke[2] /sməʊk; 美 smoʊk/ [动词] 抽烟 *Do you smoke?* 你吸烟吗? ◇ *Smoking is bad for your health.* 吸烟有害健康。

smooth /smuːð/ [形容词] 平滑的, 光滑的 *Your skin feels so smooth.* 你的皮肤摸起来真光滑。☞ [反] **rough** 粗糙的

snack /snæk/ [名词] 小吃; 快餐 *I had a snack on the train.* 我在火车上吃了点儿小吃。

snail /sneɪl/ [名词] 蜗牛 *Snails move very slowly.* 蜗牛爬得很慢。

snake /sneɪk/ [名词] 蛇 *Some snakes are poisonous.* 有些蛇有毒。

snap /snæp/ [动词] [现在分词 **snapping**, 过去式和过去分词 **snapped**] 啪的一声折断 *Suddenly, the rope snapped.* 突然绳子啪的一声断了。

snatch /snætʃ/ [动词] 抢; 攫取; 夺取 *He snatched the book from my hands.* 他从我手里把书抢走了。

sneeze /sniːz/ [动词] 打喷嚏 *I've been sneezing all morning.* 我整个早晨都在打喷嚏。

sniff /snɪf/ [动词] 闻, 嗅 *I sniffed the milk to see if it was fresh.* 我闻了闻牛奶看是否新鲜。

snore /snɔː; 美 snɔːr/ [动词] 打鼾, 打呼噜 *Dad sometimes snores when he falls asleep.* 爸爸睡着了有时打呼噜。

snow[1] /snəʊ; 美 snoʊ/ [名词] [无复数] 雪 *The ground was covered with snow.* 地上积满了雪。

snow[2] /snəʊ; 美 snoʊ/ [动词] 下雪 *Look, it's snowing!* 瞧，下雪了！

so[1] /səʊ; 美 soʊ/ [副词] **1** 这么，那么，如此 *Why is Peter so angry?* 彼得为什么这么生气？ **2** 非常，很 *Thank you so much for the flowers.* 非常感谢你的花。**3** 也 *'I like English.' 'So do I.'* '我喜欢英语。' '我也喜欢。'

so[2] /səʊ; 美 soʊ/ [连词] 因此，所以 *We missed the bus so we had to walk home.* 我们没赶上公共汽车，所以不得不走回家。

soak /səʊk; 美 soʊk/ [动词] 浸湿，浸透 *Your shirt is soaking.* 你的衬衫浸湿了。

soap /səʊp; 美 soʊp/ [名词] [无复数] 肥皂 *There's a new bar of soap in the bathroom.* 浴室里有一块新肥皂。

sock /sɒk; 美 sɑːk/ [名词] 短袜 *Where are my socks?* 我的袜子在哪里？

sofa /ˈsəʊfə; 美 ˈsoʊ-/ [名词] (长)沙发 *Alice was sitting on the sofa watching television.* 艾丽斯正坐在沙发上看电视。

soft /sɒft; 美 sɔːft/ [形容词] **1** 软的，柔软的 *This pillow is soft.* 这个枕头很软。☞ [反] **hard**[1]硬的，坚硬的 **2** (声音)低沉的，轻柔的 *'I'm sorry,' she said in a soft voice.* '对不起，'她轻声说。

soil /sɔɪl/ [名词] [无复数] 土壤，泥土 *Dad put some soil in a flower pot.* 爸爸把一些泥土放进花盆里。

sold /səʊld; 美 soʊld/ **sell**的过去式和过去分词 *He sold his old car and bought a new one.* 他把旧车卖掉，买了一辆新的。

soldier /ˈsəʊldʒə; 美 ˈsoʊldʒər/ [名词] 士兵；军人 *My brother is a soldier.* 我哥哥是一个军人。

solid /ˈsɒlɪd; 美 ˈsɑːləd/ [形容词] **1** 固体的 *Water becomes solid when it freezes.* 水冰冻时凝结成固体。**2** 实心的 *Henry is playing with a solid rubber ball.* 亨利在玩一个实心橡皮球。

some[1] /强sʌm; 弱 səm/ [形容词] [用于不可数名词或复数可数名词前] 一些；若干 *Would you like some water?* 你想喝水吗？◇ *Some birds cannot fly.* 有些鸟不会飞。☞ 参见**any** '一些'。

some[2] /强sʌm; 弱 səm/ [代词] 一些；若干 *Some of the pupils go home for*

S

lunch. 有些学生回家吃午饭。

somebody /'sʌmbədi/ [代词] 某人；有人 *There's somebody at the door.* 门口有人。☞ = **someone**

someone /'sʌmwʌn/ [又作 **somebody**] [代词] 某人；有人 *Someone has broken the window.* 有人把窗户打破了。

something /'sʌmθɪŋ/ [代词] 某事；某物 *Would you like something to eat?* 你想吃东西吗？

sometimes /'sʌmtaɪmz/ [副词] 有时 *Sometimes after school I go to a friend's house.* 有时放学后我去朋友家。

S

somewhere /'sʌmweə; 美 -wer/ [副词] 在某处；到某处 *'Where's the football?' 'It's somewhere in the garden.'* ‘足球在哪里？’‘在花园的某个地方。’

son /sʌn/ [名词] 儿子 *They have two sons and a daughter.* 他们有两个儿子一个女儿。

song /sɒŋ; 美 sɔːŋ/ [名词] 歌（曲）*We learnt a new song in the music lesson today.* 我们今天在音乐课上学了一首新歌。

soon /suːn/ [副词] 不久 *Wait here for me. I'll be back soon.* 在这里等我，我不久就回来。

sore /sɔː; 美 sɔːr/ [形容词]（指身体的某个部位）痛的，疼痛的 *Mum says her back is sore.* 妈妈说她背疼。◇ *Peter has a sore throat.* 彼得嗓子痛。

sorry[1] /'sɒri; 美 'sɑːri/ [形容词] [比较级 **sorrier**，最高级 **sorriest**] **1** [用于道歉] 抱歉的，对不起的 *I'm sorry, I forgot.* 对不起，我忘了。 **2** 难过的 *I'm sorry to hear that your mother is ill.* 听说你妈妈病了，我很难过。

sorry[2] /'sɒri; 美 'sɑːri/ [感叹词] **1** [用于道歉] 抱歉，对不起 *Sorry I'm late.* 对不起，我来晚了。**2** [表示没听清楚对方的话，请对方再说一遍] 抱歉（你说什么），对不起（请再说一遍）*Sorry? What did you say?* 对不起，你说什么？ ☞ [同] **pardon**[1] 对不起，请原谅

sort /sɔːt; 美 sɔːrt/ [名词] 种类 *What sort of music do you like?* 你喜欢什么样的音乐？

sound /saʊnd/ [名词] 声音 *Ssh — don't make a sound!* 嘘，别出声！

soup /suːp/ [名词] 汤 *Be careful. The soup is very hot.* 小心，汤很烫。

sour /'saʊə; 美 'saʊr/ [形容词] **1** 酸的，有酸味的 *Lemons taste sour.* 柠檬的味道是酸的。**2**（牛奶）酸臭的，馊的 *This milk has gone sour.* 这牛奶酸了。

south /saʊθ/ [名词] [用作单数，常与 **the** 连用] 南，南方 *My parents are on holiday in the south of England.* 我父母正在英格兰南部度假。

sow /səʊ; 美 soʊ/ [动词] [过去式

sowed，过去分词**sown** /səʊn; 美 soʊn/ 或 **sowed**] 播(种)；把(种子)埋在(地里、土里等) *We sow beans in spring.* 我们春天种豆荚。

space /speɪs/ [名词] **1** 空间；空位 *There's space for two more people on the bus.* 公共汽车上还可以再坐两个人。◇ *He couldn't find a parking space.* 他找不到停车位。 **2** [无复数] 太空 *The astronauts will spend two weeks in space.* 宇航员们要在太空飞行两个星期。

spaceship /ˈspeɪsʃɪp/ [名词] 宇宙飞船，太空船 *They travelled to the moon in a spaceship.* 他们乘坐宇宙飞船飞向月球。

spade /speɪd/ [名词] 铲，铁锹 *The children were digging in the sand with their spades.* 孩子们在用铁锹挖沙子。

speak /spiːk/ [动词] [过去式 **spoke** /spəʊk; 美 spoʊk/，过去分词 **spoken** /ˈspəʊkən; 美 ˈspoʊ-/] **1** 说话，讲话 *Please speak more slowly.* 请再慢点儿说。◇ *Hello, this is Henry. May I speak to Helen, please?* 你好，我是亨利。请问，可以请海伦接电话吗？ **2** 说，讲(某种语言) *Do you speak Chinese?* 你说汉语吗？

special /ˈspeʃl/ [形容词] 特殊的，特别的 *What are your special interests?* 你有什么特殊爱好？ ◇ *He's my special friend.* 他是我特殊的朋友。

speed /spiːd/ [名词] 速度 *We travelled at great speed.* 我们快速赶路。

spell /spel/ [动词] [过去式和过去分词 **spelled** 或 **spelt** /spelt/] 拼写 *How do you spell your name?* 你的名字怎么拼？

S

spend /spend/ [动词] [过去式和过去分词 **spent** /spent/] **1** 用(钱)；花(钱) *How much money do you spend each week?* 你每个星期花多少钱？ **2** 消磨(时间)；度过(时间) *We spent the weekend in London.* 我们在伦敦度过了周末。

spider /ˈspaɪdə; 美 -ər/ [名词] 蜘蛛 *'How many legs do spiders have?' 'Eight legs.'* '蜘蛛有几条腿？' '8 条腿。'

spill /spɪl/ [动词] [过去式和过去分词 **spilt** /spɪlt/ 或 **spilled**] (使)溢出；(使)洒

出 *The milk spilled all over the floor.* 牛奶洒了一地。

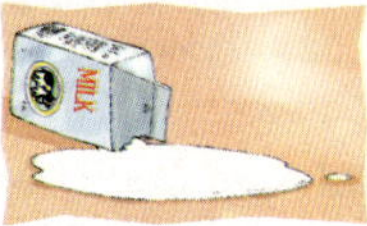

spin /spɪn/ [动词] [现在分词 **spinning**，过去式和过去分词 **spun** /spʌn/] (使)旋转 *The dancer spun round and round on the ice.* 那个舞蹈演员在冰上转来转去。

spit /spɪt/ [动词] [现在分词 **spitting**，过去式和过去分词 **spat** /spæt/] 吐；吐唾沫；吐痰 *The child spat out her food.* 孩子把食物吐出来了。◇ *Don't spit on the floor.* 不要往地板上吐痰。

splash /splæʃ/ [动词] 溅，泼；溅湿 *Don't splash your dress.* 不要把你的衣服溅湿了。

split /splɪt/ [动词] [现在分词 **splitting**，过去式和过去分词 **split**] 裂开 *My T-shirt has split.* 我的 T 恤衫裂开了。

spoil /spɔɪl/ [动词] [过去式和过去分词 **spoilt** /spɔɪlt/ 或 **spoiled**] 损坏；糟蹋；破坏 *My brother spoilt my favourite book.* 我弟弟把我最喜爱的一本书弄坏了。

spoke /spəʊk; 美 spoʊk/ **speak**的过去式 *I spoke to him about this yesterday.* 我昨天跟他讲过此事。

spoon /spuːn/ [名词] 匙，勺，调羹 *The child eats with a spoon.* 这孩子用勺吃饭。

sport /spɔːt; 美 spɔːrt/ [名词] 运动 *What is your favourite sport?* 你最喜欢什么运动？◇ *He's good at sport.* 他擅长运动。

spot[1] /spɒt; 美 spaːt/ [名词] **1** 点；斑点 *Do tigers have spots?* 老虎身上有斑点吗？ **2** 地方，地点 *This is a good spot for a picnic.* 这是一个野餐的好地方。

spot[2] /spɒt; 美 spaːt/ [动词] [现在分词 **spotting**，过去式和过去分词 **spotted**] (突然)看见，发现 *I spotted Henry in the crowd.* 我在人群中看见了亨利。

sprang /spræŋ/ **spring**[2]的过去式 *The cat sprang at the bird.* 猫跳起来向鸟儿扑去。

spray /spreɪ/ [动词] 喷 *She sprayed some perfume on her wrist.* 她往手腕上喷了点香水。◇ *He sprayed the* flowers with water. 他给花喷水。

spread /spred/ [动词] [过去式和过去分词**spread**] **1** 传播；蔓延 *The forest fire quickly spread towards the houses.* 森林大火迅速向房屋蔓延。**2** 展开；铺开；摊开 *Spread out the map on the table.* 把地图摊开放在桌子上。◇ *The bird spread its wings.* 那只鸟儿展开了双翅。**3** 涂；敷 *I spread butter on the bread.* 我把黄油涂在面包上。

spring[1] /sprɪŋ/ [名词] 春天，春季 *I love spring flowers.* 我喜欢春天的花。

spring[2] /sprɪŋ/ [动词] [过去式**sprang** /spræŋ/，过去分词 **sprung** /sprʌŋ/] 跳，跃 *Peter sprang out of bed.* 彼得从床上一跃而起。

spun /spʌn/ **spin** 的过去式和过去分词 *Henry spun a coin on the table.* 亨利在桌子上旋转一个硬币。

square[1] /skweər; 美 skwer/ [形容词] 正方形的；方的 *Is the table round or square?* 那张桌子是圆的还是方的？

square[2] /skweər; 美 skwer/ [名词] **1** 正方形 *Do you know how to draw a square?* 你会画正方形吗？ **2** 广场 *There is a fountain in the middle of the square.* 广场中央有一个喷水池。

squash /ˈskwɒʃ; 美 skwɑːʃ/ [动词] 压扁；挤扁 *Peter squashed the bananas.* 彼得把香蕉压扁了。

squeeze /skwiːz/ [动词] 挤；压；榨 *I squeezed an orange.* 我榨了一个橙子。

squirrel /ˈskwɪrəl; 美 ˈskwɜːrəl/ [名词] 松鼠 *The squirrel ran up the tree.* 松鼠很快爬到树上。

stadium /ˈsteɪdiəm/ [名词] (有看台的)体育场，运动场 *We went to the stadium to watch a football match last night.* 我们昨晚去体育场看了一场足球赛。

staff /stɑːf; 美 stæf/ [名词] [无复数] 全体职工 *The staff of the school are*

S

very friendly. 这所学校的教职员工都很友好。

stage /steɪdʒ/ [名词] 舞台 *The actors were performing on the stage.* 演员们正在舞台上演出。

stain /steɪn/ [名词] 污迹, 污点 *There's a stain on this shirt.* 这件衬衫上有一块污迹。

stairs /steəz; 美 sterz/ [名词] [复数] 楼梯 *Henry ran up the stairs.* 亨利跑上楼梯。

stalk /stɔːk/ [名词] (植物的)茎, 秆, 柄, 梗 *Cut the stalks before putting the flowers in water.* 把茎剪一剪再把花放进水里。

stamp[1] /stæmp/ [名词] 邮票 *My hobby is collecting foreign stamps.* 我的爱好是收集外国邮票。

stamp[2] /stæmp/ [动词] 跺脚; 踩踏 *Don't stamp on the spider.* 不要踩着蜘蛛。

stand /stænd/ [动词] [过去式和过去分词 **stood** /stʊd/] 站, 立 *Don't just stand there — do something!* 别只是站在那里, 做点什么!

stand up 起立, 站起来 *We stood up when the teacher came in.* 老师进来时我们起立。

star /stɑː; 美 stɑːr/ [名词] **1** 星星 *The stars seem much brighter in the country than in the city.* 在乡下看星星似乎比在城里要明亮得多。**2** 明星 *She wants to be a film star.* 她想当一名电影明星。

stare /steə; 美 ster/ [动词] 盯, 凝视 *Don't stare at me!* 别盯着我! ◇ *He was staring out of the window.* 他凝视着窗外。

start /stɑːt; 美 stɑːrt/ [动词] 开始 *What time does the film start?* 电影几点开演? ◇ *Suddenly Peter started to cry.* 突然彼得哭了起来。

starve /stɑːv; 美 stɑːrv/ [动词] 饿死; 挨饿 *He got lost in the desert and starved to death.* 他在沙漠中迷了路, 饿死了。

station /'steɪʃn/ [名词] **1** [又作 **railway station**] 火车站 *I'm getting off at the next station.* 我下一站下车。**2** [指总站] 汽车站 *I'll meet you at the bus station.* 我在汽车站接你。☞ 参见 **stop**[2] '公共汽车站'。

statue /'stætʃuː/ [名词] 雕像, 塑像

There is a statue of a famous man in the square. 广场上有一个著名人物的塑像。

stay /steɪ/ [动词] **1** 待，逗留 *Stay here until I come back.* 在这里待着，等我回来。 **2** 暂住 *Which hotel are you staying at?* 你住在哪个宾馆？

steady /ˈstedi/ [形容词] [比较级 **steadier**，最高级 **steadiest**] 稳固的，稳定的 *This desk isn't very steady — one of its legs is loose.* 这张书桌不太稳，有条腿松了。

steal /stiːl/ [动词] [过去式 **stole** /stəʊl; 美 stoʊl/，过去分词 **stolen** /ˈstəʊlən; 美 ˈstoʊ-/] 偷，窃取 *My bag has been stolen!* 我的包被偷了。

steam /stiːm/ [名词] [无复数] 蒸汽，水蒸气 *The bathroom was full of steam.* 浴室里满是水蒸气。

steel /stiːl/ [名词] [无复数] 钢 *These knives and forks are steel.* 这些刀叉是钢的。

steep /stiːp/ [形容词] （指山、街道等）陡的，陡峭的 *I can't ride my bike here — it's too steep.* 我在这里骑不了自行车，路太陡了。

steer /stɪə; 美 stɪr/ [动词] 驾驶（车、船、飞机等） *He steered the boat into the harbour.* 他把船驶进了海港。

stem /stem/ [名词] （树木的）干；（花草的）茎 *These flowers have nice long stems.* 这些花的茎长得又长又好看。

step[1] /step/ [名词] **1** （脚）步；脚步声 *He took a step towards the door.* 他向门口迈了一步。◇ *I heard steps outside.* 我听见外面有脚步声。 **2** 台阶 *He was sitting on the top step.* 他坐在最上面的一级台阶上。

step[2] /step/ [动词] [现在分词 **stepping**，过去式和过去分词 **stepped**]

S

行走；踏 *You stepped on my foot!* 你踩着我的脚了！

stick[1] /stɪk/ [名词] **1** 木棍，木棒 *We collected dry sticks to start a fire.* 我们找了些干木棍生火。 **2** 手杖，拐杖 *The old man had to walk with a stick.* 那位老人不得不拄着拐杖走路。

stick[2] /stɪk/ [动词] [过去式和过去分词 **stuck** /stʌk/] **1** 粘住，粘贴 *I stuck a picture on the wall.* 我在墙上贴了一幅画。**2** 把…刺入 *The nurse stuck a needle into my arm.* 护士把针扎进了我的胳膊。

stiff /stɪf/ [形容词] (指材料、纸张等) 硬的，不易弯曲的 *The cards were made of stiff paper.* 这些卡片是用硬纸做的。

still[1] /stɪl/ [副词] 还，仍然 *Do you still live here?* 你还住在这里吗？ ◇ *Mum, I'm still hungry!* 妈妈，我还饿！

still[2] /stɪl/ [形容词] (指人) 不动的 *Keep still while I comb your hair.* 我给你梳头时不要动。

sting /stɪŋ/ [动词] [过去式和过去分词 **stung** /stʌŋ/] 刺，蜇，叮 *The bee stung me on the leg.* 蜜蜂蜇了我的腿一下。

stink /stɪŋk/ [动词] [过去式 **stank** /stæŋk/ 或 **stunk** /stʌŋk/，过去分词 **stunk**] 发臭味 *It stinks in here — open a window!* 这里有臭味，打开一扇窗户！

stir /stɜː; 美 stɜːr/ [动词] [现在分词 **stirring**，过去式和过去分词 **stirred**] 搅拌，搅动 *He stirred his coffee with a spoon.* 他用勺子搅了搅咖啡。

stole /stəʊl; 美 stoʊl/ **steal** 的过去式 *He stole all her money.* 他把她所有的钱都偷走了。

stolen /'stəʊlən; 美 'stoʊ-/ **steal** 的过去分词 *His camera has been stolen.* 他的相机被偷了。

stomach /'stʌmək/ [名词] 胃；肚子，腹部 *It's not a good idea to drink on an empty stomach.* 空腹喝酒不好。

stomach ache /'stʌmək eɪk/ [名词] 胃痛；肚子痛 *I've got a stomach ache.* 我肚子痛。

stone /stəun; 美 stoun/ [名词] 石头；石子；石块 *The house was built of stone.* 那栋房子是用石头盖的。◇ *He picked up a stone and threw it into the sea.* 他捡起一块石子把它扔进海里。

stood /stud/ **stand** 的过去式和过去分词 *We stood and waited for the bus.* 我们站着等公共汽车。

stool /stuːl/ [名词] 凳子 *The children were sitting on stools.* 孩子们坐在凳子上。☞ 参见 **chair** ‘椅子’。

stop[1] /stɒp; 美 stɑːp/ [动词] [现在分词 **stopping**，过去式和过去分词 **stopped**] 停止 *The rain has stopped.* 雨停了。

stop[2] /stɒp; 美 stɑːp/ [名词] 公共汽车站 *We get off at the next stop.* 我们下一站下车。☞ 参见 **station** ‘汽车站’。

store[1] /stɔː; 美 stɔːr/ [名词] 商店；店铺 *There's a furniture store near here.* 离这里不远有一家家具店。☞ 美国英语用 **store**，英国英语用 **shop**。

store[2] /stɔː; 美 stɔːr/ [动词] 储藏，储存 *I store all my old books in this room.* 我把所有的旧书都储藏在这个房间。

storm /stɔːm; 美 stɔːrm/ [名词] 暴风

雨 *I think there's going to be a storm.* 我看暴风雨要来了。

story /'stɔːri/ [名词] [复数 **stories**] 故事 *Do you like stories? I want to tell you a true story.* 你喜欢听故事吗？我想给你讲一个真实的故事。

stove /stəuv; 美 stouv/ [名词] 炉子 *She heated some milk on the stove.* 她在炉子上热了一些牛奶。

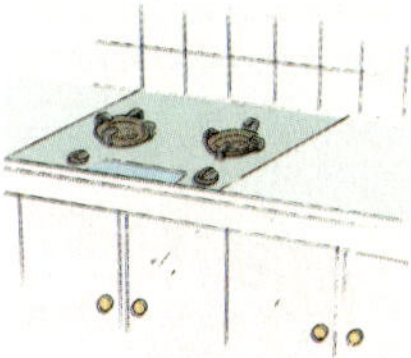

straight[1] /streɪt/ [形容词] 直的，笔直的 *Can you draw a straight line?* 你会画直线吗？

straight[2] /streɪt/ [副词] **1** 直地，笔直地 *Go straight ahead until you come to the traffic lights.* 一直往前走，走到红绿灯。**2** 直接地；马上 *Come straight home after school.* 放学后直接回家。

strange /streɪndʒ/ [形容词] 奇怪的 *There's a strange smell in the kitchen. What is it?* 厨房里有股怪味儿，是什么味儿？

stranger /'streɪndʒə; 美 -ər/ [名词] 陌生人 *Don't talk to strangers when you're on your own.* 你独自一个人时不要跟陌生人说话。

S

strap /stræp/ [名词] 带子 *Mum bought a new watch strap.* 妈妈买了一条新表带儿。

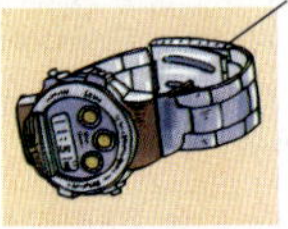

straw /strɔː/ [名词] **1** [无复数] 稻草；麦秸 *This hat was made of straw.* 这顶帽子是用稻草编织的。**2** 吸管 *Peter drank the orange juice through a straw.* 彼得用吸管吸橙汁喝。

strawberry /ˈstrɔːbəri; 美 ˈstrɔːˌberi/ [名词] [复数 **strawberries**] 草莓 *Would you like some strawberries?* 你想吃草莓吗？

stream /striːm/ [名词] 小河，小溪 *Are there any fish in this stream?* 这条小河里有鱼吗？

street /striːt/ [名词] 大街，街道 *I'm not allowed to play in the street.* 不允许我在街道上玩。

strength /streŋθ/ [名词] [无复数] 力量，力气 *I haven't the strength to lift this box.* 我没有力气举起这个箱子。

stretch /stretʃ/ [动词] **1** 拉长；撑大 *Don't pull my sweater — you'll stretch it.* 别拽我的毛衣，你会把它拽大的。**2** 伸展 *Stretch your arm above your head.* 把你的胳膊举过头。

strict /strɪkt/ [形容词] 严格的；严厉的 *Some parents are very strict with their children.* 有些家长对孩子非常严格。

strike /straɪk/ [动词] [过去式和过去分词 **struck** /strʌk/] **1** 打，击 *He was struck on the head by a stone.* 他的头被一块石子击中了。**2** (时钟)敲响 *The clock was striking six when I got up.* 我起床时时钟在敲6点。

string /strɪŋ/ [名词] **1** [无复数] 细绳 *The parcel was tied with string.* 这个包

S

裹是用绳子捆好的。

2（乐器的）弦 *A guitar has six strings.* 吉他有6根弦。

stripe /straɪp/ [名词] 条纹 *Zebras have black and white stripes.* 斑马的身上长有黑白条纹。

stroke /strəʊk; 美 stroʊk/ [动词] 抚摸 *The cat loves being stroked.* 猫喜欢被人抚摸。

strong /strɒŋ; 美 strɔːŋ/ [形容词] **1** 强壮的，健壮的 *He's a strong swimmer.* 他是个游泳健将。☞ [反] **weak** 弱的，虚弱的 **2**（指物）结实的 *The bed isn't strong enough to jump on.* 这张床不够结实，不能在上面跳。**3**（味）浓的 *These flowers have a strong smell.* 这些花的香味很浓。

struck /strʌk/ **strike** 的过去式和过去分词 *The clock struck nine.* 时钟敲了9点。

struggle /'strʌgl/ [动词] 挣扎，努力（做某事）*He was struggling to learn English.* 他正在努力学英语。

stuck /stʌk/ **stick** 的过去式和过去分词 *I stuck a stamp on the envelope.* 我在信封上贴了一张邮票。

student /'stjuːdnt; 美 'stuː-/ [名词] 学生 *Henry is a good student.* 亨利是个好学生。

study /'stʌdi/ [动词] [现在分词 **studying**，过去式和过去分词 **studied**] 学习 *The students are studying English.* 学生们在学英语。◇ *Do you enjoy studying English?* 你喜欢学英语吗？

stuff /stʌf/ [动词] 把…装进，把…塞进 *He stuffed the letter into his pocket.* 他把信塞进了口袋。

stung /stʌŋ/ **sting**的过去式和过去分词 *I've been stung on the finger by a wasp.* 我的手指被黄蜂蛰了一下。

stupid /'stjuːpɪd; 美 'stuːpəd/ [形容词] 笨的，愚蠢的 *I'm so stupid! I've left my pencil box at home.* 我真笨！我把铅笔盒忘在家里了。◇ *I made a stupid mistake.* 我犯了一个愚蠢的错误。

subject /'sʌbdʒekt/ [名词] 学科，科目 *'What's your favourite subject?' 'It's art.'* ‘你最喜欢什么科目？’‘艺

S

术。’

submarine /'sʌbməriːn/ [名词] 潜(水)艇 *The submarine ran into the fishing net.* 潜艇撞在了渔网上。

subtract /səb'trækt/ [动词] 减去 *If you subtract three from ten, you get seven.* 10 减 3 等于 7。

10–3=7

subway /'sʌbweɪ/ [名词] **1** 地下通道 *Use the subway to cross the road.* 过马路请走地下通道。

2 地铁 *Do you take the subway to work?* 你坐地铁上班吗? ☞ 指‘地铁’, 美国英语用 **subway**, 英国英语用 **underground**。

succeed /sək'siːd/ [动词] 成功 *If you try hard, you'll succeed.* 如果你尽力, 你会成功。◇ *Did you succeed in passing your exam?* 你考试及格了吗? ☞ [反] **fail** 失败

successful /sək'sesfl/ [形容词] 成功的 *He's a successful teacher.* 他是一位成功的教师。

such /sʌtʃ/ [形容词] 这样的, 如此的 *That was such a good film I'd like to see it again.* 那部电影棒极了, 我想再看一遍。

suck /sʌk/ [动词] 吸, 吮 *The baby was sucking milk from its mother.* 宝宝在吮母亲的奶。

sudden /'sʌdn/ [形容词] 突然的 *Henry gave a sudden laugh.* 亨利突然大笑起来。

suddenly /'sʌdnli/ [副词] 突然 *Suddenly, everybody started shouting.* 突然, 大家都喊叫起来。

sugar /'ʃʊgə; 美 -ər/ [名词] [无复数] 食糖 *Do you take sugar in your coffee?* 你的咖啡里加糖吗?

suggest /sə'dʒest; 美 səg'dʒest/ [动

词] 建议 *Henry suggested (that) we go out for a walk.* 亨利建议我们出去散散步。

suit /suːt/ [名词] 套服，套装 *He always wears a suit and tie to work.* 他总是穿西服戴领带上班。

suitable /ˈsuːtəbl/ [形容词] 适合的，合适的 *This toy isn't suitable for young children.* 这个玩具不适合小孩子们玩。

suitcase /ˈsuːtkeɪs/ [名词] (旅行用的)衣箱 *The suitcase was so heavy that I couldn't lift it.* 衣箱太重，我提不动。

sum /sʌm/ [名词] 算术题 *I did all my sums right.* 我把所有的算术题都做对了。

summer /ˈsʌmə; 美 -ər/ [名词] 夏天，夏季 *Are you going on holiday this summer?* 你今年夏天去度假吗？

sun /sʌn/ [名词] [用作单数，与 **the** 连用] 太阳 *The sun was just rising.* 太阳刚刚升起。

Sunday /ˈsʌndeɪ/ [名词] 星期天，星期日 *What are you doing on Sunday?* 你星期天做什么？ ☞ ① 参见**Monday**的示例。② **Sun** 是 **Sunday** 的缩写。

sunflower /ˈsʌnˌflaʊə; 美 -ˌflaʊər/ [名词] 向日葵 *He planted some sunflowers in the garden.* 他在花园里种了些向日葵。

sung /sʌŋ/ **sing** 的过去分词 *We haven't sung this song, so listen to it carefully.* 我们没唱过这首歌，所以要仔细听。

sunglasses /ˈsʌnˌglɑːsɪz; 美 -ˌglæsəz/ [名词] [复数] 太阳镜，墨镜 *She was wearing sunglasses.* 她戴着太阳镜。

sunlight /ˈsʌnlaɪt/ [名词] [无复数] 阳光 *Plants need sunlight.* 植物需要阳光。

sunny /ˈsʌni/ [形容词] [比较级 **sunnier**，最高级 **sunniest**] 阳光充足的，阳光明媚的 *It was sunny yesterday.* 昨天阳光明媚。

sunrise /ˈsʌnraɪz/ [名词] 日出 *We get*

S

up at sunrise. 我们日出时起床。

sunset /'sʌnset/ [名词] 日落 *The park closes at sunset.* 公园在日落时关门。

sunshine /'sʌnʃaɪn/ [名词] [无复数] 阳光 *Let's play in the sunshine.* 咱们在阳光里玩吧。

supermarket /'suːpəˌmɑːkɪt; 美 -ərˌmɑːrkət/ [名词] 超级市场，超市 *We buy everything at the supermarket.* 我们每样东西都在超市买。

S

supper /'sʌpə; 美 -ər/ [名词] 晚餐，晚饭 *It's time for supper.* 到吃晚饭的时间了。

support /sə'pɔːt; 美 -'pɔːrt/ [动词] **1** 支持 *Which football team do you support?* 你支持哪一支足球队？ **2** 支撑 *That cardboard box won't support your weight.* 那个硬纸箱撑不起你的体重。

suppose /sə'pəʊz; 美 -'poʊz/ [动词] 猜想；以为 *Who do you suppose will win?* 你认为谁会赢？

sure[1] /ʃɔː; 美 ʃʊr/ [形容词] [不用于名词前] **1** 确信的；有把握的 *Are you sure you locked the door?* 你肯定把门锁上了吗？ **2** 一定的，必定的 *If you work hard you are sure to pass the exam.* 你如果用功就一定能及格。

sure[2] /ʃɔː; 美 ʃʊr/ [副词] 当然 *'Can I have a look at your newspaper?' 'Sure.'* '我可以看一下你的报纸吗？' '当然可以。' ☞ [同] **certainly** 当然

surface /'sɜːfɪs; 美 'sɜːrfəs/ [名词] (物体的)表面 *Don't scratch the surface of the table.* 别把桌面划了。

surname /'sɜːneɪm; 美 'sɜːr-/ [名词] 姓，姓氏 *What's your cousin's surname?* 你表兄姓什么？ ☞ 参见 **name** '名字；姓名'。

surprise[1] /sə'praɪz; 美 sər-/ [名词] 意想不到的事物，惊奇 *I have a surprise for you!* 我要给你一个惊奇！

surprise[2] /sə'praɪz; 美 sər-/ [动词] 使惊奇 *His answer surprised me.* 他的回答让我感到惊奇。

surround /sə'raʊnd/ [动词] 环绕；围绕；围住 *The garden is surrounded by a high wall.* 花园四周有一道高高的围墙。

swallow /'swɒləʊ; 美 'swɑːloʊ/ [动词] 吞下；咽下 *Don't chew the pills. Just swallow them.* 别嚼药片，直接咽下去。

swam /swæm/ **swim** 的过去式 *He swam across the river.* 他游过了河。

swan /swɒn; 美 swɑːn/ [名词] 天鹅 *Most swans are white but there are black ones in Australia.* 大多数天鹅是白的，但在澳大利亚有黑天鹅。

swap /swɒp; 美 swɑːp/ [动词] [现在分词 **swapping**，过去式和过去分词 **swapped**] 交换 *Can I swap seats with you?* 我可以跟你换一下座位吗?

sweat[1] /swet/ [名词] [无复数] 汗(水) *My shirt was wet with sweat.* 我的衬衫被汗水浸湿了。

sweat[2] /swet/ [动词] 流汗，出汗 *I always sweat a lot when I exercise.* 我锻炼时总出很多汗。

sweater /'swetə; 美 -ər/ [名词] (套头)毛衣 *Alice was wearing a pink sweater.* 艾丽斯穿着一件粉红色的毛衣。 ☞ **jumper** 用于英国英语，**sweater** 既可用于英国英语，也可用于美国英语。

sweatshirt /'swetʃɜːt; 美 -ʃɜːrt/ [名词] (圆领长袖)运动衫 *He was dressed in a sweatshirt and jeans.* 他穿着一件圆领运动衫和一条牛仔裤。

sweep /swiːp/ [动词] [过去式和过去分词 **swept** /swept/] 扫(地)；打扫(房间) *Could you sweep the floor?* 你扫一下地行吗?

sweet[1] /swiːt/ [形容词] 甜(味)的 *I don't like this cake. It's too sweet.* 我不喜欢吃这种蛋糕，太甜了。 ☞ [反] **bitter** 苦(味)的

sweet[2] /swiːt/ [名词] [通常用作复数 **sweets**] 糖果 *Sweets are bad for your teeth.* 糖果对牙齿不好。 ☞ **sweet** '糖果' 用于英国英语，美国英语用 **candy**。

swept /swept/ **sweep** 的过去式和过去分词 *I swept the floor.* 我扫了扫地。

swim[1] /swɪm/ [动词] [现在分词 **swimming**，过去式 **swam** /swæm/，过去分词 **swum** /swʌm/] 游泳 *How far can you swim?* 你能游多远? ◇ *Let's go swimming this afternoon.* 我们今天下午去游泳吧。

swim[2] /swɪm/ [名词] 游泳 *Let's go for a swim.* 咱们去游泳吧。

swimmer /'swɪmə; 美 -ər/ [名词] 游泳的人 *Henry is a good swimmer.* 亨利是一名游泳健将。

S

swimming pool /ˈswɪmɪŋ puːl/ [又作 **pool**] [名词] 游泳池 *Does the school have a swimming pool?* 学校有游泳池吗?

swing[1] /swɪŋ/ [动词] [过去式和过去分词 **swung** /swʌŋ/] 摇摆，摆动，晃动 *Peter was swinging his schoolbag.* 彼得把书包晃来晃去。

swing[2] /swɪŋ/ [名词] 秋千 *Let's go and play on the swing.* 咱们去荡秋千吧。

switch[1] /swɪtʃ/ [名词] [复数**switches**] 开关，电闸 *My torch doesn't work. I think the switch is broken.* 我的手电筒不亮了，我看是开关坏了。

switch[2] /swɪtʃ/ [动词]

switch off 关掉(电灯、电视等) *Could you switch off the television?* 你把电视关上好吗? ☞ ① [同] **turn off** 关掉 ② [反] **switch on**，**turn on** 打开

switch on 打开(电灯、电视等) *Could you switch on the light?* 你把灯打开好吗? ☞ ① [同] **turn on** 打开 ② [反] **switch off**，**turn off** 关掉

sword /sɔːd; 美 sɔːrd/ [名词] 剑 *Peter has a plastic sword.* 彼得有一把塑料剑。

swum /swʌm/ **swim**的过去分词 *Have you ever swum in the sea?* 你在海里游过泳吗?

swung /swʌŋ/ **swing** 的过去式和过去分词 *The door swung in the wind.* 门随风晃动。

S

T t

table /'teɪbl/ [名词] 桌子 *I put the plates on the table.* 我把盘子放在桌子上。

table tennis /'teɪbl ˌtenɪs/ [名词] [无复数] 乒乓球(运动) *Henry and Peter are playing table tennis.* 亨利和彼得在打乒乓球。☞ 在口语中，也可以使用 **ping-pong** /'pɪŋ pɒŋ; 美 -pɑːŋ/。

tablet /'tæblət/ [名词] 药片 *The doctor gave Henry some tablets.* 医生给了亨利一些药片。

tadpole /'tædpəʊl; 美 -poʊl/ [名词] 蝌蚪 *Tadpoles grow into frogs.* 蝌蚪长成青蛙。

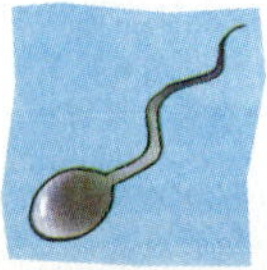

tail /teɪl/ [名词] 尾巴 *A monkey has a long tail.* 猴子长着长长的尾巴。

take /teɪk/ [动词] [过去式**took** /tʊk/，过去分词**taken** /'teɪkən/] **1** 拿；取；带 *Don't forget to take your bag!* 别忘了拿包！ **2** 把(某人)带往(某处) *Mum is taking me to the dentist's tomorrow.* 妈妈明天带我去看牙。**3** 拿走；取走；带走 *Who has taken my pen?* 谁把我的钢笔拿走了？ **4** 乘，坐(交通工具) *We take the bus to school.* 我们乘公共汽车上学。**5** 吃；喝 *If you do not take the medicine, you will not get better.* 如果你不吃药，病就不会好。**6** 穿 *What size shoes do you take?* 你穿多大号的鞋？

take off **1** 脱下，脱掉 *Take off your dirty shirt.* 脱下你的脏衬衫。 ☞ [反] **put on** 穿上 **2** (飞机)起飞 *The plane took off at 8.* 飞机8点起飞了。 ☞ [反] **land**[2] (飞机)降落，着陆

tale /teɪl/ [名词] (虚构的)故事，童话 *Mum told me the tale of Three Little Pigs.* 妈妈给我讲了《三只小猪》的故事。

T

talk[1] /tɔːk/ [动词] 说话；谈话 *Can I talk to you for a minute?* 我可以跟你说会儿话吗？ ◇ *They were talking about their holiday.* 他们在谈论假期的事。

talk[2] /tɔːk/ [名词] 交谈；谈话 *The teacher had a talk with Peter.* 老师跟彼得谈了一次话。

tall /tɔːl/ [形容词] 高的 *How tall are you?* 你多高？ ◇ *The giraffe is the world's tallest animal.* 长颈鹿是世界上最高的动物。 ☞ [反] **short** 矮的

tame /teɪm/ [形容词] (指动物)驯服的 *We saw a tame monkey at the circus.* 我们看见马戏团有只驯服的猴子。 ☞ [反] **wild** 野生的

tank /tæŋk/ [名词] (盛水或油的)箱 *My father filled up the petrol tank at the petrol station.* 我爸爸在加油站给油箱加满了油。

tap[1] /tæp/ [动词] [现在分词**tapping**，过去式和过去分词**tapped**] 轻拍，轻敲 *He tapped me on the shoulder.* 他轻轻地拍了拍我的肩膀。

tap[2] /tæp/ [名词] (水、煤气等的)开关，龙头 *Don't forget to turn the tap off.* 别忘了关水龙头。

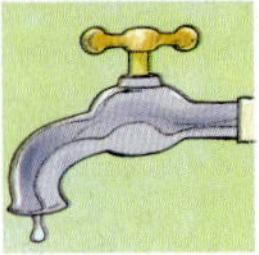

tape /teɪp/ [名词] 磁带；录像带 *Alice is listening to a tape.* 艾丽斯在听一盒磁带。

target /ˈtɑːgɪt; 美 ˈtɑːrgət/ [名词] 目标；靶子 *Our target is to finish the work by Friday.* 我们的目标是周五以前完成这项工作。

taste[1] /teɪst/ [名词] 味道 *I don't like the taste of lemons. They're too sour.* 我不喜欢柠檬的味道，太酸了。

taste[2] /teɪst/ [动词] **1** 尝，品尝 *Can I taste your drink?* 我能尝一口你的饮料吗？ **2** 有…味道 *This drink tastes sweet.* 这饮料有甜味儿。

tasty /ˈteɪsti/ [形容词] [比较级**tastier**，最高级 **tastiest**] 美味的，可口的 *This pizza is really tasty.* 这个比萨饼真好吃。

taught /tɔːt/ **teach** 的过去式和过去分词 *My mother taught me to play the piano.* 我母亲教我弹钢琴。

taxi /ˈtæksi/ [名词] 出租车 *I came by taxi.* 我是坐出租车来的。

tea /tiː/ [名词] [无复数] 茶 *Would you prefer tea or coffee?* 你更喜欢喝茶还是喝咖啡?

teach /tiːtʃ/ [动词] [过去式和过去分词 **taught** /tɔːt/] 教 *Who teaches you English?* 谁教你英语? ◇ *My father is teaching me how to swim.* 我父亲在教我游泳。

teacher /ˈtiːtʃə; 美 -ər/ [名词] 教师, 老师 *Miss Brown is my English teacher.* 布朗小姐是我的英语老师。

☞ **teacher** 指教师职业, 不能用于称呼。例如, 不能说 '**Good morning, teacher.**' 或 '**Teacher Smith**'。可以说 '**Good morning, sir.**'('老师, 早上好。')(对男老师称呼)或 '**Good morning, Miss.**'('老师, 早上好。')(对女老师称呼); 可以说 '**Mr Smith**'(对男老师史密斯称呼), '**Mrs Smith**'(对已婚女老师史密斯夫人称呼)或 '**Miss Smith**'(对未婚女老师史密斯称呼)。

team /tiːm/ [名词] 队 *Henry plays in the school football team.* 亨利在校足球队踢球。

tear[1] /tɪə; 美 tɪr/ [名词] [通常用作复数 **tears**] 眼泪 *I dried my tears on my handkerchief.* 我用手帕擦干眼泪。

tear[2] /teə; 美 ter/ [动词] [过去式 **tore** /tɔː; 美 tɔːr/, 过去分词 **torn** /tɔːn; 美 tɔːrn/] 撕开; 撕裂; 撕破; 划破 *He tore the piece of paper in half.* 他把那张纸撕成了两半。◇ *I tore my shirt on a nail.* 我的衬衫被钉子刮破了。

tease /tiːz/ [动词] 逗, 取笑, 戏弄 *People often tease me because I'm short.* 因为我矮, 大家常逗我。

teddy bear /ˈtedi beə; 美 ˈtedi ber/ [英国英语又作 **teddy**, 复数 **teddies**] [名词] 玩具熊 *Alice never goes to bed without her teddy bear.* 艾丽斯没有玩具熊从不上床睡觉。

T

teenager /'tiːneɪdʒə; 美 -ər/ [名词] (13—19 岁的) 青少年 *This book is for teenagers.* 这本书是为青少年写的。

teeth /tiːθ/ **tooth**的复数 *Remember to clean your teeth before you go to bed.* 别忘了睡觉前刷牙。

telephone[1] /'telɪfəʊn; 美 -əfoʊn/ [又作**phone**] [名词] 电话 *Can I use your telephone?* 我可以用一下你的电话吗? ◇ *Will you answer the telephone?* 你接一下电话好吗?

telephone[2] /'telɪfəʊn; 美 -əfoʊn/ [又作 **phone**] [动词] (给…) 打电话 *Did anyone telephone me while I was out?* 我不在家时有人给我打电话吗? ☞ 在英国英语中, **telephone**比**phone**, **call** 正式。

telephone number /'telɪfəʊn ˌnʌmbə; 美 'teləfoʊn ˌnʌmbər/ [又作 **phone number**] [名词] 电话号码 *Do you know Henry's telephone number?* 你知道亨利的电话号码吗?

telescope /'telɪskəʊp; 美 -əskoʊp/ [名词] 望远镜 *He looked at the stars through a telescope.* 他用望远镜看星星。

television /'telɪˌvɪʒn; 美 -ə-/ [名词] 电视 *Don't sit too close to the television.* 不要坐得离电视太近。 ◇ *Turn the television on.* 打开电视。

tell /tel/ [动词] [过去式和过去分词**told** /təʊld; 美 toʊld/] **1** 告诉; 讲述, 说 *Can you tell me where you live?* 你能告诉我你住哪儿吗? ◇ *Mum told me a story about a baby elephant.* 妈妈给我讲了一个小象的故事。 **2** 吩咐, 命令 *The teacher told Peter to be quiet.* 老师让彼得安静。

temper /'tempə; 美 -ər/ [名词] 心情, 情绪 *He's in a very good temper today.* 他今天心情非常好。
lose one's temper 发脾气 *She lost her temper with the naughty child.* 她对那个顽皮的孩子发起脾气来。

temperature /'temprətʃə; 美 -ər/ [名词] 温度; 气温 *What's the temperature today?* 今天气温是多少?

have a temperature 发烧 *Does he have a temperature?* 他发烧吗?

ten /ten/ [数词] 十 *Two times five is ten.* 2 乘 5 得 10。 ☞ 参见 **five** 的示例。

tennis /ˈtenɪs/ [名词] [无复数] 网球 (运动) *Can you play tennis?* 你会打网球吗? ◇ *Let's have a game of tennis.* 我们打一场网球吧。

tent /tent/ [名词] 帐篷 *Have you ever slept in a tent?* 你在帐篷里睡过吗?

tenth /tenθ/ [数词] 第十 *Today is my tenth birthday.* 今天是我的 10 岁生日。 ☞ 参见 **fifth** 的示例。

term /tɜːm; 美 tɜːrm/ [名词] (学校的) 学期 *How many terms are there in a year?* 一年有几个学期?

terrible /ˈterəbl/ [形容词] 很糟的, 极差的 *Your spelling is terrible.* 你的拼写差极了。◇ *I have a terrible headache.* 我的头痛得很厉害。

test[1] /test/ [名词] 测试, 测验 *We're having a maths test tomorrow.* 我们明天进行数学测验。

test[2] /test/ [动词] 测试, 测验 *The teacher tested us on our homework.* 老师对我们的作业进行了测试。

than / 强 ðæn; 弱 ðən/ [连词] [用于形容词、副词的比较级之后] 比 *Henry can run faster than I can, but I can swim faster than him.* 亨利跑得比我快, 但我游得比他快。

thank /θæŋk/ [动词] 谢谢, 感谢 *Thank you for my birthday present.* 谢谢你送给我的生日礼物。

thank you, thanks 谢谢你, 谢谢 *'Do you want another piece of cake?' 'No, thank you.'* '你要不要再吃一块蛋糕?' '不, 谢谢。'

that[1] /ðæt/ [形容词] [复数 **those** /ðəʊz; 美 ðoʊz/] **1** [指离说话人较远的一个人或事物] 那, 那个 *I like this book but I don't like that one.* 我喜欢这本书但不喜欢那本书。**2** [指已提到过的人或事物] 那, 那个 *Did you bring that photograph?* 你带来那张照片了吗?

that[2] /ðæt/ [代词] [复数 **those** /ðəʊz; 美 ðoʊz/] **1** [指离说话人较远的一个人或事物] 那, 那个 *'What's that?' 'It's a book.'* '那是什么?' '那是一本书。' **2** [指已提到过的人或事物] 那, 那个 *That was the hardest exam so far.* 那是迄今为止最难的考试。

that[3] / 强 ðæt; 弱 ðət/ [连词] [用以连

T

接句子的两个部分] *He said that he is a friend of yours.* 他说他是你的一位朋友。

the /强 ðiː; 弱 ði; ðə/ [定冠词] **1** [指已提到或能体会到的人或事物] *No one could answer the question.* 没人能回答这个问题。◇ *The milk is in the fridge.* 牛奶在冰箱里。**2** [用于单数名词前，泛指类别] *The dolphin is an intelligent animal.* 海豚是一种聪明的动物。◇ *Can you play the piano?* 你会弹钢琴吗?

theatre /ˈθɪətə; 美 ˈθiːətər/ [名词] 剧院 *How often do you go to the theatre?* 你多长时间去看一次戏?
☞ 美国英语拼写为 **theater**。

their /ðeə; 美 ðer/ [形容词] [**they**的所有格] 他(她、它)们的 *What is their phone number?* 他们的电话号码是多少?

theirs /ðeəz; 美 ðerz/ [代词] [**they** 的物主代词] 他(她、它)们的(东西) *Our house is bigger than theirs.* 我们的房子比他们的大。

them / 强 ðem; 弱 ðəm/ [代词] [**they** 的宾格] 他(她、它)们 *I saw them in the park.* 我在公园里看见了他们。

themselves /ðəmˈselvz/ [代词] [**they** 的反身代词] 他们自己，她们自己；它们本身 *They bought themselves a new car.* 他们为自己买了一辆新车。

then /ðen/ [副词] **1** 当时；那时 *He lived in a village then, but now he lives in a town.* 那时候他住在乡村，但现在住在城里。 **2** 然后；接着；于是 *We watched a film and then went for a meal.* 我们看了场电影，然后去吃饭。

there / 强 ðeə; 美 ðer; 弱 ðə; 美 ðər/ [副词] **1** 在那里；往那里 *Don't put the box there — put it here.* 别把箱子放那里，放这里。**2** [与动词 **be** 连用，表示‘有’] *How much money is there on the table?* 桌子上有多少钱? ◇ *There are thirty students in my class.* 我们班有30名学生。

there's /强 ðeəz; 美 ðerz; 弱 ðəz; 美 ðərz/ **there is**的缩写 *There's a man at the door.* 门口有个男的。

thermometer /θəˈmɒmɪtə; 美 θərˈmɑːmətər/ [名词] 温度计；体温计 *The doctor put a thermometer in my mouth to take my temperature.* 医生把体温计放进我的嘴里来测量我的体温。

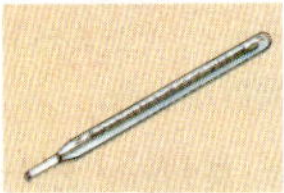

these /ðiːz/ **this²** 的复数 *These are my books and those are yours.* 这些书是我的，那些是你的。

they /ðeɪ/ [代词] [主格] 他(她、它)们

'Where are Henry and Peter?' 'They are in the garden.' '亨利和彼得在哪里?' '他们在花园里。'

they'd /ðeɪd/ **1 they had**的缩写 *Their mum said they'd gone out.* 他们的妈妈说他们出去了。**2 they would**的缩写 *They said they'd love to come.* 他们说他们很想来。

they'll /ðeɪl/ **they will** 的缩写 *They'll arrive tomorrow.* 他们明天到。

they're /ðeə; 美 ðer/ **they are** 的缩写 *They're playing football.* 他们正在踢足球。

they've /ðeɪv/ **they have** 的缩写 *They've gone shopping.* 他们去购物了。

thick /θɪk/ [形容词] **1** (指物体)厚的;粗的 *This book is very thick.* 这本书很厚。☞ [反] **thin** 薄的;细的

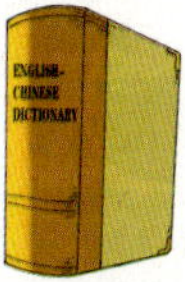

2 (指液体)浓的,稠的 *This soup is too thick.* 这汤太浓了。

thief /θiːf/ [名词] [复数**thieves** /θiːvz/] 小偷,贼 *A thief stole his car.* 小偷把他的车偷走了。

thigh /θaɪ/ [名词] 大腿,股 *The longest bone in your body is your thigh bone.* 人体最长的骨头是大腿骨。

thin /θɪn/ [形容词] [比较级**thinner**,最高级 **thinnest**] **1** (指物体)薄的;细的 *This string is too thin. I need a thicker piece.* 这绳子太细了,我需要一根粗一点的。☞ [反] **thick** 厚的;粗的 **2** (指人)瘦的 *He's tall and thin.* 他又高又瘦。☞ [反] **fat** 胖的

thing /θɪŋ/ [名词] **1** 物,东西 *What's that thing on the table?* 桌子上的那个东西是什么? **2** 事,事情 *That was a difficult thing to do.* 那件事很难做。

think /θɪŋk/ [动词] [过去式和过去分词 **thought** /θɔːt/] **1** 想,思考 *Think before you answer the question.* 这个问题要先想一想再回答。◇ *What are you thinking about?* 你在想什么? **2** 认为,以为 *I think it's going to rain.* 我看要下雨了。◇ *What do you think of the film?* 你认为这部电影怎么样?

third /θɜːd; 美 θɜːrd/ [数词] 第三 *Henry came first, Peter was second and I was third.* 亨利是第一名,彼得是第二名,我是第三名。☞ 参见 **fifth** 的示例。

thirsty /ˈθɜːsti; 美 ˈθɜːr-/ [形容词] [比较级 **thirstier**,最高级 **thirstiest**] 渴的 *Is there anything to drink? I'm so thirsty!*

有喝的东西吗？我渴死了！

thirteen /ˌθɜːˈtiːn; 美 ˌθɜːr-/ [数词] 十三 *Ten and three make thirteen.* 10加3等于13。 ☞ 参见 **five** 的示例。

thirty /ˈθɜːti; 美 ˈθɜːrti/ [数词] 三十 *Ten times three is thirty.* 10乘3得30。 ☞ 参见 **fifty** 的示例。

this[1] /ðɪs/ [形容词] [复数 **these** /ðiːz/] 这，这个 *This little girl can't find her mother.* 这个小女孩找不到她母亲了。

this[2] /ðɪs/ [代词] [复数**these** /ðiːz/] 这，这个 *What's this — is it salt or sugar?* 这是什么，是盐还是糖？

thorn /θɔːn; 美 θɔːrn/ [名词] (植物的)刺 *Rose bushes have thorns.* 玫瑰丛有很多刺。

those /ðəuz; 美 ðouz/ **that**[2] 的复数 *Do you know those boys over there?* 你认识那边的那几个男孩儿吗？

though /ðəu; 美 ðou/ [连词] 尽管，虽然 *Though he was poor, he was happy.* 虽然他穷，但很快乐。

thought[1] /θɔːt/ **think** 的过去式和过去分词 *Henry thought he was going to be late.* 亨利以为自己要迟到了。

thought[2] /θɔːt/ [名词] 想法，见解 *Do you have any thoughts about what we should do?* 关于我们应该做什么你有想法吗？

thousand /ˈθauznd/ [数词] **1** 千 *There are two thousand students in our school.* 我们学校有2 000名学生。**2** [用作复数 **thousands**] 成千上万，许许多多 *There were thousands of people there.* 那里有许许多多的人。

thread[1] /θred/ [名词] 线 *Mend it with a needle and thread.* 用针线补一补。

thread[2] /θred/ [动词] 穿线于 *I can't thread this needle.* 这个针我穿不上线。

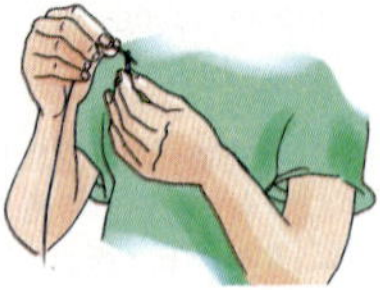

three /θriː/ [数词] 三 *One and two is three.* 1加2等于3。 ☞ 参见 **five** 的示例。

threw /θruː/ **throw** 的过去式 *Henry picked up a stone and threw it into the river.* 亨利捡起一块石子把它扔进河里。

throat /θrəut; 美 θrout/ [名词] 咽喉，喉咙 *I have a sore throat.* 我喉咙痛。

throne /θrəun; 美 θroun/ [名词] (国王、女王等的)宝座 *The queen's throne was made of gold.* 女王的宝座是金的。

through /θruː/ [介词] (指空间)穿过，通过 *We drove through the tunnel.* 我们开车穿过隧道。

throw /θrəʊ; 美 θroʊ/ [动词] [过去式 **threw** /θruː/，过去分词 **thrown** /θrəʊn; 美 θroʊn/] 扔，抛 *People still throw their rubbish everywhere.* 人们仍然到处扔垃圾。

thumb /θʌm/ [名词] (大)拇指 *Peter sometimes sucks his thumb.* 彼得有时吸大拇指。

thunder /ˈθʌndə; 美 -ər/ [名词] 雷；雷声 *Some people are scared of thunder.* 有些人怕雷声。

Thursday /ˈθɜːzdeɪ; 美 ˈθɜːrz-/ [名词] 星期四 *It's Thursday tomorrow.* 明天是星期四。☞ ① 参见 **Monday** 的示例。② **Thur** 或 **Thurs** 是 **Thursday** 的缩写。

tick[1] /tɪk/ [名词] [表示正确或已完成使用的] 钩号(✓) *Put a tick after each correct answer.* 在每个正确答案后面打上钩。

tick[2] /tɪk/ [动词] 给…打钩号 *The teacher ticked all my correct answers.* 老师给我的正确答案全打了钩。

ticket /ˈtɪkɪt; 美 -ət/ [名词] 票 *How much is a bus ticket to London?* 去伦敦的公共汽车票多少钱一张?

tickle /ˈtɪkl/ [动词] 使觉得痒 *He tickled my feet.* 他挠得我的脚痒。

tidy[1] /ˈtaɪdi/ [形容词] [比较级 **tidier**，最高级 **tidiest**] 整洁的，整齐的 *I like to keep my bedroom tidy.* 我喜欢保持卧室整洁。☞ [反] **untidy** 不整洁的，凌乱的

tidy[2] /ˈtaɪdi/ [动词] 收拾，整理 *Go upstairs and tidy your bedroom!* 上楼把你的卧室收拾一下!

tie[1] /taɪ/ [名词] 领带 *Dad always wears a tie to go to work.* 爸爸总是戴着领带去上班。

T

tie[2] /taɪ/ [动词] [现在分词 **tying**，过去式和过去分词 **tied**]（用绳、带等）系；拴；扎；捆 *Paul tied the boat to a tree.* 保罗把船系在一棵树上。

tiger /'taɪgə; 美 -ər/ [名词] 老虎 *I saw some lions and tigers at the zoo.* 我看见动物园有几只狮子和老虎。

tight /taɪt/ [形容词] **1** 紧的 *The lid is too tight.* 这盖子太紧了。☞ [反] **loose** 松的 **2**（衣服、鞋、袜等）紧身的，瘦的 *These shoes are too tight.* 这双鞋太紧了。☞ [反] **loose** 宽松的，肥的

T

time /taɪm/ [名词] [无复数] **1**（一段）时间 *I haven't seen you for a long time.* 我好久没见你了。**2** 时候，时刻 *What's the time (=What time is it)?* 现在几点了？

have a good time 过得快乐，过得愉快 *Did you have a good time on your holiday?* 你假期过得愉快吗？

in time 及时 *We were just in time for the bus.* 我们正好赶上公共汽车。

on time 按时，准时 *Most of the students finished their homework on time.* 大部分学生按时完成了作业。

timid /'tɪmɪd/ [形容词] 胆小的，胆怯的 *Mice are very timid animals.* 老鼠是非常胆小的动物。

times /taɪmz/ [介词] 乘 *Three times three is nine.* 3 乘 3 得 9。☞ 参见 **multiply** ‘乘，使相乘’。

$$3 \times 3 = 9$$

tin /tɪn/ [名词] 罐头，听 *Let's open a tin of peaches.* 咱们开一个桃罐头吧。☞ 英国英语通常用 **tin**，美国英语通常用 **can**。

tiny /'taɪni/ [形容词] [比较级 **tinier**，最高级 **tiniest**] 很小的，极小的 *Ants are tiny insects.* 蚂蚁是很小的昆虫。

tip /tɪp/ [名词]（某物的）尖，尖端 *The tip of my pen bent.* 我的钢笔尖弯了。

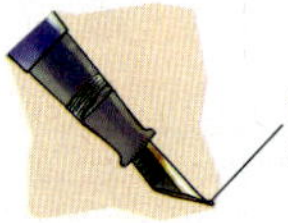

tired /'taɪəd; 美 'taɪrd/ [形容词] 疲劳的，累的 *If you're tired, you should go to bed early.* 如果你累了，你应该早点儿上床睡觉。

be tired of 厌烦，厌倦 *I'm tired of this game. Let's play something else.* 这个游戏我玩腻了，咱们玩点别的吧。

tissue /'tɪʃuː/ [名词] 纸巾 *Mum bought two boxes of tissues.* 妈妈买了两盒纸巾。

title /'taɪtl/ [名词]（书、电影、电视节目等的）名称；标题；题目 *Do you still remember the title of the book?* 你还记得那本书的书名吗？

to[1] /强 tuː; 弱 tʊ; tə/ [介词] **1** [表示方向] 向，朝 *Alice always walks to school.* 艾丽斯总是步行上学。**2** [表示动作的对象] 对，于 *Be kind to animals.* 要善待动物。**3** [表示关联、关系] 对于，关于 *Where's the key to the front door?* 前门的钥匙在哪里？ **4** [指时间] 在…之前；直到 *It's ten to six.* 现在差10分钟6点。◇ *We go to school from Monday to Friday.* 我们星期一到星期五上学。

to[2] /强 tuː; 弱 tʊ; tə/ [用于动词前，构成不定式] *I want to go home.* 我想回家。◇ *Don't forget to lock the door.* 别忘了锁门。

toast /təʊst; 美 toʊst/ [名词] [无复数] 烤面包(片)，吐司 *I like toast for breakfast.* 我早餐喜欢吃烤面包。

today[1] /tə'deɪ/ [副词] 今天 *It's Monday today.* 今天是星期一。

today[2] /tə'deɪ/ [名词] 今天 *Today is Monday.* 今天是星期一。

toe /təʊ; 美 toʊ/ [名词] 脚趾 *These shoes are too small. I can't move my toes.* 这双鞋太小了，我的脚指头动不了。

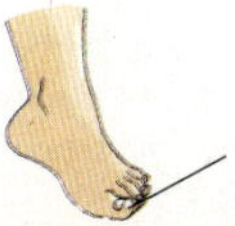

together /tə'geðə; 美 -ər/ [副词] 共同，一起 *Sometimes my dad and I go fishing together.* 有时我和爸爸一起去钓鱼。

toilet /'tɔɪlət/ [名词] 厕所，洗手间 *Mum, I want to go to the toilet.* 妈，我想去洗手间。

told /təʊld; 美 toʊld/ **tell** 的过去式和过去分词 *The doctor told her to eat lots of fruit.* 医生让她多吃水果。

tomato /tə'mɑːtəʊ; 美 -'meɪtoʊ/ [名词] [复数 **tomatoes**] 番茄，西红柿 *Do you like tomato juice?* 你喜欢番茄汁吗？

tomorrow[1] /tə'mɒrəʊ; 美 -'mɑːroʊ/ [副词] 明天 *Let's go swimming tomorrow.* 我们明天去游泳吧。

tomorrow[2] /tə'mɒrəʊ; 美 -'mɑːroʊ/ [名词] 明天 *Tomorrow is Tuesday.* 明天是星期二。

tongue /tʌŋ/ [名词] 舌头 *It's rude to put out your tongue.* 伸舌头是不礼貌

的。

tonight[1] /tə'naɪt/ [副词] 今晚 *What're you doing tonight?* 你今晚做什么?

tonight[2] /tə'naɪt/ [名词] 今晚 *Tonight will be cloudy.* 今晚多云。

too /tuː/ [副词] **1** 也 *I like bananas, but I like oranges too.* 我喜欢吃香蕉，但我也喜欢吃橙子。 ☞ 参见 **also** '也，还'。 **2** 太，过于 *This shirt is too small for me.* 这件衬衫太小了，我穿不下。

took /tʊk/ **take** 的过去式 *It took me ten minutes to walk home.* 我走到家用了 10 分钟。

tool /tuːl/ [名词] 工具 *Hammers and saws are tools.* 锤子和锯都是工具。

T

tooth /tuːθ/ [名词] [复数 **teeth** /tiːθ/] 牙齿 *She's got beautiful teeth.* 她的牙齿很美。

toothache /'tuːθeɪk/ [名词] 牙疼 *I've got a toothache.* 我牙疼。

toothbrush /'tuːθbrʌʃ/ [名词] [复数 **toothbrushes**] 牙刷 *Where's my toothbrush?* 我的牙刷在哪里?

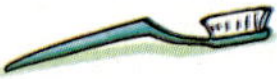

toothpaste /'tuːθpeɪst/ [名词] [无复数] 牙膏 *I don't like the taste of this toothpaste.* 我不喜欢这种牙膏的味道。

top /tɒp; 美 tɑːp/ [名词] **1** 顶，顶部 *Henry climbed to the top of the hill.* 亨利爬到山顶。 **2** 盖子，盖儿 *Where's the top of this bottle?* 这个瓶子的盖子在哪里?

topic /'tɒpɪk; 美 'tɑː-/ [名词] 题目；话题；主题 *I want to speak for two minutes on the topic of homework.* 我想就家庭作业这个话题讲两分钟。

torch /tɔːtʃ; 美 tɔːrtʃ/ [名词] 手电筒 *Alice has got a small torch.* 艾丽斯有个小手电筒。 ☞ 美国英语通常用**flash light**。

tore /tɔː; 美 tɔːr/ **tear**的过去式 *I tore my jeans on a nail.* 我的牛仔裤被钉子刮破了。

tortoise /'tɔːtəs; 美 'tɔːr-/ [名词] 龟，乌龟；陆龟 *Tortoises move very slowly.* 乌龟爬得很慢。

total[1] /'təʊtl; 美 'toʊ-/ [形容词] 总的，全部的 *What's the total number of students in this school?* 这所学校一共有多少学生?

total[2] /'təʊtl; 美 'toʊ-/ [名词] 总数 *When you add three and five and eight the total is sixteen.* 3加5加8总数是16。

touch /tʌtʃ/ [动词] (尤指用手)触摸，碰 *Don't touch that bowl — it's very hot.* 别摸那个碗，烫得很。

tough /tʌf/ [形容词] **1** 坚韧的；结实的 *These shoes are very tough.* 这双鞋很结实。 **2** 坚强的，能吃苦的 *Henry's very tough.* 亨利很坚强。

towards /tə'wɔːdz; 美 tɔːrdz/ [介词] 向，朝 *Look towards the camera and smile.* 看着相机笑一笑。

towel /'taʊəl/ [名词] 毛巾 *Remember to bring a towel.* 别忘了带一条毛巾来。

tower /'taʊə; 美 -ər/ [名词] 塔；塔楼 *We visited the Eiffel Tower.* 我们参观了埃菲尔铁塔。

town /taʊn/ [名词] 城镇，市镇 *A town is bigger than a village but smaller than a city.* 城镇比乡村大，但比城市小。

toy /tɔɪ/ [名词] 玩具 *I like Helen. She lets me play with her toys.* 我喜欢海伦，她让我玩她的玩具。

toy car
玩具汽车

track /træk/ [名词] **1** 小道，小径 *We walked along a track through the woods.* 我们沿着小道步行穿过树林。 **2** 足迹，痕迹 *We saw his tracks in the snow.* 我们看见雪地上有他的足迹。

tractor /'træktə; 美 -ər/ [名词] 拖拉机 *The farmer has a tractor.* 那位农民有一辆拖拉机。

traffic /'træfɪk/ [名词] [无复数] (路上的)车辆 *There is a lot of traffic in the streets today.* 今天街道上车辆很多。

T

traffic lights /'træfɪk laɪts/ [名词] [复数] 交通信号灯，红绿灯 *Turn left at the traffic lights.* 在红绿灯向左拐。

train /treɪn/ [名词] 火车 *We get off the train at the next station.* 我们下一站下火车。

transparent /træns'pærənt/ [形容词] 透明的 *Glass is transparent.* 玻璃是透明的。

transport /'trænspɔːt; 美 -ɔːrt/ [名词] [无复数] 交通工具 *I travel to school by public transport.* 我乘坐公共交通工具上学。

trap /træp/ [动词] [现在分词 **trapping**，过去式和过去分词 **trapped**] (用捕捉器)捕捉(动物) *The farmer trapped the rats.* 那位农民用老鼠夹捕住老鼠。

travel[1] /'trævl/ [动词] [现在分词 **travelling**，过去式和过去分词 **travelled**] 从一处到另一处；旅行 *How do you travel to school — do you walk or take the bus?* 你怎样去上学，你走路还是坐公共汽车？

travel[2] /'trævl/ [名词] [无复数] 旅行 *She loves travel.* 她喜欢旅行。

tray /treɪ/ [名词] 托盘 *She put the glasses on a tray.* 她把玻璃杯放在托盘上。

treasure /'treʒə; 美 -ər/ [名词] [无复数] 金银财宝 *The treasure had been hidden in a cave by pirates.* 那些金银财宝被海盗藏在洞里了。

treat /triːt/ [动词] **1** 对待 *He treats me very well.* 他对我很好。**2** 医治，治疗 *The doctor was treating a patient.* 医生在给一位病人治病。

tree /triː/ [名词] 树 *We sat under a tree to keep cool.* 我们坐在树下乘凉。

triangle /'traɪæŋgl/ [名词] 三角形 *Do you know how to draw a triangle?* 你会画三角形吗?

trick /trɪk/ [名词] 诡计 *He didn't really lose his wallet — that's just a trick.* 他并没有真的丢钱包，那只是一个诡计。 **play a trick on sb** 捉弄某人，戏弄某人 *Peter played a trick on me and hid my schoolbag.* 彼得捉弄我，把我的书包藏了起来。

tricycle /'traɪsɪkl/ [名词] 三轮车 *Small children usually ride a tricycle before learning to ride a bike.* 小孩子们在学骑自行车以前通常骑三轮车。

tried /traɪd/ **try** 的过去式和过去分词 *He tried to climb the tree, but he could not.* 他试图爬树，但没能爬上去。

trip[1] /trɪp/ [名词] (尤指短途的)旅行；出行 *Did you enjoy your trip to France?* 你的法国之行愉快吗?

trip[2] /trɪp/ [动词] [现在分词 **tripping**，过去式和过去分词 **tripped**] 绊倒 *Be careful! Don't trip over that box.* 小心！别被那个箱子绊倒。

trouble /'trʌbl/ [名词] **1** 困难 *Did you have any trouble finding my house?* 你找到我家有困难吗? **2** 问题 *I'd like to go to the party, but the trouble is my parents won't let me.* 我想去参加聚会，但问题是我父母不让我去。 **3** 麻烦 *I'm sorry to put you to so much trouble.* 给你添这么多麻烦真对不起。

trousers /'traʊzəz; 美 -ərz/ [名词] [复数] 裤子，长裤 *Go and put on a clean pair of trousers.* 去穿一条干净裤子。

truck /trʌk/ [名词] 货车，卡车 *My uncle drives a truck.* 我叔叔开卡车。 ☞ 美国英语用 **truck**，英国英语用 **lorry**。

true /truː/ [形容词] 真的，真实的；正确的 *Is it true that some birds cannot fly?* 有些鸟不会飞，这是真的吗? ◇ *It's a true story.* 这是一个真实的故事。

trumpet /'trʌmpɪt; 美 -ət/ [名词] 喇

叭；小号 *Can you play the trumpet?* 你会吹小号吗？

trunk /trʌŋk/ [名词] **1** 树干 *The tree has a thick trunk.* 这棵树的树干很粗。**2**（象的）鼻子 *The elephant sucked water with its trunk.* 大象用鼻子吸水。

trust /trʌst/ [动词] 信任，信赖 *Don't trust him — he never tells the truth.* 别相信他，他从来不说实话。

truth /truːθ/ [名词] [用作单数] 真相；事实 *You should tell the truth.* 你应该说实话。

try /traɪ/ [动词] [现在分词 **trying**，过去式和过去分词 **tried**] **1** 试图；努力 *I tried to open the door, but it was locked.* 我试图开门，可门锁着呢。◇ *Please try not to be late.* 请尽量不要迟到。**2** 试，尝试 *Let me try.* 让我试一试。◇ *Have you tried this chocolate?* 你尝过这种巧克力吗？

try on 试穿 *Can I try these shoes on, please?* 请问，我可以试一下这双鞋吗？

T-shirt /'tiːʃɜːt; 美 -ʃɜːrt/ [名词] 短袖汗衫；T 恤衫 *Henry is wearing a green T-shirt.* 亨利穿着一件绿 T 恤衫。

tube /tjuːb; 美 tuːb/ [名词] **1** 管子 *He used a tube to remove the water.* 他用一根管子排水。

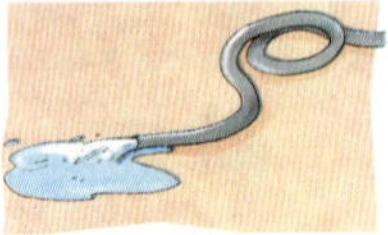

2（装牙膏等的）软管 *I bought a new tube of toothpaste.* 我买了一管新牙膏。

Tuesday /'tjuːzdi; 美 'tuːz-/ [名词] 星期二 *Today is Tuesday.* 今天是星期二。☞ ① 参见 **Monday** 的示例。② **Tue** 或 **Tues** 是 **Tuesday** 的缩写。

tune /tjuːn; 美 tuːn/ [名词] 调子，曲调 *That song has a happy tune.* 那首歌调子欢快。

tunnel /'tʌnl/ [名词] 隧道 *The train went through a long tunnel.* 那列火车穿过一条长长的隧道。

turkey /'tɜːki; 美 'tɜːrki/ [名词] 火鸡 *We usually have turkey at Christmas.* 我们通常在圣诞节吃火鸡。☞ 在英国人们通常在圣诞节吃火鸡，在美国通常在感恩节(**Thanksgiving**)吃火鸡。

turn[1] /tɜːn; 美 tɜːrn/ [动词] **1** (使)转动；(使)旋转 *The wheels were turning.* 轮子都在转动。◇ *I turned the handle and opened the door.* 我转了一下把手，把门打开。**2** 翻，翻转 *Turn to page 36.* 翻到36页。**3** (使)转向；转弯 *Turn right at the traffic lights.* 在红绿灯向右拐。**4** 变成 *His hair has turned grey.* 他的头发白了。

turn off 关掉(电灯、电视等) *Do you want me to turn off the television?* 你要我关掉电视吗? ☞ ① [同] **switch off** 关掉 ② [反] **turn on**，**switch on** 打开

turn on 打开(电灯、电视等) *Turn on the light, please.* 请开灯。☞ ① [同] **switch on** 打开 ② [反] **turn off**，**switch off** 关掉

turn[2] /tɜːn; 美 tɜːrn/ [名词] [通常用作单数] (轮流的)一次机会 *Whose turn is it?* 轮到谁了? ◇ *It's my turn to play.* 轮到我玩了。

in turn 依次，轮流 *We used the computer in turn.* 我们轮流使用这台电脑。

take turns 依次，轮流 *We took turns to use the computer.* 我们轮流使用这台电脑。

TV /ˌtiː 'viː/ [名词] 电视 *We're watching TV.* 我们在看电视。☞ **TV**是**television**的缩写。

twelfth /twelfθ/ [数词] 第十二 *It's her twelfth birthday today.* 今天是她的12岁生日。☞ 参见**fifth**的示例。

twelve /twelv/ [数词] 十二 *Four times three is twelve.* 4乘3得12。☞ 参见**five**的示例。

twenty /'twenti/ [数词] 二十 *Five times four is twenty.* 5乘4得20。☞ 参见**fifty**的示例。

twice /twaɪs/ [副词] 两次；两倍 *I have a piano lesson twice a week.* 我每周上两次钢琴课。

twin /twɪn/ [名词] 孪生儿，双胞胎 *These two boys are twins. They're very alike.* 这两个男孩儿是双胞胎，他们俩长得很像。

twinkle /'twɪŋkl/ [动词] 闪烁，闪耀 *The stars twinkled in the sky.* 星星在空中闪烁。

twist /twɪst/ [动词] **1** 盘绕，缠绕 *Twist the wire to form a circle.* 把电线盘成一个圈。**2** 转动，拧 *Twist the lid to open it.* 把盖儿拧开。

3 扭伤(脚踝) *I twisted my ankle when I fell downstairs.* 我从楼梯摔下时把脚踝扭伤了。

two /tuː/ [数词] 二 *One and one is two.* 1加1等于2。☞ 参见 **five** 的示例。

type[1] /taɪp/ [名词] 类型；种类 *Which type of ice cream would you like — chocolate or strawberry?* 你想吃哪一种冰淇淋，巧克力的还是草莓的？◇ *I like all types of fruit.* 我喜欢吃各种各样的水果。

type[2] /taɪp/ [动词] (用电脑键盘)打(字) *Can you type?* 你会打字吗？◇ *Can you type your name?* 你会打你的名字吗？

tyre /'taɪə; 美 'taɪr/ [名词] 轮胎 *My bike's got a flat tyre.* 我的自行车轮胎瘪了。

T

U u

ugly /'ʌgli/ [形容词] [比较级 **uglier**，最高级**ugliest**] 丑陋的，难看的 *He was wearing an ugly jacket.* 他穿着一件难看的夹克。

umbrella /ʌm'brelə/ [名词] 雨伞 *Bring an umbrella in case it rains.* 带把雨伞，以防下雨。

unable /ʌn'eɪbl/ [形容词] **be unable to** [用作情态动词] 不能，不会 *She is unable to swim.* 她不会游泳。☞ 表示‘不能，不会’，也可以使用 **can't** 或 **cannot**。

uncle /'ʌŋkl/ [名词] 伯父；叔父；舅父；姑父；姨夫 *One of my uncles is a doctor.* 我的一位叔叔是医生。

uncomfortable /ʌn'kʌmftəbl/ [形容词] 不舒适的，不舒服的 *This bed is very uncomfortable.* 这张床很不舒适。☞ [反] **comfortable** 舒适的，舒服的

under /'ʌndə; 美 -ər/ [介词] **1** 在…下面，在…底下 *'Where's the dog?' 'It's under the table.'* ‘狗在哪里？’‘在桌子底下。’ ☞ [反] **over**[2] 在…上面

2 (在数目、年龄等方面) 少于，低于 *The meal was cheap — under $30.* 这顿饭便宜，不到 30 美元。◇ *Most children under five don't go to school.* 大部分5岁以下的孩子不上学。☞ [反] **over**[2] 超过，在…以上

underground[1] /ˌʌndə'graʊnd; 美 -ər-/ [副词] 在地下 *They're putting the telephone lines underground.* 他们正在把电话线埋在地下。

underground[2] /'ʌndəgraʊnd; 美 -ər-/ [名词] [用作单数] 地铁 *We went there by underground.* 我们乘地铁去的那里。☞ 指‘地铁’，英国英语用 **underground**，美国英语用 **subway**。

underline /ˌʌndə'laɪn; 美 -ər-/ [动词] 在…的下面画线 *This sentence is underlined.* 本句下面画了线。

underneath /ˌʌndə'niːθ; 美 -ər-/ [介词] 在…下面，在…底下 *The dog is sitting underneath the table.* 狗正在桌子底下蹲着呢。☞ 参见 **under**‘在…下面，在…底下’。

understand /ˌʌndəˈstænd; 美 -ər-/ [动词][过去式和过去分词 **understood** /ˌʌndəˈstʊd; 美 -ər-/] 懂；理解；明白 *She doesn't understand English.* 她不懂英语。◇ *'Do you understand?' 'No, can you explain that again?'* ‘你明白了吗？’‘没有，你再解释一下行吗？’

understood /ˌʌndəˈstʊd; 美 -ər-/ **understand** 的过去式和过去分词 *I only understood a few words.* 我只懂几个词。

underwear /ˈʌndəweə; 美 -ərwer/ [名词][无复数] 内衣 *Put these pants in your underwear drawer.* 把这条内裤放在你的内衣抽屉里。

undo /ʌnˈduː/ [动词][过去式 **undid** /ʌnˈdɪd/，过去分词 **undone** /ʌnˈdʌn/] 解开，松开 *Henry undid his belt and took his jeans off.* 亨利解开皮带，脱下牛仔裤。

undress /ʌnˈdres/ [动词] 脱衣服 *You can undress in here.* 你可以在这里脱衣服。

unexpected /ˌʌnɪkˈspektɪd/ [形容词] 想不到的；出人意料的 *We had an unexpected visit from my grandparents.* 我的祖父母出乎意料地

来看我们。

unfair /ˌʌnˈfeə; 美 -ˈfer/ [形容词] 不公平的，不公正的 *It's unfair to give sweets to him and not to me.* 给他糖而不给我是不公平的。 [反] **fair** 公平的，公正的

unhappy /ʌnˈhæpi/ [形容词] [比较级 **unhappier**，最高级 **unhappiest**] 不高兴的，不快乐的 *Peter was unhappy because he had failed his maths exam.* 彼得不高兴，因为他数学考试没及格。 [反] **happy** 高兴的，快乐的

uniform /ˈjuːnɪfɔːm; 美 -fɔːrm/ [名词] 制服 *Peter was still wearing his school uniform.* 彼得仍穿着校服。

unit /ˈjuːnɪt/ [名词] (计数或计量的)单位 *The pound is the unit of money in Britain.* 英镑是英国的货币单位。

United Kingdom /juˌnaɪtɪd ˈkɪŋdəm; 美 -əd/ [名词][用作单数，与 **the** 连用] 联合王国(大不列颠及北爱尔兰联合王国的简称)，英国 *She is going to study in the United Kingdom.* 她打算去英国留学。 ① 缩写为 **UK**。② 参见 **Great Britain** ‘大不列颠，英国’。

United Nations /juˌnaɪtɪd ˈneɪʃnz; 美 -əd/ [名词] [用作单数, 与 **the** 连用] 联合国 *When was the United Nations established?* 联合国是什么时候成立的? ☞ 缩写为 **UN**。

United States (of America) /juˌnaɪtɪd ˈsteɪts (əv əˈmerɪkə); 美 -əd/ [名词] [用作单数, 与 **the** 连用] 美利坚合众国, 美国 *The United States is the richest country in the world.* 美国是世界上最富的国家。☞ ① 缩写为 **US** 或 **USA**。② 参见 **America** '美国'。

universe /ˈjuːnɪvɜːs; 美 -vɜːrs/ [名词] [用作单数, 与 **the** 连用] 宇宙 *The earth is one of the planets in the universe.* 地球是宇宙中的一颗行星。

university /ˌjuːnɪˈvɜːsəti; 美 -ɜːr-/ [名词] [复数 **universities**] 大学 *Which university did you go to?* 你上的是哪所大学?

unkind /ˌʌnˈkaɪnd/ [形容词] 不仁慈的; 刻薄的; 残忍的 *I don't know why he's always so unkind to me.* 我不知道他为什么总是对我这么刻薄。☞ [反] **kind** 和蔼的; 仁慈的

unlucky /ʌnˈlʌki/ [形容词] [比较级 **unluckier**, 最高级 **unluckiest**] 不幸的; 倒霉的; 不吉利的 *Some people think that the number 13 is unlucky.* 有些人认为13这个数字不吉利。☞ [反] **lucky** 幸运的

unpleasant /ʌnˈpleznt/ [形容词] 令人不愉快的 *What's that unpleasant smell?* 那种难闻的气味是什么? ☞ [反] **pleasant** 令人愉快的

untidy /ʌnˈtaɪdi/ [形容词] [比较级 **untidier**, 最高级 **untidiest**] 不整洁的, 凌乱的 *This bedroom is very untidy.* 这间卧室太不整洁。☞ [反] **tidy** 整洁的, 整齐的

until /ənˈtɪl/ [连词] 直到…(为止) *We stayed on the beach until it got dark.* 我们在海滩上一直待到天黑。

unusual /ʌnˈjuːʒuəl/ [形容词] 不平常的, 异常的 *It's unusual for Henry to be late.* 亨利迟到很不寻常。☞ [反] **usual** 通常的, 平常的

up[1] /ʌp/ [副词] **1** 向上 *Put your hand up if you know the answer.* 知道答案的请举手。☞ [反] **down**[1] 向下 **2** 趋向(直立)姿势; 起来; 起床 *Stand up, please.* 请站起来。◇ *Is he up yet?* 他起床了吗?

up[2] /ʌp/ [介词] 向(高处) *The monkey climbed up a tree.* 猴子爬上了一棵树。☞ [反] **down**[2] 向(低处)

upon /əˈpɒn; 美 əˈpɑːn/ [介词] [正式] 在…上 *Mum laid a cloth upon the table.* 妈妈在桌子上铺了一块布。

upright /ˈʌpraɪt/ [副词] 垂直地, 直立地 *Keep the bottle upright.* 把瓶子竖直。

upset /ˌʌpˈset/ [形容词] 心里难过的, 闷闷不乐的 *Peter was very upset when he failed the exam.* 彼得考试没及格, 他心里很难过。

U

upside down /ˌʌpsaɪd ˈdaʊn/ [副词] 颠倒着；倒挂着 *The picture is upside down.* 这幅画挂倒了。

upstairs /ˌʌpˈsteəz; 美 -ˈsterz/ [副词] 楼上 *'Where's Henry?' 'He's upstairs.'* '亨利在哪里？''他在楼上。' ☞ [反] **downstairs** 楼下

urgent /ˈɜːdʒənt; 美 ˈɜːr-/ [形容词] 紧急的，急迫的 *It is not urgent — I'll tell you about it later.* 这事不急，我以后再告诉你吧。

U

us /强 ʌs; 弱 əs/ [代词] [**we** 的宾格] 我们 *The teacher told us to be quiet.* 老师让我们安静。

use /juːz/ [动词] 用；使用 *Do you want to use chopsticks or a knife and fork?* 你想用筷子还是想用刀叉？

used /juːst/ [形容词] [作表语，与 **to** 连用] 习惯于…的 *I'm not used to getting up so early.* 我不习惯起得这么早。

used to / 句末或元音前 ˈjuːst tuː; 辅音前 ˈjuːst tə/ [情态动词] 过去通常 *When I was small, I used to sleep in my parents' bedroom.* 我小时候通常睡在父母的卧室里。

useful /ˈjuːsfl/ [形容词] 有用的；有益的 *You can get a lot of useful information from the Internet.* 你可以从互联网上获取大量有用的信息。 ☞ [反] **useless** 无用的；无益的

useless /ˈjuːsləs/ [形容词] 无用的；无益的 *A pen is useless without ink.* 钢笔没有墨水没用。☞ [反] **useful** 有用的；有益的

usual /ˈjuːʒuəl/ [形容词] 通常的，平常的 *I ate more than usual.* 我比平常吃得多。◇ *He sat in his usual seat at the back.* 他坐在后面平常坐的座位上。 ☞ [反] **unusual** 不平常的，异常的

usually /ˈjuːʒuəli/ [副词] 通常 *I usually get up at half past six.* 我通常6点半起床。

V v

vacuum cleaner /ˈvækjuəm ˌkliːnə; 美 -ər/ [名词] (真空)吸尘器 *Mum cleaned the floor with a vacuum cleaner.* 妈妈用吸尘器把地板吸干净。

valley /ˈvæli/ [名词] 山谷，峡谷 *There is a village in the valley.* 山谷中有一个村庄。

valuable /ˈvæljuəbl; 美 -jə-/ [形容词] **1** 值钱的；贵重的 *Is this painting valuable?* 这幅画值钱吗？ **2** 宝贵的；有价值的；极有用的 *Your help has been very valuable.* 你的帮助一直十分有用。

value /ˈvæljuː/ [名词] 价值 *What is the value of this painting?* 这幅画值多少钱？

van /væn/ [名词] (小型)货车 *The van driver got out and opened the back door of his van.* 司机下车把货车的后门打开。 ☞ **van** 比 **lorry** 小，有篷盖。

vanish /ˈvænɪʃ/ [动词] 突然不见，消失 *Their son vanished six weeks ago.* 他们的儿子6个星期前不见了。

variety /vəˈraɪəti/ [名词] [复数 **varieties**] **1** [用作单数] 种种 *These shirts come in a variety of colours.* 这些衬衫有多种颜色。**2** 种类 *This variety of apple is very sweet.* 这种苹果很甜。

various /ˈveəriəs; 美 ˈveriəs/ [形容词] 各种各样的 *There are various colours to choose from — which do you like best?* 有多种颜色可供选择，你最喜欢哪一种？

vase /vɑːz; 美 veɪz/ [名词] 花瓶 *She put the roses into a glass vase.* 她把玫瑰放进了一个玻璃花瓶。

V

vegetables 蔬菜

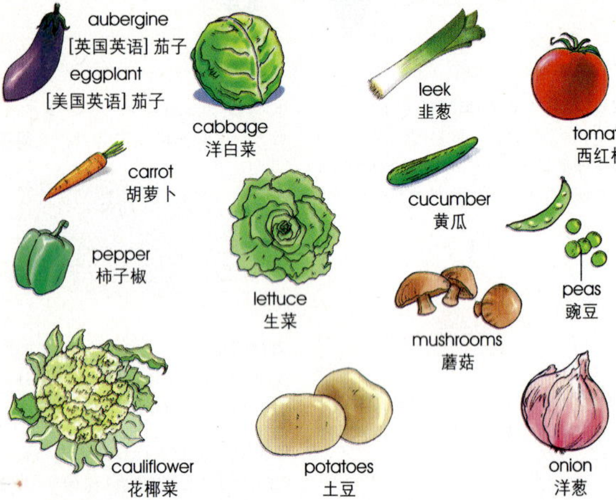

vegetable /ˈvedʒtəbl/ [名词] 蔬菜 *We eat lots of fruit and vegetables.* 我们吃大量的水果和蔬菜。

vehicle /ˈviːɪkl; 美 ˈviːəkl/ [名词] 运载工具；车辆 *You can also call a bicycle or tricycle a vehicle.* 你也可以把自行车或三轮车叫做运载工具。

very /ˈveri/ [副词] 很，非常 *It's very hot in this room.* 这个房间里很热。◇ *Thank you very much.* 非常感谢。

vehicles 运载工具

vest /vest/ [名词] 内衣，汗衫 *Paul is wearing a cotton vest.* 保罗穿着一件棉汗衫。

vet /vet/ [名词] 兽医 *We took the dog to the vet.* 我们带狗去就医。

video /ˈvɪdiəʊ; 美 -oʊ/ [名词] [复数 **videos**] 录像带 *We're going to watch some videos tonight.* 我们今晚打算看几盘录像带。

view /vjuː/ [名词] **1** 意见，看法，观点 *What are your views on animal rights?* 你对动物权有什么看法？ **2** [用作单数] 视线，视力 *Sit down — you're blocking my view.* 坐下，你挡住我的视线了。**3** 景色 *There are great views from the mountain.* 从山上看景色壮观。

village /ˈvɪlɪdʒ/ [名词] 乡村，村庄 *In some villages there's no school.* 有些村庄没有学校。

vinegar /ˈvɪnɪɡə; 美 -ər/ [名词] [无复数] 醋 *Pass the vinegar, please.* 请把醋递过来。

violent /ˈvaɪələnt/ [形容词] 猛烈的，激烈的 *A lot of trees were blown down in violent storm.* 许多树在狂风暴雨中被刮倒了。

violin /ˌvaɪəˈlɪn/ [名词] 小提琴 *I'm learning the violin at school.* 我正在学校学小提琴。

visit[1] /ˈvɪzɪt; 美 -ət/ [动词] 访问；探望；参观；游览 *We're visiting my aunt this evening.* 我们今晚要去看望我姑姑。

visit[2] /ˈvɪzɪt; 美 -ət/ [名词] 访问；探望；参观；游览 *Did you enjoy your visit to the zoo?* 你在动物园玩得高兴吗？

visitor /ˈvɪzɪtə; 美 -ətər/ [名词] 访问者；来宾；游客；参观者 *Beijing has millions of visitors each year.* 北京每年有千百万游客。

vitamin /ˈvɪtəmɪn; 美 ˈvaɪ-/ [名词] 维生素，维他命 *Oranges contain vitamin C.* 橙子含有维生素 C。

voice /vɔɪs/ [名词] 嗓音；(说话、唱歌的) 声音 *I could hear voices in the next room.* 我能听见隔壁房间的声音。◇ *She spoke in a loud voice.* 她大声地说。

volcano /vɒlˈkeɪnəʊ; 美 vɑːlˈkeɪnoʊ/ [名词] [复数 **volcanoes**] 火山 *Smoke and flames were pouring from the volcano.* 烟和火焰正在从火山中喷出。

volume /ˈvɒljuːm; 美 ˈvɑːljəm/ [名词] **1** [无复数] 体积；容积；容量 *What's*

V

the volume of this box? 这个箱子的体积是多少？ **2** [用作单数] 音量 *The television's too loud — turn the volume down.* 电视声音太大，请把音量开小一点。

vote /vəut; 美 vout/ [动词] 选举；投票；表决 *Did you vote for her or against her?* 你投票支持她还是反对她？

vowel /ˈvauəl/ [名词] 元音字母 *There are five vowel letters in the English alphabet.* 英语字母表中有5个元音字母。☞ 英语中以**a**，**e**，**i**，**o**，**u**表示元音字母。

voyage /ˈvɔɪɪdʒ/ [名词] (一般指长途乘船的)旅行；航行 *I'd love to go on a voyage round the world.* 我很想去环球旅行。

V

W w

wade /weɪd/ [动词] 涉水，蹚水 *We had to wade across the river.* 我们不得不蹚水过河。 ☞ 美国英语用 **wade**，英国英语用 **paddle**。

waist /weɪst/ [名词] 腰，腰部 *Henry fastened a belt around his waist.* 亨利系上了腰带。

wait /weɪt/ [动词] 等，等候，等待 *We can't wait any longer.* 我们再也不能等了。◇ *She was waiting for the bus.* 她正在等公共汽车。

waiter /ˈweɪtə; 美 -ər/ [名词] (男)侍者，(男)服务员 *Waiter, could you bring us some water?* 服务员，给我们来点水好吗?

waitress /ˈweɪtrəs/ [名词] [复数 **waitresses**] (女)侍者，(女)服务员 *The waitress gave us each a menu and asked if we'd like something to drink.* 女服务员给我们每人一份菜单，问我们是否要点喝的。

wake /weɪk/ [动词] [过去式 **woke** /wəʊk; 美 woʊk/，过去分词 **woken** /ˈwəʊkən; 美 ˈwoʊ-/] **1** 醒，醒来 *What time did you wake up this morning?* 你今天早晨几点醒的? **2** 唤醒，弄醒 *Mum usually wakes me up at 6:30.* 妈妈通常6点半叫醒我。◇ *Don't wake the baby.* 别把宝宝吵醒了。☞ **wake up** 比 **wake** 常用。

walk¹ /wɔːk/ [动词] 走，步行；散步 *We usually walk to school.* 我们通常走着上学。

walk² /wɔːk/ [名词] 步行；散步 *Shall we go for a walk this afternoon?* 我们

今天下午去散散步好吗？

wall /wɔːl/ [名词] 墙 *There was a wall around the park.* 公园四周有一道围墙。

wallet /ˈwɒlɪt; 美 ˈwɑːlət/ [名词] (男用)钱包 *Dad took some money out of his wallet.* 爸爸从钱包里拿出一些钱。

wallpaper /ˈwɔːlˌpeɪpə; 美 -ər/ [名词] [无复数] 墙纸，壁纸 *He put some wallpaper on the wall of his bedroom.* 他在卧室的墙上贴了些壁纸。

wander /ˈwɒndə; 美 ˈwɑːndər/ [动词] 漫游；闲逛；徘徊 *The children wandered about in the woods.* 孩子们在树林里闲逛。

want /wɒnt; 美 wɑːnt/ [动词] 要，想要 *What do you want for your birthday?* 你过生日想要什么？ ◇ *They want to go to the park.* 他们想去公园。

W

war /wɔː; 美 wɔːr/ [名词] 战争 *Many people died in the war.* 很多人在战争中死去了。

wardrobe /ˈwɔːdrəʊb; 美 ˈwɔːrdroʊb/ [名词] 衣柜，衣橱 *Hang your school uniform up in the wardrobe.* 把你的校服挂在衣柜里。

warm[1] /wɔːm; 美 wɔːrm/ [形容词] 温暖的，暖和的 *It's warm today.* 今天天气暖和。 ☞ [反] **cool** 凉的，凉爽的

warm[2] /wɔːm; 美 wɔːrm/ [动词] 使温暖，使暖和，使暖热 *Mum was warming some milk for the baby.* 妈妈正在为宝宝温牛奶。

warn /wɔːn; 美 wɔːrn/ [动词] 警告；提醒 *Mum warned me to be careful when I crossed the road.* 妈妈提醒我过马路时要小心。

was /强 wɒz; 美 wʌz; 弱 wəz/ *I was late for school yesterday.* 我昨天上学迟到了。 ☞ 参见**be**[1]。

wash /wɒʃ; 美 wɑːʃ/ [动词] 洗 *Have you washed your hands?* 你洗手了吗？

washing machine /ˈwɒʃɪŋ məˌʃiːn; 美 ˈwɑː-/ [名词] 洗衣机 *Mum put some clothes in the washing machine.* 妈妈把衣服放进了洗衣机。

wasn't /'wɒznt; 美 'wʌznt/ **was not** 的缩写 *I phoned Henry but he wasn't at home.* 我给亨利打电话，可他不在家。

wasp /wɒsp; 美 wɑːsp/ [名词] 黄蜂 *A wasp stung me.* 一只黄蜂把我蛰了一下。

waste /weɪst/ [动词] 浪费 *Don't waste water.* 不要浪费水。

watch[1] /wɒtʃ; 美 wɑːtʃ/ [动词] 观看，注视 *Do you often watch television?* 你经常看电视吗？

watch[2] /wɒtʃ; 美 wɑːtʃ/ [名词] [复数 **watches**] 手表 *My watch is a bit slow.* 我的手表有点慢了。

water[1] /'wɔːtə; 美 -ər/ [名词] [无复数] 水 *I poured two glasses of water.* 我倒了两杯水。

water[2] /'wɔːtə; 美 -ər/ [动词] 给…浇水（或洒水） *Have you watered the flowers?* 你浇花了吗？

waterfall /'wɔːtəfɔːl; 美 -ər-/ [名词] 瀑布 *We walked through the forest to see the waterfall.* 我们步行穿过森林去看瀑布。

wave[1] /weɪv/ [名词] 浪，波浪 *Huge waves were breaking on the shore.* 巨浪拍打在岸上。

wave[2] /weɪv/ [动词] 挥手 *Henry waved goodbye to them.* 亨利向他们挥手告别。

wax /wæks/ [名词] [无复数] 蜡 *Candles are made of wax.* 蜡烛是用蜡做的。

way /weɪ/ [名词] **1** 方法；方式 *One of the best ways to learn a language is to* *read.* 学习语言的最好方法之一就是阅读。 **2** [通常用作单数] 路线 *Is this the way to the station?* 这是去车站的路吗?

by the way 顺便说一下，附带说说 *By the way, I saw Peter yesterday.* 顺便说一句，我昨天看见彼得了。

lose one's way 迷路 *If you lose your way, phone me.* 如果你迷了路，就给我打电话。

on the way 在…的路上 *Dad bought a newspaper on his way home.* 爸爸在回家的路上买了一份报纸。◇ *On the way to the supermarket I met Henry.* 在去超市的路上我遇见了亨利。

we /强 wiː; 弱 wi/ [代词] [主格] 我们 *We're going to the cinema.* 我们要去看电影。

weak /wiːk/ [形容词] 弱的，虚弱的 *He told the doctor that he felt very weak.* 他告诉医生他觉得很虚弱。☞ [反] **strong** 强壮的，健壮的

weapon /ˈwepən/ [名词] 武器 *Long ago, armies used bows and arrows as weapons.* 很久以前，军队用弓箭作武器。

wear /weə; 美 wer/ [动词] [过去式 **wore** /wɔː; 美 wɔːr/，过去分词 **worn** /wɔːn; 美 wɔːrn/] 穿着；戴着 *Helen is wearing a yellow blouse.* 海伦穿着一件黄衬衫。

weather /ˈweðə; 美 -ər/ [名词] [无复数] 天气 *What's the weather like in your country?* 你们国家的天气怎么样?

web /web/ [名词] (蜘蛛的)网 *Lots of spiders make webs to catch food.* 许多蜘蛛织网来猎取食物。

we'd /强 wiːd; 弱 wid/ **1 we had** 的缩写 *We'd already eaten.* 我们已经吃过了。 **2 we would** 的缩写 *We'd like some water, please.* 请给我们来点水。

wedding /ˈwedɪŋ/ [名词] 婚礼 *He's going to his brother's wedding tomorrow.* 他明天去参加他哥哥的婚礼。

Wednesday /ˈwenzdeɪ/ [名词] 星期三 *It's Henry's birthday on Wednesday.* 星期三是亨利的生日。☞ ① 参见**Monday**的示例。② **Wed** 是 **Wednesday** 的缩写。

weed /wiːd/ [名词] 野草，杂草 *Our garden is full of weeds.* 我们的花园里杂草丛生。

week /wiːk/ [名词] 星期，周 *Last*

week I read two books. 上周我看了两本书。

weekend /ˌwiːk'end/ [名词] 周末 *'What do you do at the weekend, Peter?' 'I go to the park.'* '你周末做什么，彼得？''我去公园。' ☞ 英国英语用 **at the weekend**，美国英语用 **on the weekend**。

weigh /weɪ/ [动词] **1** 称…的重量(或体重) *Have you ever weighed yourself?* 你称过体重吗？ **2** 重量(或体重)是 *How much do you weigh?* 你的体重是多少？

weight /weɪt/ [名词] [无复数] 重量；体重 *What's the weight of this parcel?* 这个包裹有多重？◇ *What is your weight?* 你的体重是多少？

welcome[1] /'welkəm/ [动词] 欢迎 *Everyone came to the door to welcome us.* 大家都到门口来欢迎我们。

welcome[2] /'welkəm/ [形容词] 受欢迎的 *You're always welcome here.* 欢迎你随时光临。

you're welcome [口语] [用作答谢的客套话] 不用谢，别客气 *'Thanks for your help.' 'You're welcome.'* '谢谢你的帮助。''不用谢。'

well[1] /wel/ [副词] [比较级 **better**，最高级 **best**] 好 *Did you sleep well?* 你睡得好吗？◇ *Henry plays football well.* 亨利足球踢得好。

well done! [口语] 干得好！ *You passed your exam! Well done!* 你考试及格了！太好啦！

well[2] /wel/ [形容词] [比较级 **better**，最高级 **best**] [不用于名词前] 健康的 *'How are you today?' 'I'm very well, thank you.'* '你今天好吗？''很好，谢谢你。'

well[3] /wel/ [名词] 井 *Some people have to fetch water from the well.* 有些人不得不从井里打水。

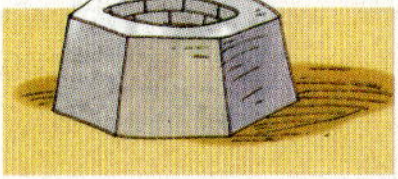

we'll /强 wiːl; 弱 wil/ **we will** 的缩写 *We'll be late.* 我们要迟到了。

well-known /ˌwel 'nəʊn; 美 -'noʊn/ [形容词] 有名的，出名的 *She is a well-known writer.* 她是一位有名的作家。

went /went/ **go**的过去式 *We went to the beach yesterday.* 我们昨天去了海滩。

were /强 wɜː; 美 wɜːr; 弱 wə; 美 wər/ *They were very happy.* 他们非常快乐。☞ 参见 **be[1]**。

we're /wɪə; 美 wɪr/ **we are** 的缩写 *We're in the same class.* 我们在同一个

W

班。

weren't /wɜːnt; 美 wɜːrnt/ **were not** 的缩写 *We weren't at school yesterday.* 我们昨天没有上学。

west /west/ [名词] [用作单数，常与 **the** 连用] 西，西方 *Which way is west?* 哪个方向是西？

wet /wet/ [形容词] [比较级 **wetter**，最高级 **wettest**] 湿的，潮的 *My hair's still wet.* 我的头发还没干。☞ [反] **dry** 干的

we've /强 wiːv; 弱 wiv/ **we have** 的缩写 *We've missed the train!* 我们没赶上火车！

whale /weɪl/ [名词] 鲸鱼 *A whale looks like a fish, but it is actually a mammal.* 鲸鱼长得像鱼，但实际上是哺乳动物。

what /wɒt; 美 wʌt/ [疑问代词] 什么 *What's this?* 这是什么？ ◇ *What are you doing?* 你在做什么？ ◇ *What kind of music do you like?* 你喜欢什么样的音乐？

what's /wɒts; 美 wʌts/ **what is** 的缩写 *What's your name?* 你叫什么名字？

wheat /wiːt/ [名词] [无复数] 小麦 *We drove past fields of wheat.* 我们开车经过一片片麦地。

wheel /wiːl/ [名词] 轮，车轮 *A car has four wheels.* 轿车有4个轮子。

wheelchair /'wiːltʃeə; 美 -tʃer/ [名词] 轮椅 *He'll be in a wheelchair for the rest of his life.* 他要在轮椅上度过余生。

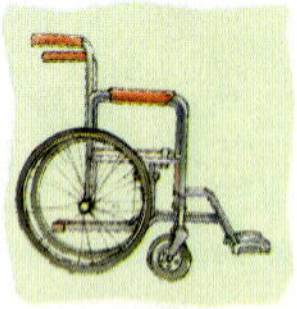

when[1] /wen/ [疑问副词] 什么时候 *When is your birthday?* 你的生日是什么时候？

when[2] /wen/ [连词] 当…的时候 *Be careful when you cross the road.* 过马路时要小心。

where /weə; 美 wer/ [疑问副词] 在哪里 *Where do you live?* 你住在哪里？ ◇ *Where are you going?* 你上哪儿去？

whether /'weðə; 美 -ər/ [连词] 是否 *I don't know whether he'll come or not.* 我不知道他是否来。

which[1] /wɪtʃ/ [疑问代词] 哪一个；哪

一些 *Which is your bicycle?* 哪一辆是你的自行车?

which² /wɪtʃ/ [疑问形容词] 哪个;哪些 *Which book do you like best?* 你最喜欢哪本书?

while¹ /waɪl/ [连词] 当…的时候,在…时 *They arrived while we were having dinner.* 我们正吃晚饭的时候,他们到了。

while² /waɪl/ [名词] [用作单数] 一段时间,(尤指)一会儿 *After a while she fell asleep.* 过了一会儿,她睡着了。

whisper /'wɪspə; 美 -ər/ [动词] 低语,低声说话,耳语 *You don't have to whisper — no one can hear us.* 你不必小声说,没人能听见我们。

whistle¹ /'wɪsl/ [名词] 哨子 *The teacher blew his whistle to start the race.* 老师吹响了哨子,赛跑开始。

whistle² /'wɪsl/ [动词] 吹口哨 *Dad often whistles while he's shaving.* 爸爸经常一边刮胡子一边吹口哨。

white¹ /waɪt/ [形容词] 白色的 *She was wearing a white blouse.* 她穿着一件白衬衫。

white² /waɪt/ [名词] 白色 *She was dressed in white.* 她穿着白色的衣服。

who /huː/ **1** [疑问代词] 谁 *Who gave you that book?* 谁给你的那本书? **2** [关系代词] [用以指提到的人] *That's the boy who broke my ruler.* 那个就是弄断我尺子的男孩。

who'd /huːd/ **1 who had** 的缩写 *Henry was the only one who'd seen the film.* 亨利是惟一看过这部电影的人。**2 who would** 的缩写 *Who'd like to come?* 谁想来?

whole¹ /həʊl; 美 hoʊl/ [形容词] 全部的,整体的 *He ate the whole packet of sweets.* 他把整袋糖都吃了。

whole² /həʊl; 美 hoʊl/ [名词] 全部,整体 *Two halves make a whole.* 两个一半构成一个整体。

who'll /huːl/ **who will** 的缩写 *Who'll be there tomorrow?* 明天谁在那里?

whom /huːm/ [**who** 的宾格] **1** [疑问代词] 谁 *Whom did you see?* 你看见谁了? **2** [关系代词] [用以指提到的人] *That's the man whom I saw this morning.* 那个就是我今天早上见到的人。 ☞ 在口语中常用 **who** 代替 **whom**,如:Who did you speak to? (你跟谁说话?)

who's /huːz/ **1 who is** 的缩写 *Who's that boy?* 那个男孩是谁? **2 who has** 的缩写 *Who's taken my pen?* 谁拿了我的钢笔?

W

whose /huːz/ [疑问代词] 谁的 *Whose book is this?* 这是谁的书?

why /waɪ/ [疑问副词] 为什么 *Why is she crying?* 她为什么哭了? ◇ *No one knows why.* 没有人知道为什么。

wicked /ˈwɪkɪd/ [形容词] 坏的，邪恶的 *He is a wicked man.* 他是个坏蛋。

wide /waɪd/ [形容词] **1** 宽的，宽阔的 *This road is very wide.* 这条马路很宽。☞ [反] **narrow** 窄的，狭窄的 **2** 宽度为…的，…宽的 *The table is one metre wide.* 这张桌子有1米宽。

width /wɪdθ/ [名词] 宽度 *What's the width of the table?* 这张桌子有多宽?

wife /waɪf/ [名词] [复数**wives** /waɪvz/] 妻子 *He loves his wife very much.* 他非常爱他的妻子。

wig /wɪg/ [名词] 假发 *Some bald people wear wigs.* 有些秃顶的人戴假发。

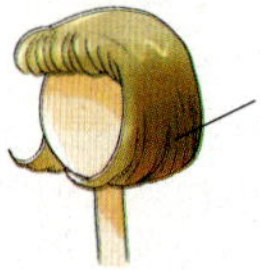

wild /waɪld/ [形容词] (指动植物)野生的 *The woods are full of wild flowers.* 树林里到处都是野花。

will /wɪl/ [情态动词] **1** [表示将来] 将要，会 *It will probably rain tomorrow.* 明天可能会下雨。**2** [表示意愿、请求等] 愿；…行吗 *Will you open the window, please?* 请你把窗户打开好吗?

willing /ˈwɪlɪŋ/ [形容词] 愿意的，心甘情愿的 *Are you willing to help?* 你愿意帮忙吗?

win /wɪn/ [动词] [现在分词 **winning**，过去式和过去分词 **won** /wʌn/] 赢，获胜 *Paul is good at chess. He always wins.* 保罗擅长国际象棋，他总是赢。

wind[1] /wɪnd/ [名词] 风 *The wind blew her hat off.* 风把她的帽子刮走了。

wind[2] /waɪnd/ [动词] [过去式和过去分词 **wound** /waʊnd/] **1** 弯曲前进，蜿蜒 *The path winds through the woods.* 小路弯弯曲曲地穿过树林。

2 缠绕 *She wound the rope around her arm.* 她把绳子缠在手臂上。

window /ˈwɪndəʊ; 美 -oʊ/ [名词] 窗，窗户 *Open the window. It's hot in here.* 打开窗户，这里很热。

windy /ˈwɪndi/ [形容词] 有风的，风大的 *Tomorrow will be windy.* 明天有风。

wine /waɪn/ [名词] [无复数] 葡萄酒

Dad bought two bottles of wine. 爸爸买了两瓶葡萄酒。

wing /wɪŋ/ [名词] **1** 翅膀 *Some insects have one pair of wings and some have two pairs.* 有些昆虫有一对翅膀，有些有两对。**2** 机翼 *I had a seat next to the wing.* 我的座位靠近机翼。

wink /wɪŋk/ [动词] 眨眼 *Henry winked at me.* 亨利冲着我眨了眨眼。

winner /ˈwɪnə; 美 -ər/ [名词] 获胜者；优胜者 *Who was the winner of the competition?* 谁是比赛的获胜者？

winter /ˈwɪntə; 美 -ər/ [名词] 冬天，冬季 *In winter, many trees have no leaves on them.* 冬天许多树上都没有树叶。

wipe /waɪp/ [动词] 擦；擦净；擦干 *She wiped the table.* 她把桌子擦干净。◇ *Stop crying and wipe your eyes.* 别哭了，把眼泪擦干。

wire /ˈwaɪə; 美 ˈwaɪr/ [名词] 电线 *Twist those two wires together.* 把那两根电线拧在一起。

wise /waɪz/ [形容词] 聪明的，有智慧的 *He was a wise old man.* 他是一位有智慧的老人。

wish[1] /wɪʃ/ [动词] **1** 但愿 *I wish I could fly.* 但愿我能飞。**2** [正式] 想要，希望 *I wish to see him.* 我想见他。**3** 祝，祝愿 *I wished her a happy birthday.* 我祝她生日快乐。

wish[2] /wɪʃ/ [名词] [复数 **wishes**] **1** 愿望；希望 *Doctors should respect the patient's wishes.* 医生应该尊重病人的意愿。 **2** 祝愿，好意 *Please give my best wishes to your parents.* 请代我向你父母问好。◇ *Best wishes* 祝好 [信末结束语，通常以逗号结尾]

with /wɪð; 美 wɪθ/ [介词] **1** 和…在一起，跟…在一起 *He lives with his parents.* 他跟父母住在一起。 **2** 具有，带有 *Henry came back with a letter in*

W

his hand. 亨利手里拿着一封信回来了。**3** 用 *He opened the door with his key.* 他用钥匙把门打开。

within /wɪð'ɪn/ [介词] **1** [指时间] 在…之内 *I'll be back within an hour.* 我一小时以内回来。 **2** 在…里面，在…内部 *Please stay within the school ground.* 请待在学校操场里边。

without /wɪð'aʊt/ [介词] 没有 *You can't see the film without a ticket.* 没有票看不了这场电影。

woke /wəʊk; 美 woʊk/ **wake** 的过去式 *Mum woke me up at seven o'clock.* 妈妈7点钟把我叫醒了。

woken /'wəʊkən; 美 'woʊ-/ **wake** 的过去分词 *The noise has woken the baby.* 噪音把宝宝吵醒了。

wolf /wʊlf/ [名词] [复数**wolves** /wʊlvz/] 狼 *Did you see a wolf at the zoo?* 你在动物园里看见狼了吗?

woman /'wʊmən/ [名词] [复数 **women** /'wɪmɪn/] 妇女 *Most of the teachers at my school are women.* 我们学校大部分教师是女的。

won /wʌn/ **win** 的过去式和过去分词 *Who won the football match?* 谁赢了足球比赛?

wonder /'wʌndə; 美 -ər/ [动词] 想知道 *I wonder why John is always late for school.* 我想知道为什么约翰老是上学迟到。

won't /wəʊnt; 美 woʊnt/ **will not** 的缩写 *I won't be late for school.* 我上学不会迟到。

wood /wʊd/ [名词] **1** [无复数] 木材，木头 *This furniture is made of wood.* 这件家具是木制的。**2** [常作复数] 树林 *Last Friday, we went for a walk in the woods.* 上周五我们到树林里去散步了。

wooden /'wʊdn/ [形容词] 木制的 *This is a wooden chair.* 这是一把木椅子。

wool /wʊl/ [名词] [无复数] 羊毛 *Is the suit made of wool?* 那套衣服是羊毛的吗?

word /wɜːd; 美 wɜːrd/ [名词] 词，单词；字 *What does this word mean?* 这个词是什么意思?

wore /wɔː; 美 wɔːr/ **wear**的过去式 *He*

W

wore glasses. 他戴着眼镜。

work[1] /wɜːk; 美 wɜːrk/ [动词] **1** 工作；干活，劳动 *He works in a bookshop.* 他在书店工作。**2** (机器等)运转 *Does this light work?* 这盏灯能用吗？

work[2] /wɜːk; 美 wɜːrk/ [名词] [无复数] **1** 工作；劳动 *His work is teaching.* 他的工作是教书。**2** 作业 *The teacher marked our work.* 老师批改了我们的作业。

worker /ˈwɜːkə; 美 ˈwɜːrkər/ [名词] 工人 *There are more than 200 workers in the factory.* 这家工厂有200多名工人。

world /wɜːld; 美 wɜːrld/ [名词] [用作单数，与 **the** 连用] 世界 *Which is the longest river in the world?* 哪条河是世界上最长的河？

worm /wɜːm; 美 wɜːrm/ [名词] (细长的)蠕虫；蚯蚓 *Birds eat worms and insects.* 鸟吃蠕虫和昆虫。

worn /wɔːn; 美 wɔːrn/ **wear**的过去分词 *Have you worn your new coat yet?* 你的新外套穿过了吗？

worry /ˈwʌri; 美 ˈwɜːri/ [动词] [现在分词 **worrying**，过去式和过去分词 **worried**] 担忧，担心 *Don't worry. We have plenty of time.* 别担心，我们有的是时间。◇ *He's always worrying about his weight.* 他总是担心自己的体重。

worse /wɜːs; 美 wɜːrs/ [形容词] [**bad** 的比较级] 更坏的，更差的，更糟的 *This film is much worse than the one we saw last week.* 这部电影比我们上周看的那部差多了。

worst /wɜːst; 美 wɜːrst/ [形容词] [**bad** 的最高级] 最坏的，最差的 *He's the worst student in the class.* 他是班上最差的学生。

worth /wɜːθ; 美 wɜːrθ/ [形容词] 值…钱 *How much is this ring worth?* 这枚戒指值多少钱？

would /强 wʊd; 弱 wəd/ **1** **will** 的过去式 *Henry said he would play football on Saturday.* 亨利说他星期六要踢球。**2** [表示礼貌地请求] …好吗 *Would you pass me the salt, please?* 请把盐递给我好吗？ **3** [与 **like** 或 **love** 连用，以询问或表达想要的东西] *Would you like to come with us?* 你想不想跟我们一块儿去？ ◇ *I'd love a piece of cake.* 我想要一块蛋糕。

wouldn't /ˈwʊdnt/ **would not** 的缩写 *I knew he wouldn't come.* 我知道他不会来。

wound[1] /wuːnd/ [名词] (尤指武器造成的)伤；伤口 *The wound healed slowly.* 伤口慢慢愈合了。

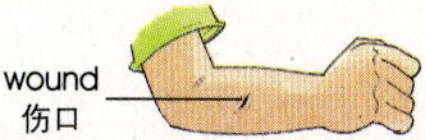

W

wound[2] /wuːnd/ [动词] 使受伤 *Many people were wounded when the bomb exploded.* 炸弹爆炸时许多人受了伤。

wound[3] /waʊnd/ **wind[2]** 的过去式和过去分词 *Henry wound the rope round the post.* 亨利把绳子缠在柱子上。

wrap /ræp/ [动词] [现在分词 **wrapping**，过去式和过去分词 **wrapped**] 包，裹 *I wrapped up the present in paper.* 我用纸把礼物包起来。

wrinkle /ˈrɪŋkl/ [名词] 皱纹 *The old man's face was covered with wrinkles.* 那位老人满脸都是皱纹。

wrist /rɪst/ [名词] 手腕 *Do you wear your watch on your left wrist or your right wrist?* 你的手表是戴在左手腕上还是右手腕上？

write /raɪt/ [动词] [过去式 **wrote** /rəʊt; 美 roʊt/，过去分词 **written** /ˈrɪtn/] **1** 写（书、文章、诗等）；写字 *He wrote some very famous books.* 他写了几本非常有名的书。◇ *The child is not yet able to write.* 这孩子还不会写字。**2** 写（信）*I've written a letter to my uncle (=I've written my uncle a letter).* 我给叔叔写了一封信。◇ *Have you written to him?* 你给他写信了吗？

writer /ˈraɪtə; 美 -ər/ [名词] 作家 *Who's your favourite writer?* 你最喜爱的作家是谁？

written /ˈrɪtn/ **write** 的过去分词 *The article is very well written.* 这篇文章写得很好。

wrong /rɒŋ; 美 rɔːŋ/ [形容词] **1** 错误的 *I got the wrong answer.* 我的答案错了。◇ *You've got the wrong number.* 你把号码弄错了。☞ [反] **right[1]**，**correct[1]** 正确的，对的 **2** [不用于名词前] 不正常的，有毛病的 *What's wrong with the television? There's sound but no picture.* 电视出什么毛病了？有声音却没画面。**3** 不对的 *Cheating is wrong.* 作弊是不对的。◇ *It's wrong to tell lies.* 撒谎是不对的。

wrote /rəʊt; 美 roʊt/ **write** 的过去式 *The teacher wrote the answers on the blackboard.* 老师把答案写在了黑板上。

X x

Xmas /'krɪsməs/ [名词] [非正式，书面用语] 圣诞节 *A merry Xmas to all our readers!* 敬祝各位读者圣诞快乐！

X-ray /'eksreɪ/ [名词] X光片 *The X-ray showed that his hand was not broken.* X光片显示他的手没有骨折。

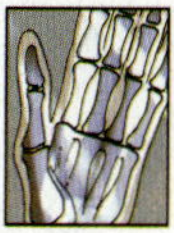

Y y

yacht /jɒt; 美 jaːt/ [名词] 帆船；快艇；游艇 *There were some yachts in the harbour.* 海港里有几艘游艇。

yard /jaːd; 美 jaːrd/ [名词] **1** 院子，庭院 *The children were playing in the school yard.* 孩子们正在学校院子里玩。**2** 码 [长度单位，1 码等于 3 英尺] *This room is four yards wide.* 这间房间有 4 码宽。

yawn[1] /jɔːn/ [动词] 打哈欠 *You've been yawning all morning. Didn't you sleep last night?* 你整个早晨都在打哈欠，难道昨晚没睡觉吗?

yawn[2] /jɔːn/ [名词] 哈欠 *'I'm going to bed,' he said with a yawn.* '我睡觉去了，'他边说边打了个哈欠。

year /jɪə; 美 jɪr/ [名词] **1** 年 *There are twelve months in a year.* 1 年有 12 个月。**2** 年龄，年岁，年纪 *She is ten years old.* 她 10 岁。

yell /jel/ [动词] 叫喊，大叫 *'Come back!' he yelled.* '回来！'他大声叫道。

yellow[1] /ˈjeləʊ; 美 -oʊ/ [形容词] 黄色的 *Alice picked some yellow flowers.* 艾丽斯摘了一些黄色的花。

yellow[2] /ˈjeləʊ; 美 -oʊ/ [名词] 黄色 *Helen was dressed in yellow.* 海伦穿着黄色的衣服。

yes /jes/ [感叹词] [用以表示肯定的回答] 是，是的 *'Are you ready?' 'Yes, I am.'* '你准备好了吗？''是的，准备好了。'
☞ [反] **no**[2] [用以表示否定的回答] 不，不是

yesterday[1] /ˈjestədi; 美 -ər-/ [副词] 昨天 *It was very hot yesterday.* 昨天很热。

yesterday[2] /ˈjestədi; 美 -ər-/ [名词] 昨天 *Yesterday was Friday and* *tomorrow will be Sunday.* 昨天是星期五，明天是星期日。

yet /jet/ [副词] **1** [用于否定句] 还 *Henry hasn't come yet.* 亨利还没有来。**2** [用于疑问句] 已经 *Has Henry come yet?* 亨利来了吗？

yoghurt /ˈjɒgət; 美 ˈjoʊgərt/ [又作 **yogurt**] [名词] [无复数] 酸奶 *I usually have yoghurt for my breakfast.* 我早餐通常喝酸奶。

you /强 juː; 弱 ju/ [代词] [单数、复数、主格、宾格形式均同] 你；你们 *Can you swim?* 你会游泳吗？ ◇ *Thank you for your help.* 谢谢你的帮助。

you'd /强juːd; 弱 jud/ **1 you had** 的缩写 *I thought you'd finished your work.* 我以为你已经做完了作业。**2 you would** 的缩写 *You said you'd like this book.* 你说你喜欢这本书。

you'll /强 juːl; 弱 jul/ **you will** 的缩写 *I hope you'll enjoy your trip.* 希望你旅途愉快。

young /jʌŋ/ [形容词] [比较级 **younger** /ˈjʌŋgə; 美 -ər/，最高级 **youngest** /ˈjʌŋgɪst/] 年幼的；年轻的 *My brother is two years younger than me.* 我弟弟比我小两岁。☞ [反] **old** 老的；年老的

your /强 jɔː; 美 jʊr; 弱 jə; 美 jər/ [形容词] [**you** 的所有格] 你的；你们的 *Have you finished your homework yet?* 你做完作业了吗？

you're /强 jɔː; 美 jʊr; 弱 jə; 美 jər/ **you are**的缩写 *You're late again!* 你又迟到了！

yours /jɔːz; 美 jʊrz/ [代词] [**you**的物主代词] 你(们)的(东西) *Is this book yours?* 这本书是你的吗？

yourself /jɔːˈself; 美 jʊr-/ [代词] [**you** 的反身代词] 你自己 *Look at yourself in the mirror.* 你照照镜子。◇ *Why are you playing by yourself?* 你为什么独自一个人玩？

you've /强 juːv; 弱 juv/ **you have** 的缩写 *You've forgotten your coat.* 你忘记拿外套了。

Y

Z z

zebra /ˈzebrə; 美 ˈziː-/ [名词] 斑马 *Did you see a zebra at the zoo?* 你在动物园里看见斑马了吗?

zero /ˈzɪərəʊ; 美 ˈzɪroʊ/ [名词] [复数 **zeros** 或 **zeroes**] 零 *He counted backwards from ten to zero.* 他从10倒数到0。

zigzag /ˈzɪgzæg/ [名词] Z字形，之字形 *Peter walked in a zigzag.* 彼得Z字形地走路。

zip /zɪp/ [名词] 拉链 *The zip on my pencil case has broken.* 我铅笔盒上的拉链坏了。

zoo /zuː/ [名词] 动物园 *We're going to the zoo tomorrow.* 我们明天去动物园。

Z

Appendices

附 录

Appendix 1 附录一

Numbers 数字

cardinal numbers 基数			ordinal numbers 序数		
1	one	一	1st	first	第一
2	two	二	2nd	second	第二
3	three	三	3rd	third	第三
4	four	四	4th	fourth	第四
5	five	五	5th	fifth	第五
6	six	六	6th	sixth	第六
7	seven	七	7th	seventh	第七
8	eight	八	8th	eighth	第八
9	nine	九	9th	ninth	第九
10	ten	十	10th	tenth	第十
11	eleven	十一	11th	eleventh	第十一
12	twelve	十二	12th	twelfth	第十二
13	thirteen	十三	13th	thirteenth	第十三
14	fourteen	十四	14th	fourteenth	第十四
15	fifteen	十五	15th	fifteenth	第十五
16	sixteen	十六	16th	sixteenth	第十六
17	seventeen	十七	17th	seventeenth	第十七
18	eighteen	十八	18th	eighteenth	第十八
19	nineteen	十九	19th	nineteenth	第十九
20	twenty	二十	20th	twentieth	第二十
30	thirty	三十	30th	thirtieth	第三十
40	forty	四十	40th	fortieth	第四十
50	fifty	五十	50th	fiftieth	第五十
60	sixty	六十	60th	sixtieth	第六十
70	seventy	七十	70th	seventieth	第七十
80	eighty	八十	80th	eightieth	第八十
90	ninety	九十	90th	ninetieth	第九十
100	one hundred	一百	100th	hundredth	第一百
1,000	one thousand	一千	1,000th	thousandth	第一千
1,000,000	one million	一百万	1,000,000th	millionth	第一百万

Appendix 2 附录二

Time 时间

What time is it?
What's the time?
现在几点？

It's six.
六点。

It's half past six.
六点半。

It's five past six.
六点过五分。

It's a quarter past six.
六点过一刻。

It's five to six.
六点差五分。

It's a quarter to six.
六点差一刻。

Days of the week 星期

Monday 星期一
Tuesday 星期二
Wednesday 星期三
Thursday 星期四
Friday 星期五
Saturday 星期六
Sunday 星期日

What day is today? 今天是星期几？
Today is Monday. 今天是星期一。

Months of the year 月份

January 一月
February 二月
March 三月
April 四月
May 五月
June 六月
July 七月
August 八月
September 九月
October 十月
November 十一月
December 十二月

What's the date today? 今天是几号？
It's the first of June. 今天是6月1日。

Seasons 季节

Appendix 3 附录三

Common English names 常见英语人名

Men 男子名

Adam /'ædəm/ 亚当
Alan /'ælən/ 艾伦
Albert /'ælbət; 美 -ərt/ 艾伯特
Alex /'ælɪks/ 亚历克斯(Alexander的昵称)
Alexander /ˌælɪg'zɑːndə; 美 -'zændər/ 亚历山大
Alfred /'ælfrɪd/ 艾尔弗雷德
Andrew /'ændʒuː/ 安德鲁
Anthony /'æntəni/ 安东尼
Ben /ben/ 本(Benjamin 的昵称)
Benjamin /'bendʒəmɪn/ 本杰明
Bill /bɪl/ 比尔 (William 的昵称)
Bob /bɒb; 美 bɑːb/ 鲍勃 (Robert 的昵称)
Charles /tʃɑːlz; 美 tʃɑːrlz/ 查尔斯
Christopher /'krɪstəfə; 美 -ər/ 克里斯托弗
Daniel /'dænjəl/ 丹尼尔
David /'deɪvɪd/ 戴维
Dennis /'denɪs/ 丹尼斯
Edward /'edwəd; 美 -wərd/ 爱德华
Frank /fræŋk/ 弗兰克
Fred /fred/ 弗雷德
Geoffrey /'dʒefri/ 杰弗里
George /dʒɔːdʒ; 美 dʒɔːrdʒ/ 乔治
Gilbert /'gɪlbət; 美 -ərt/ 吉尔伯特
Harry /'hæri/ 哈里
Henry /'henri/ 亨利
Ian /'iːən/ 伊恩
Jack /dʒæk/ 杰克(John 的昵称)
James /dʒeɪmz/ 詹姆斯
Jim /dʒɪm/ 吉姆(James 的昵称)
Jimmy /'dʒɪmi/ 吉米 (James 的昵称)
Joe /dʒəʊ; 美 dʒoʊ/ 乔(Joseph 的昵称)
John /dʒɒn; 美 dʒɑːn/ 约翰
Joseph /'dʒəʊzɪf; 美 'dʒoʊzəf/ 约瑟夫
Kevin /'kevɪn/ 凯文
Mark /mɑːk; 美 mɑːrk/ 马克
Martin /'mɑːtɪn; 美 'mɑːrtn/ 马丁
Matthew /'mæθjuː/ 马修
Michael /'maɪkl/ 迈克尔
Mike /maɪk/ 迈克(Michael 的昵称)
Patrick /'pætrɪk/ 帕特里克
Paul /pɔːl/ 保罗
Peter /'piːtə; 美 -ər/ 彼得
Philip /'fɪlɪp/ 菲利普
Richard /'rɪtʃəd; 美 -ərd/ 理查德
Robert /'rɒbət; 美 'rɑːbərt/ 罗伯特
Robin /'rɒbɪn; 美 'rɑːbən/ 罗宾
Sam /sæm/ 萨姆(Samuel 的昵称)
Samuel /'sæmjuəl/ 塞缪尔
Simon /'saɪmən/ 西蒙
Thomas /'tɒməs; 美 'tɑːməs/ 托马斯
Tom /tɒm; 美tɑːm/ 汤姆(Thomas的昵称)
William /'wɪljəm/ 威廉

Women 女子名

Alice /'ælɪs/ 艾丽斯
Alison /'ælɪsən/ 艾莉森
Amanda /ə'mændə/ 阿曼达
Amy /'eɪmi/ 埃米
Ann /æn/ 安
Bridget /'brɪdʒɪt/ 布丽奇特
Carol /'kærəl/ 卡罗尔
Caroline/'kærəlaɪn/ 卡罗琳
Catherine /'kæθərɪn/ 凯瑟琳
Clare /kleə; 美 kler/ 克莱尔
Deborah /'debərə/ 德博拉

Diana /daɪ'ænə/ 黛安娜
Elizabeth /ɪ'lɪzəbəθ/ 伊丽莎白
Emily /'eməli/ 埃米莉
Emma /'emə/ 埃玛
Helen /'helən/ 海伦
Jane /dʒeɪn/ 简
Jennifer /'dʒenɪfə; 美 -ər/ 珍妮弗
Jenny /'dʒeni/ 珍妮（Jennifer 的昵称）
Joanne /dʒəʊ'æn; 美 dʒoʊ-/ 乔安妮
Julie /'dʒuːli/ 朱莉
Karen /'kærən/ 卡伦
Laura /'lɔːrə/ 劳拉
Linda /'lɪndə/ 琳达
Lucy /'luːsi/ 露西
Maggie /'mægi/ 玛吉（Margaret 的昵称）
Margaret /'mɑːgrət; 美 'mɑːrg-/ 玛格丽特
Mary /'meəri; 美 'meri/ 玛丽
Ruth /ruːθ/ 露丝
Sally /'sæli/ 萨莉（Sarah 的昵称）
Sarah /'seərə; 美 'serə/ 萨拉
Sophie /'səʊfi; 美 'soʊfi/ 索菲
Sue /suː/ 苏（Susan 的昵称）
Susan /'suːzn/ 苏珊
Tracy /'treɪsi/ 特蕾西
Victoria /vɪk'tɔːriə/ 维多利亚
Virginia /və'dʒɪniə; 美 vər'dʒɪnjə/ 弗吉尼亚
Wendy /'wendi/ 温迪

Appendix 4 附录四

Irregular verbs 不规则动词

infinitive 不定式	present participle 现在分词	past tense 过去式	past participle 过去分词
be	being	was/were	been
beat	beating	beat	beaten
become	becoming	became	become
begin	beginning	began	begun
bend	bending	bent	bent
bite	biting	bit	bitten
bleed	bleeding	bled	bled
blow	blowing	blew	blown
break	breaking	broke	broken
bring	bringing	brought	brought
build	building	built	built
burn	burning	burnt 或 burned	burnt 或 burned
burst	bursting	burst	burst
buy	buying	bought	bought
catch	catching	caught	caught
choose	choosing	chose	chosen
come	coming	came	come
cost	costing	cost	cost
creep	creeping	crept	crept
cut	cutting	cut	cut
die	dying	died	died
dig	digging	dug	dug
do	doing	did	done
draw	drawing	drew	drawn
dream	dreaming	dreamt 或 dreamed	dreamt 或 dreamed
drink	drinking	drank	drunk
drive	driving	drove	driven
eat	eating	ate	eaten
fall	falling	fell	fallen
feed	feeding	fed	fed

infinitive 不定式	present participle 现在分词	past tense 过去式	past participle 过去分词
feel	feeling	felt	felt
fight	fighting	fought	fought
find	finding	found	found
fly	flying	flew	flown
forget	forgetting	forgot	forgotten
forgive	forgiving	forgave	forgiven
freeze	freezing	froze	frozen
get	getting	got	got
give	giving	gave	given
go	going	went	gone
grow	growing	grew	grown
hang	hanging	hung	hung
have	having	had	had
hear	hearing	heard	heard
hide	hiding	hid	hidden
hit	hitting	hit	hit
hold	holding	held	held
hurt	hurting	hurt	hurt
keep	keeping	kept	kept
kneel	kneeling	knelt 或 kneeled	knelt 或 kneeled
know	knowing	knew	known
lay	laying	laid	laid
lead	leading	led	led
lean	leaning	leant 或 leaned	leant 或 leaned
learn	learning	learnt 或 learned	learnt 或 learned
leave	leaving	left	left
lend	lending	lent	lent
let	letting	let	let
lie	lying	lay	lain
light	lighting	lit 或 lighted	lit 或 lighted
lose	losing	lost	lost

infinitive 不定式	present participle 现在分词	past tense 过去式	past participle 过去分词
make	making	made	made
mean	meaning	meant	meant
meet	meeting	met	met
overtake	overtaking	overtook	overtaken
pay	paying	paid	paid
put	putting	put	put
read	reading	read	read
ride	riding	rode	ridden
ring	ringing	rang	rung
rise	rising	rose	risen
run	running	ran	run
say	saying	said	said
see	seeing	saw	seen
sell	selling	sold	sold
send	sending	sent	sent
set	setting	set	set
sew	sewing	sewed	sewn 或 sewed
shake	shaking	shook	shaken
shine	shining	shone	shone
shoot	shooting	shot	shot
show	showing	showed	shown 或 showed
shrink	shrinking	shrank 或 shrunk	shrunk
shut	shutting	shut	shut
sing	singing	sang	sung
sink	sinking	sank	sunk
sit	sitting	sat	sat
sleep	sleeping	slept	slept
slide	sliding	slid	slid
smell	smelling	smelt 或 smelled	smelt 或 smelled
sow	sowing	sowed	sown 或 sowed
speak	speaking	spoke	spoken

infinitive 不定式	present participle 现在分词	past tense 过去式	past participle 过去分词
spell	spelling	spelt 或 spelled	spelt 或 spelled
spend	spending	spent	spent
spill	spilling	spilt 或 spilled	spilt 或 spilled
spin	spinning	spun	spun
split	splitting	split	split
spoil	spoiling	spoilt 或 spoiled	spoilt 或 spoiled
spring	springing	sprang	sprung
stand	standing	stood	stood
steal	stealing	stole	stolen
stick	sticking	stuck	stuck
sting	stinging	stung	stung
stink	stinking	stank 或 stunk	stunk
strike	striking	struck	struck
sweep	sweeping	swept	swept
swim	swimming	swam	swum
swing	swinging	swung	swung
take	taking	took	taken
teach	teaching	taught	taught
tear	tearing	tore	torn
tell	telling	told	told
think	thinking	thought	thought
throw	throwing	threw	thrown
understand	understanding	understood	understood
undo	undoing	undid	undone
wake	waking	woke	woken
wear	wearing	wore	worn
win	winning	won	won
wind	winding	wound	wound
write	writing	wrote	written

Appendix 5 附录五

English alphabet and phonics 英语字母表及读音法

Aa Bb Cc Dd

cake
蛋糕

banana
香蕉

cat
猫

dog
狗

Jj Kk Ll Mm

jacket
夹克

kite
风筝

lion
狮子

monkey
猴子

Ss Tt Uu Vv

sun
太阳

tiger
老虎

uniform
制服

violin
小提琴

Ee Ff Gg Hh Ii

elephant
大象

flower
花

goose
鹅

horse
马

ice cream
冰淇淋

Nn Oo Pp Qq Rr

nest
鸟巢

notebook
笔记本

pig
猪

quilt
被子

rabbit
兔子

Ww Xx Yy Zz

watch
手表

X-ray
X 光片

yoghurt
酸奶

zebra
斑马

专家评说

我喜欢这本词典，首先因为它插图有趣，如 yawn(打哈欠)。其次因为它的译语准确而灵活，如 enjoy oneself(玩得开心，过得快活)。又其次因为它对读者提出有趣的问题，如 Is the parrot happy in its cage?（鹦鹉在笼子里快乐吗?见 cage）最后，还因为它预防读者误会英语原意，如 here you are ([口语]给你[用于给某人所要之物])。

中山大学教授、博士生导师　王宗炎

词典是学习者的案头必备，词典是开启知识宝库的钥匙，词典本身就是一座知识的宝库。选择了一本好的词典就是选择了一位好的老师，终身受益。《新时代小学生英汉词典》定位准确、设计新颖，收词有据、难易适中，注音规范、英美兼顾，释义准确、简明扼要，例句典型、实用易学，卡通插图、趣味盎然，是一部不可多得的好词典。

北京外国语大学教授、博士生导师　郭栖庆

《新时代小学生英汉词典》是小学生初学英语的良师益友。它选词严格，释义准确，举例得体，编排规范，符合英语学习规律，适合少年儿童。精美插图不仅帮助理解词义和掌握用法，而且赏心悦目，引人入胜，使读者产生浓厚兴趣。活泼的卡通人物不时出现，成为读者的好朋友，帮助学习地道英语，熟悉英语文化。

北京大学教授、博士生导师　王逢鑫

小学生学习英语应该是件愉快的事情，为小学生提供的英汉词典应该能够引起他们的学习兴趣。《新时代小学生英汉词典》达到了这一基本目标：清晰的词条、简单的释义、实用的例句，再加上新颖的设计和精美的卡通，使这本词典就像一册引人入胜的连环画，必定会引起小学生的学习兴趣。学习英语的小学生真该人手一册。

苏州大学教授、博士生导师　汪榕培